# MADAME SAGAN

DU MÊME AUTEUR

*François Mitterrand, le roman de sa vie*
Éditions Sand, 1995

*Orient-Occident, la paix violente*
avec Chedli Klibi, Éditions Sand, 1999

*Yvonne de Gaulle, l'inattendue*
Éditions Ramsay, 1999
(Le Livre de poche, 2000)

*Une chambre au Vatican*
Éditions Ramsay, 2003

Geneviève Moll

# MADAME SAGAN
## *À tombeau ouvert*

Biographie

Éditions Ramsay

*Avertissement*

Par respect pour le droit des personnes encore vivantes, certaines identités ont été modifiées.

Pour Éliane Contesti, avec tendresse,
et pour Colette Kreder, Élisabeth Nicolini
et Mireille de Maisonseul

« Avoir gloire et jeunesse,
c'est trop pour un mortel. »

Arthur Schopenhauer

# Prologue

Je la voyais bien absorbée. Sur cette plage immense écrasée de soleil, elle ne portait même pas de chapeau. Elle lisait. Je nageais vers elle, tentant d'attirer son attention par un crawl que je voulais impeccable, mais elle ne levait pas les yeux. Sa lecture me séparait d'elle davantage que la distance qu'il me restait à parcourir pour la rejoindre.

Nous étions seules. C'était durant l'été 1954. Nous vivions dans un paradis tellement étonnant qu'il surprenait les étrangers de passage. Notre ferme descendait en pente douce vers une mer turquoise. Les terres rouges laissaient alterner les rangs de vignes, les champs de blé, les orangeraies, les bois de pins et les lentisques. La chaleur en exaspérait la sécheresse. Des haies de roseaux aux panaches argentés parvenaient presque jusqu'aux rochers, noirs, dont certains constituaient quelques « îlots », en bordure de plage. Nous y jouions aux cueilleurs d'oursins, de patelles ou de crabes ; parfois, aux pêcheurs de girelles. C'était le lieu magique d'une enfance qui s'enfuyait déjà.

Je m'allongeai à ses côtés, l'aspergeant de quelques gouttes d'eau tiède.

– Que lis-tu si passionnément ?

Ma tante Éliane ne leva même pas les yeux vers moi.

– C'est trop mal élevé pour toi, marmonna-t-elle.

Elle posa le livre ouvert sur sa serviette de bain et gagna la mer.

Avide, je m'emparai du petit ouvrage à la couverture blanche cernée d'un rectangle vert. *Bonjour tristesse*. Roman. Françoise Sagan. René Julliard Éditeur. J'avais douze ans et je ne tolérais plus qu'on me dictât mes lectures. Je laissai donc le marque-page où il était et revins au début du livre. Je me rappelle le poème d'Éluard, qui éclairait le titre, et la première phrase du premier chapitre : « Sur ce sentiment inconnu dont l'ennui, la douceur m'obsèdent, j'hésite à apposer le nom, le beau nom grave de tristesse. »

La tristesse... C'était un sentiment que je connaissais mal, nourrie que j'étais d'une joie de vivre dont je ne mesurais pas la puissance. J'attendrais la fin de l'été pour me procurer l'ouvrage. Au prix d'une économie de chaque matin (l'argent qu'on me donnait pour acheter des croissants), je finirais bien par réunir la somme nécessaire et je dévorerais le livre interdit dont on disait, en quatrième de couverture, qu'il avait été écrit par une jeune fille de dix-huit ans.

Lorsque, beaucoup plus tard, je fis la connaissance de Françoise Sagan, je me rappelai cette première rencontre avec une œuvre à laquelle je suis restée très attentive. Elle m'avait apporté une liberté que mon éducation catholique et figée avait rendue alors impossible. Une liberté sans barrières, meurtrière. Je ne l'apprendrais qu'en observant, au fil des ans, cette frêle personne que je finis, avec déférence, par appeler Madame Sagan.

# 1

La morphine ne fait presque plus d'effet. Sa hanche recommence à la faire souffrir. Sa jambe aussi. Et son bras. Mme Le Breton, qui l'a lavée, habillée, portée jusqu'à sa chaise roulante, l'a conduite sur le petit perron, face au parc. Elle y cherche l'envolée de l'énorme tulipier abattu par la tempête de 1999. Pas un seul nuage dans le ciel d'un bleu de carte postale. Pas un brin de vent. Les arbres de la forêt qui bordent le parc sont immobiles. Elle regarde avec avidité cette masse de verdure dont les feuilles, découpées comme dans les tableaux des grands maîtres italiens du XVI^e^ siècle, l'attirent toujours. Elle regrette de ne pas s'être perdue plus souvent sous ces frondaisons. Il est trop tard, maintenant. Elle ne peut plus marcher.

Elle tend la main dans le vide. Astrid n'est pas

là, appelée au Mexique par la succession de son mari. La silhouette blonde, les yeux clairs et rieurs… même la voix impérieuse lui manquent. Mais elle rentre ce soir, enfin.

Elle est seule. Le téléphone sonne, quelque part, au fond de la maison. Marie-Thérèse Le Breton arrive, lui tend l'appareil. Elle reconnaît à peine la voix de Brigitte Bardot, qui prend de ses nouvelles. Françoise, légèrement surprise, répond : « Oui. Ça va encore. Oui, il fait très beau. Equemauville, en été, c'est encore ce qui m'arrive de mieux… Non, ne te dérange pas… ça va encore. »

Elle raccroche. « Je ne veux pas mourir. Je ne suis pas encore morte… » L'été dernier, pourtant, à la même époque, elle était inconsciente, dans une chambre blanche de l'hôpital Georges-Pompidou. Coma diabétique. Oui, c'est vrai, elle a fait des bêtises. Elle a recommencé à boire. Oh ! pas beaucoup… Un peu de whisky, par-ci, par-là, pour supporter la souffrance… Toute la souffrance. Morale, surtout… Cette infirmière, à Paris, qui refusait de l'aider à se tenir propre… Car son corps la lâche. Ce corps à qui elle a tant demandé et qui lui a tellement donné. Elle avait été gentille, pourtant, cette petite. Et patiente. Elle revenait jusqu'à six fois par jour, pour lui administrer son insuline et ses six doses de morphine... Astrid ne l'aimait pas. Mais qui Astrid aimait-elle parmi les proches de Françoise ? Même son fils Denis était presque interdit de séjour à Equemauville...

Le téléphone sonne à nouveau. Cette fois, c'est Jean-Paul Scarpitta. Il va venir. Lui la fera rire, au moins, la distraira de son insupportable solitude. Lui l'aime pour elle-même. Il a déjà tout fait. Pour elle, son dévouement est sans limite. Il l'a aidée à s'enfuir lorsqu'elle n'en pouvait plus d'être tenue en laisse par sa compagne. Il l'a conduite au Lutétia. Il l'a aidée à utiliser cette méthadone qui, quoi qu'on en dise, ne remplacera jamais l'évasion bienfaisante de la drogue.

Elle renifle, croit voir Fouillis détaler vers le fond du parc. A-t-il aperçu un lapin ? une souris ? Ce chien se comporte comme un chat... Mais Fouillis est mort, non ? Quand était-ce ? il y a trois, quatre mois, avenue Foch, chez Astrid, Françoise a pleuré. Son dernier chien, son black-and-white noir si affectueux, si présent.

Ses yeux se ferment. Elle a pourtant envie d'observer le manège de cette buse, qui bat à peine des ailes. Peut-être a-t-elle vu, de là-haut, ce après quoi Fouillis aurait jappé, l'été dernier. C'est plus fort qu'elle. Elle s'en va dans une léthargie d'où les sons ne sont pas tout à fait absents…

Mme Le Breton va revenir. Elle l'obligera à se remettre au lit si elle la trouve ainsi, la tête effondrée sur la poitrine. Elle lutte quelques instants. En vain.

Pendant ces trois mois de l'été 2004, Françoise Sagan a combattu ainsi, de toutes ses forces, pour se maintenir en vie. Le retour d'Astrid a été un soulagement et une douleur de tous les instants. Françoise est certaine que, sans elle, elle serait aujourd'hui dans quelque maison où l'on recueille les personnes handicapées, comme elle. Elle oublie (a-t-elle oublié ?) que Charlotte Aillaud, Florence Malraux, Pierre Bergé et quelques autres lui ont proposé de la prendre en charge, lorsque le fisc lui a saisi l'essentiel de ses revenus. Elle a refusé. Astrid était dans sa vie, pourvoyait à tout, lui assurait un cocon douillet, intime, attentif… Oui, c'est vrai. Elle régente tout, y compris ses relations avec ses amis. C'est elle qui leur donne accès à Françoise, qui choisit pour elle ceux qui pourront la voir. Elle n'aime pas Untel et Unetelle… Tous les proches. Mais elle leur accorde tout de même le droit de visite, de temps à autre. Elle a compris qu'il ne faut pas laisser Françoise trop longtemps sans un visage connu, afin que leur tête-à-tête ne soit pas trop étouffant. Mais Astrid sait maintenant que Françoise ne partira plus. Elle seule est capable de prendre contre elle le petit corps douloureux et de le réchauffer, jusqu'au sommeil.

Parfois, la nuit, Françoise se réveille. Elle est seule. Elle crie presque. Astrid revient l'apaiser… Non, personne ne peut remplacer Astrid. Lorsqu'elle s'absente, pourtant, c'est Mme Le Breton qui dort près de Françoise si l'angoisse de la nuit est trop forte. Mme Le Breton qui est devenue l'indispensable secours. Voilà quinze ans qu'elle s'occupe de Françoise Quoirez, Madame Sagan, et les liens entre les deux femmes se sont raffermis au point que parfois Astrid s'en inquiète. Mais non, Mme Le Breton est là avant tout pour faire tourner la maison… Avec Isabelle Held, qui est revenue, cet été, se mettre au service de Françoise. Isabelle... Voilà plus de vingt ans qu'elles se sont séparées... Isabelle, la fidèle, qui tapait à toute vitesse lorsque Françoise dictait. Elle se souvient même de la lumière qui détachait le profil un peu brutal de la jeune femme, contre la vitre, dans cet appartement de la rue Guynemer qui donnait sur les frondaisons du jardin du Luxembourg... Françoise, qui a perdu presque toute sa mémoire, a des flashs, ainsi, d'une précision presque photographique... Où est Isabelle, maintenant ? partie faire les courses, peut-être...

Françoise entend vaguement une voiture entrer de l'autre côté du manoir. Elle est presque insconciente, maintenant, au fond de son lit trempé. Elle étouffe. Mme Le Breton lui entoure les épaules d'un châle, en serre les pointes sur sa poitrine. Françoise ouvre les yeux. Non, la fidèle ne la laissera pas. Elle viendra dans l'ambulance avec elle, lui tiendra la main, restera auprès d'elle. Et puis le Dr Abastado va venir de Paris. Lui sait comment la soigner...

Françoise a froid, et peur. Pourtant elle

connaît les hôpitaux. Elle ne devrait pas s'inquiéter. À Honfleur, il y aura cette équipe de médecins très compétents et qui s'occuperont bien d'elle. Ensuite, elle reviendra ici, voir l'automne enflammer la forêt. Nous ne sommes que le 5 septembre. Il reste un mois, au moins. Lorsqu'elle rentrera à Equemauville, elle finira peut-être son dernier roman, presque achevé. Mais elle a tellement de mal à écrire… Et puis même si elle le terminait, que lui laisserait l'État sur ce que lui donnerait son éditeur ?…

Elle ne s'est pas rendu compte que les infirmiers l'ont déjà installée sur un brancard. Elle respire mieux. Le masque à oxygène la gêne pour regarder la vigne vierge, sur la maison. Des feuilles rouges y parsèment déjà le vert cru. Astrid n'est pas là. De toute façon, il y a juste une place pour l'infirmier, dans l'ambulance. Mme Le Breton la suivra avec sa petite voiture.

Elle sent à peine le cathéter, dans son bras. Elle perd connaissance…

Cela va durer dix-neuf jours. Parfois, elle retrouve toute sa lucidité, son entrain presque. Elle en a vu d'autres. Mais elle sort de moins en moins souvent de cette absence dans laquelle, de très loin, des bribes de conversations lui parviennent. Il lui arrive de reconnaître la voix de Florence ou celle de Jean-Paul. « Je ne veux pas mourir », se répète-t-elle.

Lorsqu'elle reprend conscience, fugitivement, Denis est là, penché sur elle. Puis il se détourne, sort un téléphone portable de sa poche, s'éloigne. Marie-Thérèse Le Breton le remplace, prend la main de Françoise. Et la chaleur de cette main remonte dans tout son corps. Elle voit un rai de lumière oblique vaincre le store baissé et frapper le mur, derrière Denis, son fils, qui a le dos tourné...

La silhouette d'une jeune fille de dix-neuf ans s'interpose, la happe, la conduit, confusément, si loin dans le temps...

La mer est toujours un peu froide, à Hossegor. Et la plage couverte d'enfants qui s'ébattent à la lisière du ressac. Dans la grande villa que les Quoirez ont louée, comme chaque année depuis la fin de la guerre, le calme règne, malgré les trois petites qui guettent Françoise avec impatience. Ce sont les deux filles de Suzanne, sa sœur, de treize ans son aînée, et celle de son frère Jacques, qui la précède de dix ans. Suzanne a épousé, en 1946, Jacques Defforey, à qui elle a donné ces gamines bien élevées. Deux ans plus tard, l'autre Jacques – Quoirez – convolait avec une jeune Anglaise. Le mariage n'a pas duré longtemps. Jacques a gardé la petite fille, adorable et vive, née des amours éphémères de l'impénitent séducteur...

Mais la jeune tante de ces fillettes qui s'impatientent n'est jamais pressée : elle ne sera pas prête avant onze heures. Parce qu'elle se lève tard, certes, mais aussi parce qu'elle attend le passage du facteur. Un amoureux qu'elle a laissé à Paris, Louis Neyton, un ami d'enfance qu'elle a retrouvé dans la capitale, devrait lui écrire. Celui qu'elle appelle « mon chéri » est pourtant bien silencieux...

En cet été 1954, Françoise aurait pu passer ses vacances ailleurs ; elle en a désormais les moyens. Mais elle ne sait pas encore profiter de sa gloire. De plus, l'année précédente, elle s'est privée de tout cela, la mer, le soleil, les enfants, pour se claquemurer dans le vaste appartement familial qui, au 167, boulevard Malesherbes, donne sur un jardin bien ordonné. Indifférente à la touffeur de l'été citadin, elle a écrit d'un jet son premier roman, *Bonjour tristesse*. Elle l'a tapé de deux doigts malhabiles sur une vieille machine à écrire. Pour qu'une vraie dactylo le mette au propre, cela lui a coûté deux cents francs, qu'elle a empruntés à une amie. Elle voulait du travail bien fait.

Le succès, foudroyant, l'a laissée interdite. Elle n'est qu'une jeune fille à l'éducation bourgeoise qui ne se prive d'aucun plaisir. Surtout pas celui de la morsure du soleil sur une peau qui devient très vite pain brûlé. Ses cheveux châtains, toujours en bataille, blondissent à ce régime d'intense lumière et de batifolage dans les vagues. Elle aime tant se mouvoir dans l'eau claire. Elle affectionne ce deux-pièces sage dont le soutien-gorge sans bretelles laisse ses épaules libres…

Ici, à Hossegor, elle se sent vivre, dans la conscience d'une vacance charnelle qui autorise son esprit à vagabonder : d'une lecture à l'autre, d'un visage à l'autre, d'une attitude à l'autre. Car la piètre élève qu'elle a été, l'étudiante distraite recalée en propédeutique, dévore – les livres, les observations, les émotions. Toutes ces nourritures, elle les traduit ensuite en autant d'expressions précises, de nuances qu'elle transcrit en phrases brèves. Deux mots, deux adjectifs lui suffisent à camper un personnage, à dépeindre une atmosphère, à décrire un paysage. Son premier roman le montre.

La chétive jeune fille au visage de chat qui s'ébat sur la plage, ses nièces à ses trousses, a-t-elle déjà conscience qu'elle est un authentique écrivain ? Qu'après Cécile, son père, Elsa, Anne et Cyril, les héros de son premier roman, une multitude d'hommes et de femmes sortiront de son imaginaire, tout armés de leurs histoires ? À ce jour, elle n'est pas habituée au pseudonyme de Sagan, qu'elle s'est choisi par amour pour Marcel Proust. Elle est toujours Kiki, ou Francette, ou la Quoirez, mais pas encore la Sagan.

Son succès l'embarrasse. Elle ne sait toujours pas répondre aux journalistes qui viennent la pourchasser jusque-là, dans cette quiétude d'Hossegor. Elle ne saura, ne pourra jamais jouer à la star, prendre des poses. Pourtant, il faut bien affronter ces questions indiscrètes. Pour satisfaire leur curiosité, elle se plie parfois à des retours en arrière qui la replongent dans l'enfance... Oh ! elle ne dit pas tout. Elle ne dira jamais tout. Heureusement, d'autres seront plus loquaces, plus tard. Son père, son frère

Jacques surtout, son meilleur complice, livreront quelques-unes des anecdotes qui dévoilent le mieux la puissance de ce singulier caractère.

Françoise voit distinctement son visage de dix-neuf ans se tourner vers elle, lui sourire, les yeux pailletés de soleil. Elle tente de serrer davantage la main de Mme Le Breton. Ses poumons sont bloqués. L'oxygène ne parvient plus jusqu'à ses bronches en feu. Embolie pulmonaire.

Françoise Sagan s'éteint. Nous sommes le 24 septembre 2004. Il est 19 heures 45. Le soleil, flamboyant, s'apprête à disparaître dans la mer, face à Honfleur.

# 2

Françoise naît trois semaines avant terme dans la maison de sa grand-mère, le 21 juin 1935, à 14 heures 25, à Cajarc, chef-lieu de canton du Lot. La veille, le président Albert Lebrun a honoré de sa présence le dîner du trois centième anniversaire de cette institution. Mais les ciels littéraires ne sont pas que ronronnante convention : une nouvelle voix se signale par le scandale que provoque son premier roman, *Faux Jour*. L'auteur, un jeune Russe blanc de vingt-trois ans, de son vrai nom Lev Tarassov, a pris le pseudonyme d'Henri Troyat.

Qui pense à la guerre, en cette année où toute la France fredonne « Tout va très bien Madame la Marquise » ? La France, rurale à quatre-vingt-dix pour cent, vit au rythme des saisons. Les tribulations politiques ne semblent intéresser que les partis, qui se déchirent sur des idéologies dont on mesurera les radicales oppositions au cours de l'automne : les Chemises brunes du colonel de La Rocque se battent contre les militants de gauche. Pourtant, les nazis sont au pouvoir en Allemagne depuis deux ans et, à Moscou, Staline poursuit ses purges commencées en 1930.

Pour l'heure, l'arrivée de l'été apaise les tensions. À Cajarc, on ne pense plus qu'aux moissons à venir, aux métiviers qu'il faudra nourrir, aux vignes dont on surveille le mûrissement lent. Sur le causse, l'herbe disparaît peu à peu entre les chênes-lièges et les lentisques au feuillage gris. Les cigales stridulent jusqu'à épuiser les nerfs. Tout est calme. Les paysans ont fui les champs écrasés de soleil. Les animaux dorment à l'ombre des grands arbres. Les enfants du village, obligés à la sieste, rêvent de batailles rangées dans le vieux château dont les ruines les dominent de leur ombre sèche. Malgré la chaleur du solstice qui tombe droit du ciel blanc, les murs épais de la demeure familiale gardent assez de fraîcheur pour épargner à la mère et au nouveau-né l'inconfort de la canicule. Marie Laubard, épouse Quoirez, est heureuse. Elle tient contre elle le corps menu de cette enfant qu'elle n'osait plus espérer, après la perte d'un petit garçon, huit ans plus tôt. Elle avait tenu à l'appeler Maurice, en souvenir de son frère disparu lors de la bataille de la Marne.

Elle couve des yeux le bébé tout chiffonné, au regard flou, encore. Cette petite fille, elle va la chérir. Plus peut-être que ses deux aînés. Elle se dit cela, mais quel temps lui laisseront toutes ses occupations ?

Marie est une jolie jeune femme de trente-deux ans, le cheveu châtain clair, l'œil bleu-vert. Gaie, drôle, un peu futile, elle a fait un mariage d'amour avec Pierre Quoirez, un jeune ingénieur qu'elle a rencontré aux noces d'une amie, à Saint-Germain-en-Laye. Il va avoir vingt et un ans. Elle en a à peine dix-sept.

À l'issue des festivités, chacun repart vers sa ville d'origine, elle à Cajarc où ses parents sont installés dans une maison qui jouxte celle de l'oncle Laubard, sur le Tour-de-Ville, lui à Béthune. Sa famille y gère les usines et les immeubles que la guerre de 1914-1918 n'a pas détruits. Ils s'écrivent.

Un jour, n'y tenant plus, Pierre prend sa motocyclette et descend, comme un fou, les routes sinueuses qui traversent la France presque de bout en bout. Il veut revoir sa dulcinée. La moto s'étouffe, rend l'âme à quelques kilomètres de Cajarc. Et c'est fourbu, ébouriffé mais heureux qu'il fait une entrée cocasse dans le village : un paysan a installé le jeune homme et sa moto dans son char à bancs.

Pierre épouse Marie à Cajarc le 3 avril 1921.

Hurluberlu à ses heures – comme son père, un grand-père que Françoise ne connaîtra pas –, Pierre Quoirez n'en est pas moins un ingénieur fort sérieux dans son travail, et un homme à l'esprit incisif, dont l'humour peut être blessant. Il est né en 1900, à Béthune, dans une famille de petits industriels quasiment ruinés par la guerre de 1870 qui a dévasté le nord de la France. Il reste cependant quelques usines en mauvais état, que Pierre espère reprendre après ses études à l'Institut industriel du Nord. Mais son engagement par la Compagnie générale d'électricité lui fait abandonner toute velléité de remettre sur pied l'ancienne fortune familiale.

Sa vie se partage entre son métier et deux passions : les voitures et la vitesse. Jeune homme, il a même joué au mécanicien dans des courses où il engageait des automobiles construites avec son meilleur ami, Jean-Albert Grégoire – qui a perfectionné la traction avant.

La Compagnie générale d'électricité proposant à Pierre de diriger une usine de chauffe-eau à Argenteuil, le jeune couple s'installe à Paris, d'abord dans un petit appartement près de la place des Ternes. Lorsque la famille s'agrandit, ils emménagent au 167, boulevard Malesherbes, dans le XVII^e^ arrondissement. Marie met au monde Suzanne en 1922, Jacques trois ans plus tard, en 1925, puis Maurice en 1927.

La disparition du petit garçon, que l'on n'évoque jamais, entame un moment l'activité fébrile de Marie. Elle a ses œuvres, organise les dîners que son mari donne pour ses clients, ou qu'elle-même consacre à leurs amis. Ils sortent beaucoup, tous les deux, et s'entendent très bien, même si, parfois, leurs querelles – sur des points de détail – mettent Pierre hors de lui. Colérique, il se maîtrise difficilement et oublie tout aussi vite. Marie sait attendre la fin des orages.

En 1931, comme les enfants demandent de plus en plus d'attention, Marie fait monter de Cajarc une jeune femme qui devient vite le pivot de la famille : Julia Lafon. Elle a vingt ans à peine mais déborde de tendresse maternelle. Son esprit d'organisation fait d'elle la véritable maîtresse de ce grand appartement. Elle le tient avec rigueur. Les Quoirez lui accordent toute confiance, au point de lui abandonner les enfants pour se rendre, les fins de semaine, à Deauville ou à Trouville, dans leurs automobiles qui sont toujours des curiosités : grandes, chromées, au cuir odorant. Marie est installée, toute chapeautée, au côté de cet époux facétieux qui porte casquette et lunettes de course. Pierre l'amuse, la gâte mais, parfois, elle ne sait pas sur quel pied danser avec lui, tant il est hors du temps et des convenances. Cette anecdote restée dans la mémoire familiale en témoigne : invité à dîner chez des amis, Pierre est en retard. Il monte l'escalier quatre à quatre, s'introduit dans un appartement et, chevauchant un cheval imaginaire, il se met à crier : « J'arrive au galop, au galop, au galop… » Dans la salle à manger, une famille interdite regarde, bouche bée, cet individu qu'elle n'a jamais vu. Nullement démonté, l'inconnu tourne les talons et disparaît en hurlant de plus belle : « Je repars au galop, au galop, au galop… » Il s'était trompé d'étage.

Pendant les vacances d'été, alors que les enfants sont confiés à la grand-mère Laubard, à Cajarc, les Quoirez descendent en villégiature au Carlton, à Cannes, ou dans des maisons louées sur la Côte d'Azur ou la Côte basque. Grands bourgeois, ils ne se refusent rien.

Son premier cri, Françoise vient de le pousser dans la chambre où Marie Quoirez est elle-même venue au monde le 5 septembre 1903. Elle y a déjà accouché de ses trois aînés. Ainsi le veut la tradition. Madeleine Laubard, la grand-mère, n'aurait pas admis que cela se passât autrement.

C'est que Madeleine Laubard, née Duffour, fille de médecin très tôt orpheline, est une forte femme, dont le village respecte le caractère bien trempé et la générosité. Après la mort de son fils Maurice à la bataille de la Marne, elle a accueilli des réfugiés belges. Elle a élevé comme s'il était le sien le fils d'une jeune couturière tuberculeuse. D'aucuns diront qu'elle en avait les moyens : industriel aisé, son mari, Édouard Laubard, dirigeait une filature à Seuzac, en contrebas de Cajarc. Certes. Mais l'aisance de la famille n'explique ni le courage ni l'altruisme de

Madeleine. Dans ce milieu de notables, elle fait même figure d'exception. L'humanité profonde qui la caractérise n'a pu être bridée par des principes inculqués dès l'enfance – une pudeur, un quant-à-soi, la tenue de l'éducation provinciale. Bourgeoise, Madeleine l'est en vérité bien peu, avec son caractère fantasque et sa maison qui ressemble toujours à un campement.

De cette générosité, de cette propension au désordre, sa petite-fille va hériter.

Un mois plus tard, Marie Quoirez revient à Paris avec son bébé. Le reste de la famille les y attend avec impatience – le père, Jacques, son frère de dix ans, Suzanne, sa sœur de treize ans, et enfin celle qui va devenir son irremplaçable nounou : Julia Lafon. Julia adore les enfants et leur passe beaucoup de caprices. Mais lorsque le bébé arrive, si longtemps attendu par Marie et son époux, elle va l'aimer comme sa propre fille, la traiter comme la princesse au petit pois, respecter le caractère fantaisiste de cette enfant souvent seule, au cours de ses premières années. Sa sœur et son frère étant déjà à l'école ou en pension, Françoise, la petite Kiki, ne les voit que lorsqu'ils rentrent, mais ils se rattrapent alors, la cajolant, l'entourant d'une tendresse qui rend cette enfance épanouie, heureuse. La petite est le centre de la famille.

Françoise reviendra à Cajarc chaque été. Avec un bonheur toujours renouvelé, elle retrouvera cette maison qui est la seule, dans ce village aux tuiles rouges, à être recouverte d'un toit d'ardoise. Elle y goûtera une liberté qui ne sera jamais entravée... Des années plus tard, lorsqu'on lui demandera de raconter cette enfance et le bourg, elle écrira :

« Il y a l'esquive étonnante de toute cette région devant le tourisme, la télévision, les autoroutes, l'ambition. Il faut des heures et des heures pour y parvenir, et si l'on n'y est pas né, on s'y ennuie. Les quelques atrocités apportées par le progrès ou les étrangers sont vite absorbées, jetées ou amalgamées au reste. Ce pays n'a pas changé. Je n'y retrouve pas une enfance détériorée, j'y retrouve une enfance exemplaire qui introduit dans ma vie une sorte de temps au ralenti, le même temps au ralenti que j'y passais jadis, un temps sans cassure, sans brisure et sans bruit [1]. »

La famille aveyronnaise, dans cette douceur, cultivait ses originaux. Il y avait le grand-père Édouard, et surtout le grand-oncle Jules. Leurs opinions se rejoignaient sur un point : pour l'un comme pour l'autre, le travail n'était pas la santé. Issus d'une lignée exploitant un gisement de phosphates, une filature et un grand domaine à Seuzac, les deux frères se contentaient de vivre sans contrainte, dans un joyeux farniente. Malheureusement, Édouard avait investi une partie de sa fortune dans l'emprunt russe. Il fut ruiné, mais pas assez pour perdre sa nonchalance de gentilhomme campagnard. Quant à Jules, qui ne s'encombra jamais d'une famille, il laissa couler les jours dans la plus parfaite paresse, agrémentée de tous les plaisirs. Il courait le guilledou, le plus souvent dans le pré carré des amis voisins. Il adorait les chevaux, qu'il élevait pour les monter. Il battait la campagne pour de

1. … *et toute ma sympathie*, Julliard, 1993.

mémorables parties de chasse. Il aimait la bonne chère et les vins millésimés.

Les deux frères incarnaient ce qu'avec insolence on pourrait appeler aujourd'hui une « fin de race ». Ayant tout, ils n'avaient rien à prouver, ne devaient rien à personne et vivaient selon leur bon vouloir.

Mauvais exemple pour de jeunes enfants, diront certains... Pour Françoise, Jules, qu'elle a bien connu, et Édouard, disparu peu avant sa naissance, incarnèrent sans doute une approche sans souci de l'existence. Des pages d'une histoire familiale qui s'apparente au bonheur, aux plaisirs.

La sensible Marie n'est peut-être pas aussi fantaisiste que ses aïeux, mais elle a une âme d'artiste, et son mari lui sert de Pygmalion. Elle aime les beaux-arts. La musique, mais surtout la peinture. L'avant-gardisme ne la séduit pas, elle ne suit donc pas l'évolution radicale de l'art pictural vers l'abstraction et se satisfait plutôt d'une peinture traditionnelle de bon ton. Elle donnera à Françoise l'appétence pour cet art qui conservera toujours, pour elle, un parfum de bohème.

Mais Marie Quoirez est aussi une grande

bourgeoise, qui a gardé de l'éducation de Madeleine Laubard quelques principes décousus dont sa fille retiendra l'essentiel : la générosité et la ténacité.

Françoise grandit donc entre Cajarc et Paris dans une famille aisée, non dépourvue d'originalité. La petite fille montre d'ailleurs très vite qu'elle n'en manque pas et qu'elle n'a pas froid aux yeux. Un jour, son père l'emmène se promener au bord des étangs de Ville-d'Avray. Elle s'exclame, toute contente :

– En bateau, papa, en bateau…

Pierre se laisse convaincre, et les voici tous les deux à bord d'une barque qu'il manœuvre avec prudence. Comme l'enfant se penche un peu trop pour toucher l'eau, Pierre met sa fille en garde. Elle se penche davantage. Il se lève alors, fait un faux mouvement… et la barque chavire. Le père et la fille ne devront leur salut qu'à de solides gaillards de l'équipe de France de football, venus se mettre au vert avant un match contre l'Italie !

Pas effrayée par l'aventure, Kiki, du haut de ses quatre ans, racontera à sa mère, qui les voit tous deux rentrer dégoulinants à la maison :

« On s'est baignés tout habillés et un monsieur est venu nous chercher. »

Françoise est courageuse, son enfance en donne mille preuves. La famille explore les ruines du château, à Cajarc. Françoise disparaît. On la cherche partout : personne. Le père, terriblement inquiet, passe au pied des murailles quand il entend une petite voix : « Je suis là, papa. » Elle est tombée dans une oubliette, s'est foulé le genou et attend, sans gémir, qu'on la retrouve.

Dès son plus jeune âge, Kiki, que l'on surnomme aussi Francette, s'ingénie à montrer qu'elle n'est pas une petite chose fragile. À Cajarc, lorsqu'elle joue avec ses camarades du village, c'est genoux couronnés, blessures de sabres de bois, et autres bobos. Mais pas une plainte, jamais. Une fois pour toutes, elle a décidé de ne pas « faire l'enfant ». Mais le jour de ses cinq ans, lorsqu'on lui apporte son gâteau d'anniversaire et ses cadeaux, elle les jette en s'écriant : « Je ne veux pas devenir vieille… »

La guerre, hélas ! va mettre à mal l'harmonie loufoque du clan familial. Le jour de la déclaration du second conflit mondial, à Cajarc, Françoise voit sa mère pleurer tandis que son père, la mine soucieuse, déambule dans le jardin. Elle comprend qu'une chose grave vient d'arriver. Quelques heures plus tard, Pierre les quitte. Pendant dix mois, le lieutenant du génie Quoirez défendra la ligne Maginot...

Marie décide alors de s'installer à Cahors, où ses deux aînés pourront aller au lycée. Françoise, quant à elle, ne fréquente pas encore l'école. Ce qui ne signifie pourtant pas qu'elle reste dans les jupes de sa mère : Marie Quoirez a beau être à cheval sur quelques principes, elle n'en est pas moins active et indépendante. Elle a ses propres occupations. Françoise est donc gardée par Julia. Elle peut rester des heures penchée très sérieusement sur un livre... qu'elle lit à l'envers. Parfois, elle demande à sa mère, lorsque celle-ci est de retour : « Lis-moi. » Pas des contes de fées. Elle a horreur de ça. Elle ne veut pas d'histoires avec des baguettes magiques et de belles dames aux chapeaux pointus. Non. Déjà, elle réclame des aventures avec des animaux, qui deviennent ses compagnons. Son père lui manque.

Enfin, en juillet 1940, Pierre est démobilisé. Et il repart aussitôt, avec Marie, pour le 167, boulevard Malesherbes : Mme Quoirez, en juin 1939, y a oublié... ses chapeaux ! Ils mettent ensuite plusieurs jours pour regagner Cajarc, au milieu du grand exode de juin 1940, évitant par miracle les rafales meurtrières des stukas ennemis.

La famille réunie va de nouveau déménager, à Lyon, cette fois, dans un vaste appartement qui donne sur le Rhône, cours Morand. Henry de Reamy, patron de la CGE, a demandé à Pierre Quoirez de construire une voiture électrique et de s'occuper de deux de ses usines dans le Dauphiné. Il va pouvoir s'adonner à sa passion, l'automobile, bricoler, innover... Il se partage donc entre ses bureaux dauphinois et Lyon, où il est plus commode que le reste de la famille demeure : les enfants doivent poursuivre leurs études.

Depuis la débâcle, et parce que Lyon est en zone libre pour deux années encore, la ville est envahie de réfugiés et le rationnement draconien. Heureusement, Marie s'arrange pour trouver parfois un sac de haricots. De cette période de privations, Françoise gardera un souvenir heureux, celui de Marie, de Julia et des trois enfants réunis autour de la table de la cuisine, chacun triant en chantant : « Haricot, charançon, haricot, charançon... »

C'est à Lyon que Françoise fréquente sa première école catholique. Le cours Pitra est installé dans un ancien couvent. (Aujourd'hui, un restaurant, qui l'a remplacé, a apposé une plaque signalant que ces lieux ont abrité les premières leçons de la petite Françoise Quoirez, dite Françoise Sagan.)

Comme dans de nombreux établissements scolaires privés de France, on y chante *Maréchal, nous voilà* et on remercie la Sainte Vierge de protéger chacun. Mais Françoise a beau aller en classe, sa sœur Suzanne et son frère Jacques la considèrent toujours comme un bébé. Suzanne est déjà une belle jeune fille, inscrite aux beaux-arts. Jacques, qui a hérité de la drôlerie de son père et de la joie de vivre paresseuse du grand-oncle Laubard, se sent bien plus proche de Kiki. Il fréquente une école de jésuites. Lorsque les jeunes Quoirez se retrouvent dans le grand appartement du cours Morand, bien que chacun ait sa propre chambre, c'est, au bout d'un long couloir, dans le salon qu'ils se tiennent le plus souvent. Ils font le moins de bruit possible : ils ont des

« invités », que le père et la mère cachent. Eux qui, avant-guerre, professaient l'antisémitisme d'une partie de la bourgeoisie, protègent à présent des réfugiés juifs qui ont fui Paris. Après une descente de police, Pierre Quoirez les mènera dans ses usines où il emploie déjà des Israélites, au grand dam des Allemands qui, deux ans plus tard, le soupçonnant, ne pourront cependant jamais rien prouver.

Lyon, c'est aussi pour Françoise l'époque de l'initiation musicale. Elle prend ses premiers cours de solfège chez une vieille demoiselle désargentée, qui lui fait monter et descendre les gammes sur un carton orné de touches… muettes, bien sûr. De quoi vous dégoûter de la grammaire musicale. Mais pas de la musique. Quelles mélodies trottent dans la tête de l'enfant qui aimera plus tard Brahms, Schumann, Ravel et Debussy ?

Lyon, c'est enfin la découverte de l'automobile… Françoise a cinq ans. Son père, qui vient rejoindre sa famille dès qu'il le peut, a construit la fameuse voiture électrique. Une auto rouge, magnifique jouet de luxe paré de cuir beige. Assise sur ses genoux, Kiki apprend à conduire. Ce souvenir-là non plus, elle ne l'oubliera pas.

L'été arrivant, la famille quitte la ville grise pour un bourg du Vercors, Saint-Marcellin, où se trouve une des deux usines que Pierre dirige depuis sa démobilisation. Les Quoirez habitent une grande maison, baptisée La Fusillère à cause de communards exécutés contre l'un de ses murs en 1871. Derrière la bâtisse se découpe la silhouette trapue du massif montagneux, qui n'est pas encore le refuge des résistants. Dans le jardin en friche, bordé d'un haut mur, Françoise se trouve au paradis : l'été 1942, c'est l'été des Mohicans… Avec un petit voisin et la fille d'un des fournisseurs de bois des usines, Marion Guy, elle s'en donne à cœur joie dans le fouillis épineux. Les enfants reviennent de ces expéditions les membres griffés, le visage barbouillé du jus des mûres mangées à même les ronces.

Jours heureux du Vercors, qui resteront pour Françoise associés à ses deux premières grandes amitiés animales : Poulou le cheval et Bobby le chien… Le jour où la petite fille ramène Bobby à la maison, Marie Quoirez croit rencontrer le diable et la maladie réunis. Galeux, borgne, d'une saleté repoussante, l'animal mérite à peine le nom de chien.

– Qu'est-ce que c'est que ça ? demande-t-elle sévèrement à sa fille.

Et Kiki, épanouie, saisissant par le cou son nouvel ami :

– C'est Bobby. Il est gentil, non ? répond-elle, tandis que la pauvre bête la gratifie d'un grand coup de langue sur le visage.

Marie manque de s'étouffer.

– Sors-moi cette infection d'ici…

C'était compter sans l'acharnement de Françoise, qui protège le chien jusqu'à ce qu'il devienne son quatrième compagnon de jeux.

Quant au vieux Poulou, c'est un cheval isabelle que Pierre Quoirez a sauvé de l'équarrissage. Tout de suite, la petite fille adopte l'animal efflanqué. C'est alors qu'elle découvre l'un des premiers plaisirs du monde : prolonger son corps frêle de quatre jambes musculeuses. Poulou lui inspirera ces lignes : « … Je le menais par le licol, sans selle ni mors, et nous nous promenions dans les prés des jours entiers. Pour l'enfourcher, vu sa taille et la mienne – je devais, au plus, peser vingt-cinq kilos – j'avais mis au point une technique qui consistait à m'asseoir sur ses oreilles pendant qu'il broutait – et il ne faisait que ça – et à m'agiter jusqu'au moment où, excédé, il relevait le cou et me faisait glisser tout au long, jusqu'à son dos, où je me retrouvais assise dans le mauvais sens. Une fois perchée, je me retournais, je prenais le licol, je lui donnais des coups de talons et poussais des cris du paon jusqu'à ce que, par gentillesse, il partît dans la direction qui lui plaisait. [...] Il galopait et, penchée en avant, je sentais son rythme dans mes jambes, dans mon dos. J'étais au cœur de l'enfance, du bonheur, de l'exultation [1]. »

Mais cette parenthèse merveilleuse ne dure qu'un temps. La liberté, la connivence avec les animaux, la bonté du monde, toutes ces joies simples et évidentes qui font oublier la guerre sont enlevées à Kiki à la rentrée scolaire : il faut bien rentrer à Lyon...

Laissant Pierre à La Fusillère et à ses usines, Marie, ses trois enfants et la nounou reprennent une vie de plus en plus ingrate. Il faut de nouveau éliminer les charançons parmi les haricots. D'autant qu'en novembre 1942 la Wehrmacht envahit la zone libre... Les Allemands occupent toute la France, et les

---

1. *Ibid.*

restrictions se font sentir davantage. Chacun découvre le goût des topinambours. Si la viande est inabordable pour la plupart, les Quoirez parviennent à peu près à se nourrir. Ils n'auront jamais faim.

Pour Kiki, le pire est de devoir se tenir tranquille toute la journée sur un banc partagé, avec obligation de fournir une attention soutenue. À sept ans, elle déteste déjà l'école et ses contraintes. Quand la seule source de chaleur est un poêle alimenté en succédané de charbon, quand le regard, s'échappant par la fenêtre, vient buter sur des façades d'immeubles, de l'autre côté de la rue, comment ne pas pleurer les saveurs de l'éden perdu ? Il faudra attendre les vacances prochaines pour retrouver Saint-Marcellin. Et papa, qui lui laisse faire ce qu'elle veut.

Plus difficile encore est l'année suivante : en octobre 1943, parce qu'on craint les bombardements sur Lyon, c'est dans un pensionnat de Grenoble qu'on enferme Françoise, chez les bonnes sœurs. Là, tout lui pèse. La discipline, l'odeur sure des dortoirs qui devient pour elle celle des religieuses, les longues séances du matin où elle doit tresser ses nattes sous l'attention inflexible d'une jeune nonne au long nez... La classe commence toujours par la prière, qu'il y ait ou non un exercice obligé, une interrogation écrite, un poème sans grâce à savoir par cœur. Le travail est important, mais la prière est essentielle, lui serine-t-on. La journée se poursuit dans le silence rompu seulement par les brimades et les punitions. Les récréations sont trop courtes, car dehors il gèle dur en cet hiver alpin. Le vent souffle. Elle est seule, loin de la chaleur familiale. Elle a froid.

Le soir, elle craint ces longs couloirs silencieux et vides, aux portes closes. Dans le dortoir où les pensionnaires ont du mal à s'endormir, elle entend des sanglots étouffés. Elle aussi pleure. Elle se sent contrainte, ne supporte pas cet enfermement. Décidément, non, elle ne peut pas aimer l'école.

Sa seule possibilité d'évasion se trouve dans la lecture. Françoise dévore tout ce qui lui tombe sous la main. Tout ce qu'on peut lire à cet âge-là. Jules Verne n'a plus de secrets pour elle. Mais aussi Saint-Marcoux, l'auteur de quelques beaux livres de la collection « Rouge et Or », et peut-être même ses premiers George Sand, *François le Champi*, *La Petite Fadette*. Cette fringale l'accompagnera toute sa vie, partout – surtout après la guerre lorsque, adolescente, elle revient à Cajarc où, dans le grenier de la maison de sa grand-mère, une armoire remplie d'ouvrages dépareillés lui donnera accès à sa première passion : Proust. *Albertine disparue* fixe, pour elle, une délicatesse de sentiment qui façonnera sa culture.

Pour lors, elle a neuf ans. L'été, dans la maison du Vercors, ses vacances se passent à lire et à parcourir la campagne sur le dos de Poulou, accompagnée de Bobby qui folâtre. Elle apprend aussi le tennis, avec un tel acharnement que ce moustique insaisissable réussit à battre la femme du notaire en simple... La guerre est bien éloignée de ses pensées. D'ailleurs, qu'a-t-elle vu de ce conflit qui a tué quarante-cinq millions d'êtres humains ? Elle ne sait pas que son père a caché des Juifs, aidé la Résistance, sauvé des jeunes gens du STO. Elle ignore les trahisons de la milice locale, les embuscades et les morts, elle ne connaît rien des drames qui se sont joués là, juste derrière la maison, dans le massif si proche du Vercors. Même à Lyon, les bombardements ne l'ont pas affectée. Marie, du reste, refuse souvent de descendre à la cave lorsque les sirènes d'alerte hurlent dans la ville. Peut-être parce que, une nuit comme beaucoup d'autres, après que des bombes eurent explosé non loin de leur abri, elles trouvèrent au retour, dans la cuisine, une souris qui les effraya davantage que l'enfer subi sous terre à quelques mètres à peine...

La mort, le danger, qu'en a vu Françoise pendant ces années ? Il y a bien ce jour où elle a dévalé, la tête la première, l'escalier de La Fusillère. Visage en sang, elle s'est écriée : « Je ne veux pas mourir encore. » Ce jour, aussi, où la famille s'est vue mise en joue par des Allemands qui recherchaient des résistants, après avoir trouvé derrière la maison une camionnette bourrée d'armes. C'est tout, ou à peu près.

À l'issue de ces cinq années qui ont été le cauchemar du monde, Kiki se souviendra peut-être davantage de ces beaux jeunes gens en uniforme kaki qui rentraient, triomphants, dans les villes libérées. Elle avait l'œil, déjà, à neuf ans. Le goût des jolis garçons...

Ce qui s'est vraiment joué, tout près d'elle, sans qu'elle s'en doute, elle n'en prendra conscience que plus tard, à Paris, sur un écran de cinéma. Là seulement, le temps d'une séance d'actualités dans une salle de quartier, elle découvrira ce que cachait la haute silhouette de ce Vercors qui lui tenait lieu d'horizon. Et elle prendra conscience du pire, qui est arrivé durant ce temps béni de l'enfance. Elle verra ces fantômes aux pyjamas rayés agrippés aux grillages des camps de la mort. Elle n'oubliera jamais ces visages hâves dont les yeux ont vu l'horreur. Elle demandera à sa mère s'il est vrai que des hommes aient soumis d'autres hommes à cette abomination.

Toujours aux actualités, elle verra avec effroi s'épanouir ces champignons gigantesques et vénéneux, dans le ciel sans couleur : les bombes atomiques, qui ont intégralement détruit Hiroshima et Nagasaki, brûlant vifs en une minute des centaines de milliers d'êtres humains. La guerre, c'est par les images en noir et blanc qu'elle entrera, terrifiante, dans sa conscience. Elle y inscrit la possibilité, imminente, de la fin du monde.

# 3

Été 1944. Pour l'instant, les Français sont en liesse. Les Alliés ont débarqué en Normandie le 6 juin, et en Provence le 15 août. La joie se mêle aux règlements de comptes. À Saint-Marcellin comme ailleurs, les collabos paient les exactions des quatre années noires de l'Occupation, les femmes qui ont frayé avec les Allemands sont tondues ou fusillées sans procès. Françoise et sa mère ont assisté à l'humiliation de l'une de ces femmes. Marie Quoirez, outrée, s'est écriée devant l'affligeant spectacle : « Vous vous comportez comme les Allemands l'ont fait avec nous tous ! »

À la fin de cet été, le retour boulevard Malesherbes est à la fois joyeux et triste. Joyeux parce que Francette échappe au pensionnat. Triste, parce que c'en est fini de la sauvageonne, de ses caprices d'enfant gâtée. Finie, la voiture électrique qu'elle conduisait comme elle conduira les Jaguar et les Facel-Véga. Finis, les cours de dactylo sur la vieille Remington de Madeleine Gabin, la secrétaire de son père.

Françoise a neuf ans. Même externe, elle ne s'accommode pas l'école. Ses maîtresses ne parviennent pas à l'intéresser. Dans la cour de récréation, courir, sauter à la corde ou jouer aux billes ne la comblent pas. Enfermée dans la classe, elle cache ses romans sous son pupitre. Et les ouvre dès que la maîtresse tourne le dos, s'évadant enfin dans des histoires extraordinaires.

Elle aimerait raconter, malgré tout, dire les mille choses du quotidien à la famille réunie. Mais elle n'y arrive pas. Le soir, lorsque Pierre Quoirez demande à ses enfants comment s'est passée la journée, elle doit s'exprimer la dernière. Suzanne et Jacques, ses aînés, prennent la parole avant elle. Et elle est tellement bouillonnante de ses minces aventures que, lorsque son tour arrive, tout se bouscule dans sa bouche. Elle bégaye, n'arrive pas à organiser son discours. Chacun sourit, puis rit, l'arrête enfin. Non, elle ne pourra jamais dire tout ce qu'elle a envie de dire. Elle n'a qu'une seule solution : écrire. Et elle ne s'en prive pas...

Elle s'en donne même à cœur joie, composant force poèmes, petites nouvelles, et même des saynètes qu'elle lit à sa mère. Marie l'écoute d'une oreille distraite, gentille mais parfois ennuyée par ces récits bruissant du cliquetis des épées croisées, où il est question de chevauchées sans fin, de damoiseaux et damoiselles cernés par les méchants. Cette enfant a une imagination inextinguible.

Françoise s'échappe dans des histoires qui lui font oublier les avenues de pierres noircies de Paris. L'hiver 1945 est long. Heureusement, le souvenir de l'été de Cajarc est délicieux. À la tête d'une bande de garçons, elle a été le dernier des Mohicans, d'Artagnan, ou Michel Strogoff. Au moment de la sieste, à l'heure où tout dort, dans la touffeur du causse crayeux ébloui de soleil, elle a dévoré des livres poussiéreux qui, en vrac, emplissent armoires et coffres. Moment béni de la lecture...

Hélas, en 1945, Paris est loin de cette lumière du causse, et triste. Les files devant les magasins n'ont pas disparu. Françoise plaint Julia qui, ses tickets de rationnement chichement comptés, doit s'astreindre à des attentes sans fin pour un peu de viande, du sucre, du beurre. Parfois, en allant à l'école, Kiki entend résonner derrière elle le bruit sec des semelles de bois que beaucoup de gens portent en cette période de pénurie. Dans la classe, le charbon manque dans le vieux poêle. Il fait toujours aussi froid. Le seul moyen d'échapper à toute cette grisaille est encore de faire des bêtises. Francette ne s'en prive pas...

Cet été 1946 à Saint-Marcellin, Suzanne épouse Jacques Defforey, le frère de ce Louis qui sera, en 1959, l'un des deux créateurs des magasins Carrefour, avec Marcel Fournier. Jacques Defforey est un grand jeune homme qu'elle a rencontré au sortir de la guerre, dans l'une de ces soirées dansantes où la jeunesse, bridée pendant cinq ans, apprend les rythmes venus des États-Unis : le boogie, le be-bop et autre swing. Françoise, en demoiselle d'honneur, s'essaie déjà à ces danses qu'elle pratiquera longtemps. Quand elle s'arrête, essoufflée, c'est pour contempler avec un petit pincement au cœur cette sœur magnifique qui s'en va. Suzanne est ravissante : plus grande qu'elle, plus blonde aussi, le visage harmonieux animé par des yeux bleu-vert illuminés de bonheur. Un visage tellement différent de celui du « pruneau » qui enviera toujours, en secret, sans méchanceté pourtant, la beauté de sa sœur. Avec Jacques, son frère, c'est plus facile : comme elle, il est avenant. Il est pourtant le moins aimé des trois enfants Quoirez. À vingt et un ans, s'il poursuit de vagues études, il a surtout un air de liberté qui fascine sa jeune sœur. Elle a onze ans à peine. Mais elle sait déjà que son vrai complice, ce sera lui.

Rentrée 1946. Quand on brûle, comme Kiki, de curiosité pour la vie, tout est bon pour échapper aux contraintes monotones. Le très catholique cours Louise-de-Bettignies l'assomme. Si elle est remarquée pour ses devoirs de français, elle ne fait aucun effort dans les autres matières. C'est le système scolaire lui-même auquel elle est allergique. Elle trouve ses professeurs médiocres et ne le supporte pas. Très indisciplinée, elle se réfugie dans les farces, les pitreries. Elle amuse ses amies, qui sont fascinées. Elle en rajoute, toute à son public.

Marie et Pierre Quoirez ont repris peu à peu leur vie mondaine d'avant-guerre et ne contrôlent ni la vie de Kiki ni celle de son frère Jacques, un jeune adulte, déjà, qui n'en fait qu'à sa tête. Entre les déplacements incessants de Pierre pour la CGE, les bonnes œuvres de Marie, les soirées où elle peut à nouveau arborer les chapeaux qu'elle affectionne, les courses à Longchamp, les fins de semaine à Deauville, la vie du couple est bien active. Pour eux, l'amour exclusif qu'ils portent à Francette suffit à son éducation. Ils ne s'aperçoivent pas qu'elle a une propension irrépressible à prendre le large.

Françoise a quatorze ans lorsque, un jour, parce que son professeur de lettres ne lui semble pas à la hauteur, elle se saisit du buste de Molière qui est dans un couloir, trouve une corde et le pend à la rampe d'escalier. Elle se fait renvoyer. Mais elle n'en dit rien à personne. Chaque matin, dès le mois de février 1950, elle laisse croire qu'elle part pour l'école. En fait, elle s'en va découvrir Paris, s'éprend de la ville. La griserie de l'enfance, elle la retrouve dans les quartiers chargés d'une histoire qu'elle a apprise plus par les livres que par ses professeurs. Elle s'émeut d'un rien : du spectacle toujours changeant de la Seine, des monuments noircis de pollution. La Conciergerie, en particulier, la fait délicieusement frissonner. Là, lui a-t-on raconté, en pleine Révolution, il arrivait parfois que l'on coupe les doigts des condamnés qui s'accrochaient aux barreaux des cellules pour ne pas partir à la guillotine… Elle aime l'enfilade des ponts depuis la pointe de l'île de la Cité jusqu'au bout de l'île Saint-Louis. Elle s'attarde sur la place des Vosges plantée de tilleuls, imagine Victor Hugo la parcourant à grandes enjambées…

Françoise raffole des cafés, des bistrots avec leurs tables débordant sur le trottoir. Elle s'y installe place de Clichy, vers laquelle elle monte à pied, ou, parfois, à Saint-Germain-des-Prés. Son frère Jacques l'y a déjà entraînée. Elle apprend à faire durer une orangeade pendant des heures et, en silence, elle observe les gens, tente de deviner leur vie, leurs activités, leurs caractères. Elle en fait des personnages. Un compagnon de baguenaude, Bertrand, la suit comme son chevalier servant. Un amoureux, peut-être, comme on peut en avoir à quatorze ans : à la vie, à la mort.

Pour le reste, elle est seule. C'est toute seule qu'elle décide de ne rien dire à ses parents. C'est toute seule qu'elle affronte, de février à juin, les jours de grêle comme les jours de pluie.

Personne n'est au courant de ses escapades, pas même Jacques qui, à vingt-cinq ans, est déjà divorcé d'une Anglaise qu'il a épousée deux ans plus tôt. Françoise a affronté chacun de ces jours seule, elle qui déteste la solitude.

À la fin de l'année scolaire, catastrophe : les parents découvrent ses fugues et ses mensonges. Finie cette nouvelle liberté. Elle subit ce qu'elle considère comme la pire des punitions : les cours privés en été ainsi qu'une surveillance accrue, naturellement. Dès la rentrée suivante, en octobre 1950, elle doit suivre sa scolarité au couvent des Oiseaux, alors dans le XVI^e^ arrondissement. Elle a eu du mal à se faire admettre au vu de ses carnets scolaires. Mais il est trop tard pour que Francette devienne une jeune fille rangée.

Elle a déjà lu le Gide des *Nourritures terrestres*, et surtout *L'Homme révolté* de Camus, qui l'a définitivement séparée de Dieu. Il est vrai qu'à Lourdes, en voyage avec sa mère, les malades, les paralytiques, les scrofuleux l'avaient désespérée d'une justice immanente. À force d'indignation, elle s'est bâti sa propre religion : elle ne croit plus qu'à la solitude de l'être humain face à son destin.

L'été suivant, en 1951, elle reçoit un autre choc, esthétique, celui-là. Elle découvre Rimbaud. « J'étais allée à la plage déserte à huit heures, une plage encore grise sous les nuages basques, filant bas et serrés sur la mer comme une formation de bombardiers. (...) À plat ventre sur une serviette-éponge, la tête sous la tente et les jambes recroquevillées sur le sable froid, j'ouvris au hasard ce livre blanc sur papier fort, nommé *Illuminations*. Je fus foudroyée, instantanément.

« "J'ai embrassé l'aube d'été.

« "Rien ne bougeait encore au front des palais. L'eau était morte. Les camps d'ombre ne quittaient pas la route du bois. J'ai marché, réveillant les haleines vives et tièdes, et les pierreries regardèrent, et les ailes s'élevèrent sans bruit."

« Ah ! Il m'était égal, tout à coup, que Dieu n'existât plus et que les hommes fussent des êtres humains ou que quiconque m'aimât un jour ! Les mots se levaient des pages et cognaient à mon toit de toile avec le vent ; ils me retombaient dessus, les images succédaient aux images, la splendeur à la fureur :

« “En haut de la route, près d’un bois de lauriers, je l’ai entourée avec ses voiles amassés, et j’ai senti un peu son immense corps. L’aube et l’enfant tombèrent au bas du bois. Au réveil, il était midi.”

« Quelqu’un avait écrit cela, quelqu’un avait eu le génie, le bonheur d’écrire cela, cela qui était la beauté sur la terre, qui était la preuve par neuf, la démonstration finale de ce que je soupçonnais depuis mon premier livre non illustré, à savoir que la littérature était tout (…) : la plus, la pire, la fatale ; et il n’y avait rien d’autre à faire, une fois qu’on le savait, rien d’autre que de se colleter avec elle et avec les mots, ses esclaves et ses maîtres. Il fallait courir avec elle, se hisser vers elle et cela à n’importe quelle hauteur : et cela, même après ce que je venais de lire, que je ne pourrais jamais écrire mais qui m’obligeait, de par sa beauté même, à courir dans le même sens [1]. »

Elle vient tout juste d’avoir seize ans.

1. … *et toute ma sympathie*, Julliard, 1993.

Lors de cette rentrée 1951, toujours farceuse, volontiers provocatrice, elle dit à haute voix, dans les couloirs, les poèmes de Prévert, affolant ses professeurs : « Notre père qui êtes aux cieux, restez-y… » Ce goût de la liberté, cet esprit de rebelle font désormais partie d'elle-même : elle restera toujours une élève « ailleurs, même si elle brille par ses dissertations ». Aux Oiseaux, elle fascine déjà certaines de ses camarades par son brio, son air effronté, son sens de la répartie.

Mais cela ne suffit pas pour réussir ces examens si conventionnels que sont les bacs. Deux fois, elle est obligée de prolonger l'année jusqu'en septembre dans deux boîtes à bachot : l'été 1951 au cours Hattemer, puis l'été suivant au cours Maintenon. La discipline n'est pas son fort, pourtant, elle est douée. Cette culture qu'elle a acquise dès l'enfance dans la lumière poussiéreuse du grenier de Cajarc ou au fond des classes où elle n'écoutait rien, bien des élèves sérieux ne l'ont pas. Et puis, elle est si absolument littéraire que même son rapport à la philosophie s'en trouve teinté.

Si elle réussit les épreuves écrites, les oraux sont catastrophiques. Le bégaiement, qui la submerge lorsqu'elle est angoissée, la gêne terriblement. D'ailleurs, sachant qu'elle passerait difficilement la barrière de l'oral, une certaine paresse aidant, elle n'a pas travaillé. Dans certaines matières, elle est nulle. En anglais, par exemple. Elle raconte, dans *Réponses* [1], qu'interrogée sur *Macbeth*, parce qu'elle était incapable de s'exprimer – surtout en anglais ! –, elle s'est mise à mimer le texte, pourfendant l'air d'un glaive imaginaire, égorgeant, en roulant des yeux, des enfants muets, sautant sur l'estrade au grand dam de l'examinatrice. Qui lui donne trois sur vingt, pour au moins récompenser sa gymnastique éperdue. La langue, c'est autre chose : Françoise n'a pas dit un mot...

Qu'importe ? En septembre 1952, elle est bachelière à dix-sept ans, avec un an d'avance. Et elle s'est lestée d'amitiés qui dureront toute sa vie. Au cours Hattemer, elle a rencontré Florence Malraux, la fille de Clara et de l'auteur de *La Condition humaine*, André Malraux. Le héros des Brigades internationales, le commandant Berger de la Résistance est un proche d'un

1. Françoise Sagan, *Réponses 1954-1974*, Jean-Jacques Pauvert, 1974.

homme, reclus dans sa demeure de la Haute-Marne, qui a tenu entre ses mains l'honneur de la France : Charles de Gaulle. Mais ce n'est pas parce qu'elle est la fille de son père que Françoise se lie avec Florence. Du reste, c'est Florence qui est allée vers elle. « Je venais d'entrer au cours Hattemer, raconte-t-elle. J'avais été malade. J'avais un an de retard. Le professeur a fait venir une élève au tableau. C'était Françoise. Elle avait une allure tellement différente de celle des autres. Une culture, aussi, éblouissante. Une manière de se tenir, de regarder... Non pas de haut, mais avec une telle liberté ! Elle avait deux ans de moins que moi. Nous ne nous sommes plus quittées [1]. » Les affinités électives. Leurs incessantes discussions les font avancer dans le même sens : celui d'une liberté sans contrainte. Elles se ressemblent comme des jumelles. Elles ont la même taille, le même cheveu châtain clair et presque la même coupe. Elles s'habillent toutes deux de jupes droites et de pulls à col en V, de chaussures plates qui leur permettent, lorsqu'elles s'échappent des cours, de marcher dans Paris ou

1. Entretien avec Florence Malraux.

de rejoindre, dans les lieux où le jazz est roi, Jacques Quoirez, qui initie sa sœur et ses amies aux avant-goûts de la nuit. Florence ne suivra pas longtemps : après ses bacs, elle devient journaliste et quitte la joyeuse bande. Elle ne cessera jamais cependant de voir Françoise, d'être présente lorsque son amie aura besoin d'elle, de faire partie de sa vie comme un point fixe vers lequel on revient sans relâche.

Jacques, lui, sait ce que le mot « fête » veut dire. Il entraîne Françoise dans les boîtes à la mode de Saint-Germain-des-Prés ou de Montparnasse. Au Club Saint-Germain, où elle écoute tous les jazzmans que l'époque compte : Boris Vian, Django Reinhardt et son quintet ; au Vieux Colombier, où le frère et la sœur vont entendre Claude Luter, Sydney Bechet, Bill Coleman ; à la Rose Rouge, où ils voient Juliette Gréco débuter, ainsi que Mouloudji ou Aznavour.

Il y a la musique, mais aussi la cigarette, l'alcool et les amourettes qui défilent, dans la fureur de vivre. Cette jeunesse, qui sait l'apocalypse non seulement possible, mais si proche, depuis Hiroshima et Nagasaki, n'accepte plus aucun interdit. Frénésie des airs à la mode :

Sydney Bechet, qui vous arrache des larmes avec *Petite Fleur*, Django Reinhardt qui bafoue les convenances en détournant *La Marseillaise*... Le corps, libre, s'harmonise sans heurt à des musiques venues d'ailleurs.

Jacques est l'initiateur, mais Françoise est le boute-en-train. Sa vivacité, la cocasserie de ses répliques, son imagination en font le pivot de la petite bande, qui grossit chaque soir de têtes qui apparaissent, puis disparaissent. Et lorsque, au bras de son frère, elle s'avance sur la piste de danse, leur entente est si parfaite qu'on fait cercle autour d'eux. Elle enchaîne ses passes de be-bop avec une grâce d'elfe tandis qu'il la conduit dans une harmonie fluide que tous les autres garçons lui envient. Mais elle aime aussi les slows câlins, qu'elle réserve au cavalier qui aura attiré son regard, dans l'atmosphère enfumée de la salle.

Jacques a trouvé en Françoise, depuis qu'elle a quinze ans, une complice, une partenaire et une jeune fille avenante à montrer à son bras. Bien que père d'une petite fille, née de son premier mariage – et que Julia Lafon élève comme elle s'est occupée de Kiki –, il mène une vie de célibataire endiablé. Il fait vaguement des relations publiques. Mais son véritable intérêt, dans cet après-guerre qui se prolonge, c'est la fête. Et les filles.

Plus grand que Françoise, il a un visage agréable, égayé de deux fossettes. Rieur, charmeur, il a une propension à la farce et à la dérision qui lui attirent des copinages de potaches. Il enlève ses conquêtes pour une nuit, une heure, le temps du plaisir vite partagé. Surtout vite pris. Il est son double, son reflet, son soleil noir, peut-être le seul être qu'elle aime d'un amour sans contrainte. Il lui a donné le goût de ces élégants chenapans qu'elle affectionnera toute sa vie.

Cette vacuité d'une vie consacrée à la jouissance, Françoise la partage au quotidien avec son frère. Débarrassée qu'elle est maintenant des tabous religieux, elle marche dans les traces de Jacques, sans frein. Comme lui, elle aime les alcools forts et les nuits sans sommeil, le goût des cigarettes et les atmosphères grises. Elle aime sentir son corps suivre les rythmes de la musique. Elle aime charmer, elle qui se trouve un visage ingrat. Elle se reproche son nez, son menton en galoche, ses yeux ternes dont les coins tombent un peu. Elle s'est mise à jouer de sa frange, qui cache un front immense. Elle s'arrange pour accentuer ce petit air de mystère qui va avec son sourire. Elle a seize ans à peine, et sa première devise est séduire. Doña Juana...

L'été 1952, au cours Maintenon, elle rencontre une autre jeune fille, Véronique Campion. Issue d'une famille d'industriels de Béthune, comme Pierre Quoirez, Véronique aussi se laisse prendre par la vive intelligence de Françoise. C'est une grande fille blonde au visage ouvert. Son éducation tranquillement bourgeoise s'écorne vite au contact de Françoise et de son frère. Elle entre dans la petite bande qui s'agrandit, au cours de l'année, d'une autre comparse, Anne Baudouin. Élève des beaux-arts, Anne fréquente la boîte de nuit dans laquelle le groupe est le plus assidu, le Vieux Colombier. La bande y retrouve les amis. La musique y est parfaite, le whisky paraît divin.

Anne ne demeurera qu'un temps dans la mouvance des jeunes Quoirez. Mais entre Françoise, Florence et Véronique, c'est à la vie, à la mort. Même si Véronique retrouve assez vite son Nord natal, lorsqu'elle se marie. Tout au long de sa vie, Françoise fera le voyage à Béthune pour partager de nouveau leur complicité. Et lorsque, dans un cahier bleu, elle écrit son premier roman, c'est à Florence et Véronique qu'elle en propose la lecture. C'est un brouillon encore, loin d'être achevé. Il ne s'intitule pas *Bonjour tristesse* mais il a déjà cette atmosphère gris-rose qui sera celle de Sagan.

Si, à dix-sept ans, elle s'inscrit en propédeutique à la Sorbonne, ce n'est pas pour acquérir des diplômes, ou pour préparer une grande école. C'est pour souscrire aux convenances. Au fond d'elle, l'éducation a tout de même laissé des traces. Alors Lettres-Philo, « propé », comme on disait alors, semble parfait pour Françoise qui a passé son temps à lire. Mais les amphithéâtres bondés, ou l'ennui, lui font vite déserter les cours. Elle préfère flâner dans les cafés – lorsqu'elle est réveillée.

Elle vient de retrouver deux anciens de Saint-Marcellin, Louis Neyton et Bruno Morel, qui poursuivent maintenant leurs études à Paris. Lorsqu'ils l'ont entraperçue pour la première fois, c'était dans le château des parents de Bruno, dans le Dauphiné. Les Quoirez, invités à une soirée, étaient accompagnés d'un « brugnon » filiforme d'à peine neuf ans, Françoise. Aux deux garçons s'est adjoint un troisième compagnon, Noël Dumolard. Les trois amis intègrent la bande du frère et de la sœur. Dans l'appartement du boulevard Malesherbes ou dans les boîtes à la mode, ils en remontrent même à Jacques, qui n'est pourtant pas né de la dernière pluie.

C'est lors de l'une de ces après-midi dansantes, boulevard Malesherbes, que l'idylle se noue entre Louis et Françoise. Jean-Claude Lamy raconte la suite : « Le soir même, dans sa Peugeot décapotable, Louis emmène Françoise au bois de Boulogne. (...) Les jeunes gens échangent leur premier baiser lorsque des coups de feu éclatent dans la nuit. Peu après, deux policiers s'arrêtent à la hauteur de la voiture et intiment au conducteur, penaud, l'ordre de quitter les lieux au plus vite [1]. »

Puis Louis a dû regagner Grenoble, et les échanges entre les deux jeunes gens sont devenus, dans un premier temps, épistolaires. Il n'empêche. Françoise est amoureuse. Cela ne l'aveugle pas au point de rester sagement à la maison. D'autant que, dans les cafés de Saint-Germain, aux Assassins, à l'angle de la rue

1. Jean-Claude Lamy, *Sagan*, Mercure de France, 1988.

Saint-Benoît et de la rue Jacob, à la Rhumerie, mais aussi aux Deux Magots ou au Flore, à l'heure des apéritifs, on croise les grands aînés, les Sartre et les Beauvoir, déjà auréolés d'œuvres qui bouleversent toute une jeunesse. Françoise a lu *Le Deuxième Sexe*, comme Florence et Véronique. Elles savent toutes trois quel scandaleux questionnement il soulève. Depuis trois ans, tout le monde en parle autour d'elles, les journalistes en ont débattu largement, certains s'enthousiasment, d'autres s'indignent. Se trouvent-elles influencées par le débat ? Françoise vit dans l'air du temps, au sein de son groupe. Et cet air est à la liberté.

Quoi qu'il en soit, à dix-sept ans, elle est déjà un être sans entrave, portée par son seul instinct, et elle s'est bel et bien affranchie d'une certaine morale qui ne la concerne plus en rien : celle de sa mère, celle de sa sœur Suzanne, qui, en neuf ans, a donné deux enfants à son mari. Deux nièces qu'elle adore et qui l'attendrissent, elle, la rebelle. Mais elle est, à sa manière, d'une espèce un peu passée et rare : une dandy, toujours vêtue avec bon goût. Elle porte invariablement une jupe droite coupée dans un tissu de qualité et un chandail tout simple, le plus souvent en cachemire. Parfois aussi, un chemisier à rayures dont elle garde le col droit sur la nuque. Après avoir été habillée sur mesure pendant toute son enfance, elle se fiche maintenant comme d'une guigne des modes vestimentaires et des sophistications bourgeoises. Ses cheveux, coupés court, sont toujours en désordre.

Elle n'a pourtant rien perdu de ses manières de jeune fille bien élevée, de cette politesse qui signe toute éducation. De ce mélange aussi insolite qu'élégant se dégage un charme discret, accentué par sa drôlerie, son sens de la répartie, sa gentillesse, son sens de l'amitié. Le « pruneau », comme continue de l'appeler son père, est devenu une jolie jeune fille.

Elle boit – whisky, déjà. Elle fume – des Chesterfield. « Ce qui m'a toujours séduite, dira-t-elle plus tard, c'est de brûler ma vie, de boire, de m'étourdir. » Elle aime à contempler dans le petit matin le profil de médaille du dernier amant, de celui avec qui elle retrouve ces fulgurances du plaisir qu'elle a découvertes durant l'été, deux ans plus tôt. Avec Louis Neyton ? Ou, déjà, avec le premier coquin de passage ?

Si affranchie qu'elle soit, elle demeure apparemment timide (une fausse timidité car, lorsqu'elle veut quelque chose ou quelqu'un, rien ne l'arrête). Ainsi, l'admiration qu'elle voue à certains grands aînés peut la paralyser. Après la parution de *Bonjour tristesse*, André Malraux émettra le désir de rencontrer le phénomène. Florence propose donc à son amie de l'accompagner chez son père. Françoise accepte, non sans réticences. La voici devant le grand homme, dans la bibliothèque encombrée d'objets rares et de tableaux de son hôtel particulier à Boulogne. Elle est pétrifiée. Malraux, comme à l'accoutumée, discourt. Sur quoi ? Elle ne sait plus. Elle écoute, proférant parfois un bafouillis, regardant avidement ce visage encore jeune dont la mèche en bataille renvoie à tous les exploits : ces hauts faits, cette écriture dont elle envie l'aisance, cet engagement dont elle a tant admiré la générosité. Son silence plaît à Malraux. « Ton amie a tellement de chien qu'elle en a du charme », dira-t-il à sa fille. À peine a-t-il entendu le son de sa voix.

En vacances, lorsqu'elle suit ses parents dans l'une ou l'autre des villas qu'ils louent, sur la Côte d'Azur ou à Hossegor depuis quelques années, elle se plie de bonne grâce aux convenances bourgeoises. À son rythme. « À neuf heures et demie, je mange une pêche, à onze heures, je me baigne, à deux heures, je lis ou je joue au bridge en famille, à cinq heures bain, à sept heures apéritif ; je mange aussi aux heures normales [1] », écrit-elle à Louis Neyton.

C'est ici, au bord de la mer, qu'elle semble être elle-même, lorsqu'elle lutte contre les vagues, ou quand un soleil de plomb la cloue sur le sable, qu'elle laisse dorer avec délices chaque parcelle de son corps. Depuis qu'elle a rangé Dieu au firmament des vieilles lunes, sa philosophie pourrait se résumer à un hédonisme sans complexe. Elle s'est construit sa morale à elle, au-delà des faiblesses (des plaisirs ?) du corps, ce qui témoigne d'une force de caractère peu commune pour une jeune femme des années cinquante.

En ce début d'été 1953 où elle vient de rater son examen de propédeutique, Françoise sait qu'il n'y aura pas de session de rattrapage en septembre. Cette fois, rien ne pourra la dispenser des réflexions mi-sévères, mi-ironiques de sa mère qui ne sait pas « ce qu'on va faire d'elle ». « Faut-il la marier ? »

---

1. Jean-Claude Lamy, *Sagan*, Mercure de France, 1988.

Est-elle vexée, humiliée par ce ton doux-amer ? Sait-elle enfin qui elle veut être, ou est-ce par défi qu'elle demande à son père de le suivre lorsqu'il regagne Paris, au beau milieu de l'été ? À la surprise générale, une petite valise à la main, elle renonce au délicieux farniente pour s'enfermer dans l'appartement du boulevard Malesherbes.

# 4

Dans la capitale qu'elle n'a jamais vue ainsi, écrasée de soleil et quasi silencieuse, les arbres, épanouis comme en pleine campagne, offrent une ombre nette qui ne donne aucune fraîcheur. Peu lui importe : volets tirés, elle pose une vieille machine à écrire sur une table et, se souvenant des leçons de Madeleine Gabin, la secrétaire de son père à Saint-Marcellin, elle commence à taper. Avec deux doigts. Elle ne se lance pas à l'aveugle ; cette histoire, elle l'a ébauchée trois ans plus tôt, dans le cahier bleu qu'elle a donné à lire à Florence et Véronique et qu'elle n'a pas récupéré.

Son récit se met à couler sur le papier, avec un surprenant naturel. Son argument de départ est simple : Cécile, une adolescente de dix-sept ans qui découvre le plaisir de la chair, devient diabolique lorsqu'elle sent son père lui échapper. « C'est un livre instinctif et roué, usant de la sensualité et de l'innocence à parts égales, mélange encore détonant aujourd'hui, comme il le fut hier », écrira-t-elle dans *Derrière l'épaule*, en 1998.

Dans cet été où « Paris vide et beau, découpé par des avenues poussiéreuses et désertes sous des arbres vert pomme ou vert sombre, en tout cas vert vacances », lui accorde silence et protection, elle s'adonne tout simplement à la jubilation de l'écriture. Pour le reste, l'intrigue, elle laisse venir. Elle a assez d'imagination pour cela.

« L'intrigue se situait dans le Midi, dans une maison de vacances où l'héroïne (Cécile) passait un mois avec son père pour la première fois. Orpheline de mère, elle sortait d'un couvent qui ne l'avait pas beaucoup marquée, c'est le moins qu'on puisse dire, et elle découvrait la vie. Son père ayant amené une jeune maîtresse dans sa villa, l'arrivée d'une femme plus âgée, plus raffinée, Anne, troublait ces vacances d'enfants gâtés. Jusqu'à ce que son père tombe amoureux de ladite Anne et veuille l'épouser. Effrayée de voir ses toquades et son amoralité contrecarrées, Cécile s'arrangeait pour couper court à ce projet et poussait Anne au désespoir jusqu'à un virage où elle se supprimait [1]. »

Ce résumé laconique de *Bonjour tristesse* que Françoise Sagan fera plus de quarante ans après pourrait laisser penser qu'il s'agit d'une fiction pure. En fait, elle révèle dans ce premier roman des aspects d'elle-même et de sa vie que seuls ses très proches amis peuvent reconnaître. L'amoralité qu'elle attribue à Cécile, c'est la sienne propre. La première aventure sexuelle – que le garçon s'appelle Luc, ou Louis, ou Gaston –, elle l'a probablement vécue telle qu'elle la décrit. Le plaisir aigu qu'elle y découvre (une chance dont Cécile elle-même a conscience, à cette époque où les interdits religieux et la culpabilité qui s'y rattache empêchent tout abandon), ce plaisir impuni (pas de bébé à la clé de cette « première fois »), la libérera définitivement de toute entrave et de tout préjugé.

À la fin de cet été 1953, le premier jet est terminé. Elle le peaufine, à peine. Elle le donne à retaper pour que tout soit parfait. Elle demande

1. *Derrière l'épaule*, Plon, 1998.

plusieurs exemplaires. C'est Véronique Campion qui lui donne les deux cents francs que lui coûte la dactylo.

Lorsque l'année s'achève, la voici donc en possession d'un manuscrit dont elle sent qu'il peut avoir quelque valeur. Elle n'a pas dix-neuf ans. Florence Malraux est sa première lectrice. Elle lui emprunte deux exemplaires. Elle en confie un à Clara, sa mère, qui le lit tout de suite, l'aime bien, mais ne le commente pas. L'autre est remis à François Nourissier, qui le laisse sur un coin de son bureau. Qu'en faire alors, sinon le porter chez un éditeur ?

Se croit-elle écrivain ? Dans sa fréquentation des boîtes et des cafés de Saint-Germain-des-Prés, c'est toujours vers eux, vers les grands de la littérature, que ses regards admiratifs se portent, et sa boulimie de lecture inclut nombre de contemporains qu'elle envie. Pas nécessairement les tenants de l'absurde, comme Beckett, qui a ouvert l'année avec la création, au Théâtre Babylone, d'*En attendant Godot*. Elle n'a pas non plus de grande affinité avec Eugène Ionesco, dont *La Cantatrice chauve* a été créée le 11 mai 1950 au Théâtre des Noctambules. Encore moins avec le nouveau roman, qu'Alain

Robbe-Grillet inaugure cette année avec *Les Gommes*. Non. Elle leur préfère les Camus, les Sartre, les Beauvoir, que l'on peut apercevoir au Flore ou aux Deux Magots. Aragon et Elsa Triolet, qu'elle croise à La Coupole ou chez Lipp, qui n'est pas encore devenu sa cantine préférée. Ou encore Blondin, qu'elle trouve toujours accoudé à un zinc, ou Boris Vian, dont elle a écouté les « bœufs » qu'il fait avec son frère, au Caveau de l'Abbaye, et avec qui elle a bu un verre au New Orleans Club, rue Saint-Benoît.

Peut-être l'a-t-elle aussi en elle, cette faculté merveilleuse de créer des mondes…

Elle aurait pu tenter Gallimard ou Buchet-Chastel, qui édite Henry Miller, Arthur Miller et Lawrence Durrell, ou encore Calmann-Lévy. Ceux chez qui le moindre écrivaillon rêve d'être édité. Mais un homme, René Julliard, s'est installé en 1948 au 30 de la rue de l'Université. Il rafle tous les prix avec de jeunes auteurs (un Femina, un Interallié, deux Renaudot en quelques années et trois Goncourt en 1946, 1947, 1948). De plus, au cours de ses pérégrinations dans Paris, l'année où elle a fait semblant d'aller au lycée alors qu'elle en était déjà renvoyée, Françoise est allée à la rencontre d'une cinéaste, dont la sœur est une proche de Julliard, dans les studios de Boulogne. Elle se rappelle l'épisode. Comique.

Elle avait appris qu'on tournait *Huis clos*, de Sartre, mis en scène par Jacqueline Audry. La voici donc sur le plateau, cachée. Puis, fascinée par le travail qui s'y fait, elle en oublie d'être discrète. Évidemment, on la remarque. Une étrangère, ici ? « Mais qui êtes-vous donc ? » demande la réalisatrice, exaspérée. « Personne... », répond Françoise en bafouillant[1]. Finalement, « Mademoiselle Personne » pourra rester, et même revenir. La dame et la jeune fille déjeuneront ensemble, plusieurs fois... Et, lorsqu'elle a récupéré l'un de ses exemplaires, Françoise le donne à Jacqueline, qui le passe à sa sœur, Colette, laquelle connaît bien René Julliard. Colette lit, aime, rencontre celle qui ne se considère pas encore comme un jeune auteur, lui conseille de changer la fin. Elle lui indique deux éditeurs potentiels : Julliard, bien sûr, mais aussi Plon.

Françoise glisse donc une copie du manuscrit

1. Jean-Claude Lamy, *Sagan*, Mercure de France, 1988.

dans une chemise jaune sur laquelle elle précise : « Françoise Quoirez, 167, boulevard Malesherbes, Carnot 59-81, née le 21 juin 1935. »

Nous sommes le 6 janvier 1954. Il ne fait pas chaud, dans Paris, mais elle n'a revêtu, sur sa jupe droite et son éternel pull-over au col en V, qu'un imperméable trop grand pour elle. Elle n'est pas maquillée et ses cheveux en bataille lui donnent un air de chat sauvage. Lorsqu'elle entre chez Julliard, elle est pétrifiée d'angoisse. Elle bafouille un « bonjour », tend à la dame de l'accueil – en réalité l'assistante de l'attachée de presse –, Marie-Louise Guibal, ce paquet jaune qui va changer le cours de sa vie. Marie-Louise lui fait remplir une fiche de renseignements. Lorsqu'elle a terminé, Françoise, plus bredouillante que jamais, s'enquiert d'un délai possible pour une réponse, puis elle prend congé sur un signe de tête. Sa timidité l'empêche d'en demander davantage.

Quelques minutes plus tard, trois cents mètres plus loin, elle dépose une autre copie du manuscrit, rue Garancière, chez Plon. C'est à nouveau une jeune femme qui la reçoit, Michèle Broutta, la secrétaire du comité de lecture.

*Alea jacta est*. Un bon whisky ou un gin tonic

fera passer l'émotion, l'épuisant effort d'être allée frapper à la porte de deux éditeurs.

Elle n'a caché ni à son père ni à sa mère qu'elle a écrit un roman. Mais qui peut la prendre au sérieux ? De quoi peut-elle bien être capable, la Kiki, la Francette qui doit redoubler sa propédeutique ? Elle se berce d'illusions. Personne, évidemment, ne sait que des années plus tôt, alors que ses notes et les appréciations de ses professeurs étaient affligeants, elle s'est juré de leur en remontrer un jour, à tous. Elle se voyait déjà en haut de l'affiche, la bafouillante. Mais il n'y avait qu'elle pour y croire. À rêver qu'elle pouvait être… quoi ? Elle ne le savait pas très bien elle-même. Pourtant, voilà deux mois à peine, sur les conseils de sa sœur Suzanne à qui elle a confié vouloir écrire pour être riche et célèbre, elle a consulté une voyante qui, lui prenant la main, s'est écriée : « Vous êtes auréolée par la gloire. » Alors…

Pendant qu'elle s'étourdit comme elle sait si bien le faire, pour ne pas penser au regard des professionnels sur son travail de l'été, le directeur littéraire de Julliard, Pierre Javet, se fait apporter les manuscrits fraîchement arrivés. La chemise jaune, l'âge de la jeune fille attirent son attention. Il commence à lire. Vingt pages lui suffisent pour se rendre compte qu'il tient là le phénomène que tout éditeur attend. Il prévient René Julliard, qui demande à son meilleur lecteur, François Le Grix, de lire en priorité le manuscrit de Françoise Quoirez.

Le lendemain matin, René Julliard, qui pilote aussi bien les avions que les succès, a sur son bureau la note de lecture : « C'est un roman où la vie coule comme de source, dont la psychologie, pour osée qu'elle soit, demeure infaillible car ses cinq personnages, Raymond (le père), Cécile (la fille), Anne (qui va mourir), Elsa (la petite amie du père), Cyril (le petit ami de la fille), sont fortement typés et nous ne les oublierons pas [1]. »

Certes, François Le Grix, un amoureux de la syntaxe, émet quelques menues réserves sur des impropriétés, certaines tournures laxistes. Mais ce sont pour lui des broutilles faciles à corriger et qui n'obèrent en rien la qualité du roman. René Julliard emporte le manuscrit chez lui et le lit en rentrant d'un dîner, vers une heure du matin. Enthousiasmé par ce qu'il y découvre, il

1. *Ibid.*

le relit un crayon à la main, s'assoupit, se réveille, lit à nouveau quelques pages. Oui, c'est l'oiseau rare qu'il attendait. Et si un autre éditeur arrivait à la même conclusion que lui ? Si, dans cette nuit glaciale de janvier, un autre fou de littérature ou, plus exactement, de « coup littéraire », avait déjà pris la décision de publier ce roman ? Il se précipite sur le téléphone, dicte un télégramme après s'être battu avec la préposée à qui il doit épeler le nom de l'auteur : Quoirez. Un nom impossible... On verra plus tard. Il faut rencontrer cette jeune fille sans perdre un instant : « Vous attends sans faute à mon bureau demain à onze heures. »

Le lendemain, à l'heure dite, Françoise Quoirez n'est pas au rendez-vous. Julliard lui laisse quelques minutes de répit, puis fait appeler chez elle par sa secrétaire. C'est Julia, l'incontournable Julia, qui répond. Elle ne peut déranger Mademoiselle, qui dort... Il faut convenir d'un autre rendez-vous. Ce sera à dix-sept heures, dans l'appartement même de René Julliard au 14, rue de l'Université, où, plusieurs fois par semaine, il reçoit le Tout-Paris.

Françoise est terrifiée. Pour se donner du courage, elle avale un grand verre de cognac.

Puis elle emprunte la Buick noire de son père – qu'elle conduit sans permis, mais quelle importance ? – et la voici dans la bibliothèque du « maître ». L'éditeur lui fait subir un interrogatoire en règle : il veut s'assurer que personne d'autre n'a écrit à sa place, ou qu'on ne l'a pas aidée. Comme il lui demande si ses parents ont lu le livre, elle répond : « Non. Mon père a autre chose à faire et ma mère... elle ne l'approuverait pas du tout[1]. » Françoise est mineure. Il faudra donc que M. Quoirez appose sa signature au bas du contrat que Julliard va lui proposer.

Ce 17 janvier, alors qu'il pleut sur Paris, Françoise remonte dans la limousine noire avec un chèque de cinquante mille francs dans la poche de son manteau. Un chèque libellé au nom de son père. Onze jours seulement se sont écoulés depuis qu'elle a déposé sa chemise jaune à la dame de la réception... René Julliard est ravi d'ajouter une Françoise à ses deux auteurs à succès, Françoise d'Eaubonne qui a publié chez lui *Comme un vol de gerfauts*, et Françoise Mallet-Joris qui a provoqué le scandale avec *Le*

1. *Ibid.*

*Rempart des béguines.* Il a promis un tirage de cinq mille exemplaires – sachant qu'un premier roman atteint difficilement les trois mille.

Françoise n'a qu'une hâte : retrouver Véronique Campion à qui elle a donné rendez-vous aux Deux Magots, et téléphoner à Florence Malraux pour lui annoncer la bonne nouvelle. Elle va être éditée ! Elle sera riche et célèbre ! Et elle commande un whisky. « Et laissez la bouteille, je vous prie… »

Lorsqu'elle rentre boulevard Malesherbes, le dîner est largement entamé. Toute à son excitation, Kiki annonce qu'elle a un éditeur pour le roman écrit l'été dernier et qu'elle a besoin de la signature de son père au bas du contrat. Elle lui remet le chèque de cinquante mille francs sous l'œil exaspéré de sa mère, qui se demande comment elle a pu donner naissance à une fille aussi bohème. « Si au moins ça pouvait t'obliger à te coiffer », lance-t-elle en regardant la tignasse en bataille. « Et va te laver les mains, avant de passer à table… »

Le lendemain, Pierre s'empare du manuscrit de sa fille. « C'est assez joliment fait », dit-il à la fin de sa lecture. Il n'est pourtant pas convaincu que, dans leur milieu, le roman soit bien accueilli. Il prend le prétexte qu'ils sont les seuls Quoirez dans l'annuaire du téléphone pour demander à Kiki de se trouver un « nom de plume ». Françoise rentre dans sa chambre, feuillette son cher Proust, toujours à son chevet, et tombe sur la « Sagan ». Le personnage créé par Marcel Proust est une demi-mondaine. La vraie se contente d'être l'ex-épouse de Boni de Castellane, remariée à Hélie de Talleyrand-Périgord, prince de Sagan. Françoise de Sagan ? Non. Françoise Sagan... Voilà qui sonne bien ! Oui, elle sera Françoise Sagan. Cela, de plus – mais l'analyse-t-elle déjà ? –, correspond à ses affinités profondes.

Pendant ce temps, chez Plon, un lecteur également journaliste à *Paris-Match*, Michel Déon, qui vient juste de lire le manuscrit, sent qu'il y a là quelque chose. Il en parle au directeur littéraire, Charles Orengo. Lui aussi s'entiche du roman, mais il est plus sévère que René Julliard. Il convoque Françoise, lui enjoint de reprendre des pages entières. Elle refuse. De toute façon, elle est engagée ailleurs.

Qu'espère-t-elle, à ce moment-là ? un prix littéraire ? Même chez Julliard, on ne se fait pas d'illusions. *Bonjour tristesse* sent beaucoup trop le soufre. Heureusement, les représentants sont enthousiastes. Ces forces de vente incontournables, qui peuvent imposer un auteur aux libraires, parient sur le succès.

## 5

Le 15 mars 1954, *Bonjour tristesse* arrive dans les librairies. Françoise a perdu quelques centaines de grammes dans l'angoisse de l'attente. Elle ne pèse que quarante-neuf kilos, pour un mètre soixante-cinq. Elle mange peu et elle boit déjà beaucoup.

Deux jours plus tard, elle se rend dans une librairie du boulevard Saint-Germain et demande à l'une des vendeuses de lui conseiller un bon roman. Celle-ci lui indique une dizaine de nouveautés – parmi lesquelles ne figure pas son livre. Un peu gênée, la jeune fille se saisit d'un exemplaire de *Bonjour tristesse*, lui demande son avis : « Nous l'avons reçu hier, répond la libraire. Vraiment je ne vous le recommande pas. C'est une petite dévergondée qui l'a écrit. Je l'ai parcouru, eh bien, Mademoiselle, on y raconte des histoires dégoûtantes [1]. »

La vendeuse n'a pas fait le rapprochement entre la jeune fille timide qui est devant elle et la frimousse triangulaire qui illustre le bandeau agrémentant l'ouvrage, avec cette accroche racoleuse : « Le diable au cœur ». Françoise emporte le livre : cent quatre-vingt-cinq pages, trois cent quatre-vingt-dix francs de 1954. Elle paie et calcule ses premiers droits d'auteur : trente et un francs, soit huit pour cent.

Dans le sud de la France, d'autres jeunes gens, d'autres lecteurs plus âgés, font le même geste en même temps qu'elle. Car, mystère d'une réussite, le livre a démarré tout seul, sans articles de journaux, sans publicité. Peut-être parce que les représentants du Sud ont été plus convaincants que ceux du Nord auprès des libraires, ceux-ci ont fait la part belle à l'ouvrage à la couverture blanche ornée du rectangle vert.

La première édition est épuisée en quelques jours. Le 22 mars, il faut réimprimer. « À trois mille », dit Rolande Prétat, qui s'occupe du service commercial. René Julliard et son

1. Jean-Claude Lamy, *Sagan*, Mercure de France, 1988.

directeur littéraire étant absents, elle y va sur la pointe des pieds. Quelques semaines plus tard, il faut ajouter vingt-cinq mille exemplaires aux deux premiers tirages et, juste avant les grandes vacances, encore cinquante mille. C'est énorme pour une inconnue qui, afin de conjurer le mauvais sort, promet à Rolande Prétat un franc de ristourne par livre si le tirage atteint les cent mille exemplaires [1].

C'était compter sans la presse, ni le scandale que le livre va provoquer.

Cette année 1954 a débuté avec l'ouvrage osé d'une certaine Pauline Réage, pseudonyme qui cache Dominique Aury, la très sérieuse secrétaire générale de la *NRF. Histoire d'O* est publié par un tout jeune éditeur, Jean-Jacques Pauvert. Succès de scandale… Encore que les histoires de gourgandines, on ait pris l'habitude, depuis Sade, de les enfermer dans l'enfer des bibliothèques bien-pensantes. Mais une écriture de femme aussi crue, ce n'était pas courant. On a déjà crié au loup. Alors imaginez, une jeune fille de dix-sept ans qui relate, en toute tranquillité, ses ébats sexuels…

1. Jean-Claude Lamy, *Sagan*, *op. cit.*

Dans cette époque bardée de principes, l'hypocrisie cache des situations que le vaudeville se plaît à dénoncer depuis le début du siècle. Si la guerre de 1914-1918, en saignant à blanc une dizaine de nations, a permis aux femmes d'accéder au travail pour nourrir leur famille, elles n'en demeuraient pas moins dans un rôle second, les plus évoluées seulement gagnant quelque indépendance. Quant au deuxième conflit mondial, avec ses quarante-cinq millions de victimes, il a laissé dans la bouche des adolescents le goût amer de la fugacité de la vie, et le désir de la cueillir tant qu'elle est là. Les filles restaient cependant tenues par les impératifs religieux, par les principes rigides que les mères leur inculquaient ; par la peur de se retrouver enceintes, surtout. Les femmes ont obtenu le droit de vote en 1944. Mais le Code civil en fait toujours des citoyennes de second ordre… Même si au printemps de 1949 s'est élevée, assourdissante, la voix de Simone de Beauvoir…

À coups de statistiques et de réflexions plus sociologiques que philosophiques, *Le Deuxième Sexe* montrait enfin l'importance de l'autre moitié du monde. Cette femme à qui l'on voulait faire accroire, depuis des siècles, qu'elle n'était qu'un être inférieur, l'auteur s'efforçait de la remettre à sa juste place. « Le drame de la femme, expliquait-elle, c'est ce conflit entre la revendication fondamentale de tout sujet qui se pose toujours comme l'essentiel et les exigences d'une situation qui la constitue comme inessentielle. » Après avoir minutieusement décrit les mécanismes archaïques sous-tendant l'hégémonie patriarcale, elle analysait le rôle fondamental et l'intelligence subtile, différente, de la femme. Elle décrivait, réalité tout à fait nouvelle dans les années cinquante, une sexualité moins violente que celle de l'homme – une sexualité ignorée, bafouée, souvent d'ailleurs avec l'assentiment des femmes elles-mêmes, à qui l'on avait inculqué qu'on ne parle pas de ces choses-là… sauf à être considérées comme des moins-que-rien.

Tout en revendiquant pour ce « deuxième sexe » une liberté de mœurs semblable à celle des hommes, elle rappelait avec force la première condition de cette libération : l'acquisition par cette deuxième moitié du monde de son indépendance économique.

« On ne naît pas femme, on le devient », concluait son brûlot.

Les deux volumes du *Deuxième Sexe* auraient pu n'atteindre qu'une intelligentsia déjà ouverte à ce type de réflexion. C'était compter sans le relais de Michèle Perrein, Christiane Rochefort, Françoise Mallet-Joris, Françoise d'Eaubonne. C'était aussi ignorer Colette, qui allait mourir au cours de l'été 1954, ou Coco Chanel, qui venait de rouvrir sa maison de couture fermée depuis 1939. C'était méconnaître ces femmes qui, par l'écriture ou la création, se délivraient des tabous et s'employaient à le faire savoir. Françoise est de celles-là : si elle a lu Beauvoir, les idées qu'elle y a trouvées n'ont fait que conforter sa propre vision du monde. Elle a secoué toute seule, sans emphase, des siècles de silence – avec le naturel de Cécile découvrant le plaisir dans les bras de Cyril, et cette petite voix tendre et précise qui bouleverse.

Les articles sont longs à venir. Mais le prix des Critiques, qui lui est attribué le 24 mai, alors que le Goncourt couronne *Les Mandarins* de Simone de Beauvoir, la jette en pâture aux journalistes. La rumeur monte, enfle, l'entoure, l'entraîne dans un tourbillon de critiques et d'éloges qui lui donne le tournis. Est-ce cela, la gloire, ou n'est-ce que le grand brouhaha du scandale ?

La plus surprenante des opinions est celle que François Mauriac développe le 25 mai à la une du *Figaro*. Tout en traitant Françoise Sagan de « charmant monstre de dix-huit ans » et de « terrible petite fille », le respecté prix Nobel n'y va pas par quatre chemins : « Le talent y éclate dès la première page, écrit-il. Ce livre a toute l'aisance, toute l'audace de la jeunesse sans en avoir la moindre vulgarité. De toute évidence, mademoiselle Sagan n'est en rien responsable du vacarme qu'elle déclenche, et on peut dire – à moins que son deuxième livre nous contredise – on peut dire qu'un nouvel auteur nous est né. »

Georges Hourdin, qui a fondé à la Libération le groupe de presse des Publications de la vie catholique, résume plus tard une opinion largement partagée : « (...) C'est une très jeune femme qui paraît brutalement sincère. Il faut séparer de ce qu'on doit à la vérité le jugement qu'on porte sur les personnages. (...) Il n'est pas étonnant que de nos jours un si jeune auteur ait connu si vite un si grand succès. Il est singulier, par contre, qu'une jeune fille ait traité avec une telle impudence tranquille, avec une telle maîtrise désinvolte, avec une telle indifférence désespérée des sujets si équivoques. »

Quant à Hervé Bazin, l'auteur de *Vipère au poing*, il s'interroge en ces termes dans *L'Information* : « Tenons-nous là une héritière du génie impur de Colette (à la situation près – fille de père pour fils de mère – *Bonjour tristesse* nous restitue l'atmosphère de *Chéri*) ? S'agit-il seulement d'une étoile filante, rayant le ciel – assez vide – de l'année ? »

Bien plus tard, dans *Derrière l'épaule*, Françoise évoquera aussi les jugements sévères qui furent formulés à propos de son livre. Ils ne portèrent jamais sur son style, jamais sur la manière dont elle avait troussé son roman, mais sur l'amoralité, ou l'immoralité qu'elle affichait. S'y greffaient des suspicions grotesques : « (...) Les soleils de la gloire se changèrent parfois en commentaires assez odieux, auxquels certains critiques, exaspérés par ce succès, exaspérés par le fait que je ne sois ni infirme, ni battue, ni punie par ledit succès, se laissèrent aller. En fait de soleils, donc, j'appris par quelques journaux que c'était mon père qui avait écrit mon livre, ou un vieil auteur payé pour se taire. Je ne fus pas très sensible à ces commérages, suffisamment cependant pour essayer de les dissiper, de prouver que j'écrivais mes livres moi-même et sans qu'ils comportassent d'éléments autobiographiques. »

Quoi qu'il en soit, en ce printemps 1954, elle est stupéfaite de donner lieu à un tel vacarme. Au dîner qui suit l'attribution du prix des Critiques, elle reste muette, pétrifiée de trac face à cet aréopage qui comprend les figures emblématiques de la vie littéraire : Jean Paulhan, éditeur tout-puissant chez Gallimard, et Dominique Aury, son alter ego en poésie ; les écrivains Georges Bataille, Roger Caillois, Marcel Arland et Maurice Blanchot ; le philosophe Gabriel Marcel ; les critiques Émile Henriot et Robert Kempf du *Monde*, Maurice Nadeau de *France-Observateur* et des *Lettres nouvelles* qu'il vient de fonder, André Rousseaux du *Figaro*, et Robert Kanters des *Nouvelles littéraires*. Sous les flashs des photographes qui la précipitent à la une de tous les magazines, on la voit toute gauche. « Mademoiselle Radiguet », comme on la surnomme, est ahurie tant par la gloire que par l'argent qui l'accompagne : cent mille francs que la mécène Florence J. Gould lui remet... en espèces, puisque en tant que mineure, elle ne peut recevoir de chèque. En rentrant chez elle, boulevard Malesherbes, elle les dépose tout simplement dans un tiroir. Si bien que le lendemain, lorsque Marie, sa mère, tombe dessus par hasard, elle se demande si sa malheureuse fille n'a pas cambriolé une banque.

Je me rappelle le bandeau accompagnant le livre que ma tante lisait sur la plage, durant cet été 1954. Il signalait ce prix des Critiques. Avec ou sans lui, me semble-t-il, Françoise aurait connu ce succès fulgurant que René Julliard avait pressenti en lisant le manuscrit.

Pourtant, lorsqu'elle reçoit les journalistes dans le grand salon du boulevard Malesherbes, elle n'a pas encore tout à fait conscience d'être un phénomène. Elle garde ses manières de jeune fille de bonne famille. Denise Bourdet, venue l'interroger pour la *Revue de Paris*, rapporte : « Elle circule avec une adresse silencieuse de chatte, entre les sièges capitonnés de satin jaune ou vert d'eau, et enfin se blottit sur un divan de velours rouge. Alors, elle devient ravissante, fixant sur son interlocuteur un regard expectatif d'ironie qui inquiète même si elle le tempère parfois d'une souriante indulgence. Regard mélancolique aussi, d'une sagacité désabusée comme par une longue vie d'expérience, regard d'une profondeur insolite dans l'irrégularité des traits encore marqués d'enfance [1]... »

De son argent, elle se montre prodigue, en quoi elle ne saurait choquer Pierre Quoirez. Quand elle lui demande ce qu'elle pourrait bien faire d'un tel pactole, son père ne lui répond-il pas : « À ton âge, il vaut mieux le jeter par les fenêtres » ? Cette plaisante philosophie convient parfaitement à Françoise, dont l'opinion sur la question est déjà tranchée. Sa générosité naturelle ne se laisse pas démentir. Lorsqu'elle atteint les cent mille exemplaires, elle fait aussitôt signer par son père un chèque de cent mille francs à l'attention de Rolande Prétat. Ne le lui avait-elle pas promis ?

Elle s'offre sa première voiture : une Jaguar XK 140 rouge d'occasion, « dont je n'étais pas

1. Cité par Jean-Claude Lamy, *op. cit.*

peu fière [1] », écrira-t-elle des années plus tard. Elle l'a payée cash un million trois cent mille francs (le salaire minimum est alors de trois cent mille francs par mois). Elle s'achète aussi un manteau en peau de panthère qu'elle a vu dans un magazine. Elle le mettra négligemment sur ses jupes droites et ses chandails un peu ternes. Le jour où elle en fait l'acquisition, chez le fourreur Max Leroi, avenue Matignon, elle oblige sa mère à choisir un vison. Le « pruneau », qui n'a pas vingt ans, fait ainsi partager les fruits de sa gloire.

Elle a maintenant pris l'habitude de mettre les paquets de billets que Julliard lui donne dans le tiroir d'une commode. Et lors des réceptions chez elle, tout le monde, amis comme profiteurs, peut se servir à loisir. Lorsque le tiroir est vide, son éditeur est là pour le remplir à nouveau. Dans les boîtes de nuit ou dans les clubs à la mode, partout, elle signe sans les vérifier les notes qui portent son nom. L'attachée de presse de Julliard, qui lui ressemble comme deux gouttes d'eau, Monique Mayaud, a même son autorisation de griffonner à sa place,

1. *Derrière l'épaule*, Plon, 1998.

lorsqu'elle n'est pas en état de le faire. Puisqu'elle est scandaleuse, elle vit « scandaleusement », c'est-à-dire en toute liberté. Elle n'a aucun à priori. Et son frère Jacques n'est en rien un garde-fou. La gloire de sa petite sœur, il en accepte l'éclat sulfureux. Elle leur permet de vivre mieux que ce qu'ils avaient espéré, de se libérer de toutes les contraintes. Lui aussi a la passion des voitures de sport. Il en fait la collection. Il ira même, plus tard, en 1966, jusqu'à choisir un prototype de Lamborghini, au Salon de Milan. Françoise paie. Et le fait qu'elle puisse, comme lui, posséder l'un de ces bolides félins qu'il affectionne les rapproche davantage. Ils pourront ainsi, ensemble, s'adonner aux jeux de la vie et de la mort en filant comme des comètes, le vent dans les cheveux.

L'intelligence, la vivacité intellectuelle, la culture de Françoise, il en a pris conscience très tôt. Cela a vite effacé, entre eux, la notion d'âge. Malgré leurs dix ans de différence, sa sœur est sur un pied d'égalité avec lui, sauf, peut-être, pour certaines expériences. Et encore… Il lui voue une admiration tendre. *Bonjour tristesse*, il n'aurait pas pu l'écrire car il n'a pas la « voix » de sa sœur. Au fond, elle a plus de pugnacité que lui. Il l'a reconnue dans cette liberté qu'elle affiche sans complexe et salue cet exploit : elle est allée au bout de son rêve.

Les parents – la mère, surtout – sont moins conciliants face à cette notoriété soudaine. Le téléphone, qui ne cesse de sonner pour cette Françoise Sagan dont ils n'ont pas tout à fait admis qu'il s'agit de leur petite Francette, les exaspère. Elle reçoit boulevard Malesherbes les journalistes qui demandent à l'interviewer. Marie laisse à sa fille le grand salon où elle répond aux questions sans bafouiller. En s'appliquant même à prononcer correctement chaque syllabe. Mais un jour, le journaliste est carrément bègue. Et la mère entend, derrière la porte, le dialogue qui s'engage avec une Françoise que les difficultés de son interlocuteur rendent maintenant plus bafouillante que lui. Le succès, extraordinaire, n'a pas trop entamé le naturel du « pruneau ».

Il est temps de partir en vacances. La maison est louée à Hossegor. Françoise accompagnera ses parents. Là-bas, les interviews se poursuivent, mais à un rythme moins soutenu que pendant ce printemps fou où, même chez Julliard, on ne sait plus où donner de la tête. Les demandes de traductions affluent. Elles viennent de quatorze pays, avant l'été. Et l'on atteindra les vingt-cinq à l'automne. Françoise Sagan devient une icône, dans le monde entier.

Si, côté gloire, c'est le plein soleil, côté cœur, rien ne va plus, en septembre 1954. Louis Neyton a regagné Grenoble, son point d'attache. Premier chagrin. Même si cet amour, selon les plus proches amis de Françoise, était plus physique que... sentimental.

En cette rentrée, la jeune prodige a du travail à fournir : Hélène Gordon-Lazareff lui commande des reportages sur Beyrouth, Jérusalem, Damas et Bagdad pour les numéros de décembre de *Elle*, qu'elle a créé. Le premier numéro est paru le 21 novembre 1945 et l'hebdomadaire féminin est, depuis, le premier d'Europe, reconnu dans le monde entier pour son inventivité et ses scoops. L'épouse de Pierre Lazareff, le patron impérieux du plus grand quotidien français de l'époque, *France-Soir*, est une toute petite dame à la voix douce mais à la grande force de persuasion. Elle pense que tout ce qui est bon pour elle convient à ses lectrices. Un jour, un photographe lui propose de filmer les nouvelles collections de couture non plus sous les cocotiers, mais dans un quelconque village de France, aux côtés des paysans, de l'instituteur, ou de la boulangère. Elle lui confie une rédactrice et, à eux deux, ils partent à la recherche du village idéal. Ils découvrent Sauxillanges, en Auvergne, qui devient ainsi l'image de la France.

Hélène Lazareff et son mari font l'opinion. Et leurs week-ends, dans leur demeure de Louveciennes, réunissent tout ce que l'actualité compte de personnages influents. À l'affût de tout ce qui peut augmenter la popularité de son hebdomadaire, elle n'hésite pas à recourir aux plumes les plus célèbres, particulièrement à contre-emploi. La notoriété de Sagan, qu'elle a déjà invitée à Louveciennes, son regard aigu, son ton naturel, l'ont convaincue de lui confier ce voyage au Proche-Orient, afin d'agrémenter le magazine pour les fêtes de fin d'année.

Voici donc notre Françoise embarquée, comme les grands écrivains du XIXe siècle, vers l'un des berceaux de notre civilisation. Elle y part avec un jeune photographe de reportage, Philippe Charpentier. Il a vingt-quatre ans. Il est beau, un peu triste. Il conduit pied au plancher la Plymouth qu'ils ont louée à Beyrouth. Il aime photographier les petits ânes fourbus sous leur barda, les vieillards assis à l'ombre des cèdres, les enfants jouant avec des cerceaux.

L'air est humide. Il ne fait pas trop chaud. Ils passent dans les cités mythiques, Saïda, l'ancienne Sidon, Sour, la Tyr des Phéniciens. Ils remontent vers Beyrouth, où ils ont atterri deux jours plus tôt, s'arrêtent à Byblos, la délaissent un temps pour la montagne libanaise. Très vite, ils filent le parfait amour. Ils flânent dans les souks, se baignent dans l'eau tiède. Et vive le ski nautique, et les boîtes, et les grandes virées dans la nuit au volant de la voiture infernale.

Alors les paysages, les gens, les mystères de l'Orient, Françoise oublie tout dans la frénésie de l'instant. Elle ne rapporte au journal rien de ce qu'on attendait d'elle. Rien – ou presque : il reste la caresse de l'air dans ses cheveux, la douceur d'une nuque d'homme sur laquelle on pose la main, une silhouette se découpant sur la mer… Elle a tout juste dix-neuf ans, mais elle sait déjà qu'elle ne résistera jamais à la beauté. Homme ou femme, qu'importe ? Elle a l'attention qu'il faut pour le profil perdu dans la pénombre, elle sait ouvrir la porte au désir qui déferle, laisser le cœur s'emballer déraisonnablement.

Déçue, Hélène Gordon-Lazareff lui confiera pourtant un autre reportage au mois de mars suivant sur les rêves italiens : Venise, Vérone, Rome, Capri... Mais là, consciente de l'enjeu et de sa réputation, Françoise remplit son contrat. Son imagination lui fait décrire Venise sous les eaux et Capri dans la gloire du matin. L'île n'est pas encore le rendez-vous de la jet-set et a gardé sa rusticité : ses maisons sont d'un blanc éclatant sous le soleil et les îliens y accueillent les étrangers avec gentillesse. Françoise demande à Florence Malraux de l'y rejoindre tant elle s'y sent bien. Cela ne l'empêche pas d'être attentive, une fois de plus, au photographe qui l'accompagne, ni à la douceur de cette Méditerranée dont elle va faire sa meilleure compagne.

# 6

En 1955, l'éditeur Dutton, aux États-Unis, achète les droits de *Bonjour tristesse*. Comme en France, le livre s'arrache, atteignant en quelques semaines le million d'exemplaires. Voici Françoise propulsée vers des sommets auxquels peu d'auteurs français ont accédé. Des journalistes américains arrivent à Paris pour l'interviewer. Mais elle vient de partir, avec un groupe d'amis, pour Megève. Là, elle retrouve avec délices la chaleur oblique du soleil, l'éclat aveuglant de la neige. Elle se fait une joie de ces soirées où, avec ses copains et son « coquin » du moment, comme elle surnomme ses amants, elle va danser, boire, bavarder. Où, pelotonnée dans son lit un livre à la main, elle va laisser couler le temps. Mais un câble de l'attachée de presse de Julliard vient déranger ce joli farniente : « Prière rentrer Paris d'urgence pour interview magazine *Life*. Journalistes spécialisés déplacés, présence indispensable. » Elle répond aussi sec : « Suis en vacances. Inutile de gagner de l'argent si impossible de le dépenser. »

La liberté sans entrave…

Elle connaît maintenant tous ceux qui comptent dans Paris. Elle s'est liée d'amitié avec des personnages qu'elle admirait déjà avant de devenir Françoise Sagan : François Mauriac, Georges et Vera Belmont, les traducteurs de Greene, Jean Cau de *Match*, les Lazareff. Elle a même eu quelques aventures avec de jeunes auteurs. Comme Michel Déon. C'est un garçon plein de talent qui veut avant tout être écrivain. Bel homme, les yeux comme deux gouttes d'encre noire, il a du charme et parle un français châtié que l'on retrouvera dans ses livres dont le public va raffoler (*Les Poneys sauvages*, par exemple). Il est venu à Hossegor, l'été 1954, pour l'interviewer. Un grand papier dans *Paris-Match*, l'hebdomadaire aussi célèbre que *Life*. Déon est séduit. À l'automne, il revoit Françoise. Il panse la petite plaie qui se cicatrise, après le départ de Louis Neyton. Leur aventure durera un an. Elle le reverra au détour d'une parution avant qu'il ne s'exile en Irlande. Bien plus tard, faisant contre mauvaise fortune fiscale bon cœur, il acceptera les lauriers de l'Académie française.

Florence Malraux présente Bernard Frank à Françoise lors d'un cocktail, chez Denoël. Ce grand jeune homme brun aux sourcils en bataille a le verbe laconique. On parle déjà de lui comme d'un futur grand écrivain. Il écrira en effet d'excellents romans, mais ce sont ses chroniques du *Nouvel Observateur* et du *Matin de Paris* que le public appréciera. Il a publié, trois ans plus tôt, un gros roman qui a conquis la critique : *Géographie universelle*. La petite Sagan, avec son visage de chat aux yeux vifs, le séduit. Il cherche un moyen de la revoir. Il tourne. Il vire. Il trouve un bon prétexte : il est chargé de relancer *La Revue blanche*, revue dreyfusarde et symboliste fondée en 1889, à laquelle ont participé Stéphane Mallarmé, Alfred Jarry, André Gide, Marcel Proust... La revue, illustrée jadis par Vuillard, Bonnard, Toulouse-Lautrec, etc., est en sommeil depuis 1903. Françoise accepte. Le projet ne verra jamais le jour, mais Bernard entre dans la vie de la jeune femme. Il partagera avec elle nombre d'appartements, ou habitera le même immeuble. Ils se sépareront de temps à autre, au gré de leurs amours. Mais il reviendra et elle l'acceptera toujours. Jusqu'aux dernières années où, ne se supportant plus, ils vivront chacun de leur côté, sans pour autant se perdre de vue.

Elle est libre. Mais elle n'a pas poussé l'audace jusqu'à se défaire de toutes les entraves. Alors, elle se résigne à accepter certaines contraintes. Elle se rendra aux États-Unis pour rencontrer ces journalistes qui l'appellent déjà « Mademoiselle Tristesse ».

Et la voici, avec Suzanne qui, à sa demande, a abandonné sa progéniture, dans le super Constellation qui vient de décoller du Bourget pour New York. Nous sommes en avril 1955. Ce voyage est un cadeau que Françoise offre à sa sœur, qui l'accepte avec enthousiasme parce qu'elle a, depuis longtemps, envie de connaître New York. Pourtant personne n'est plus à l'opposé de Françoise que Suzanne. L'aînée des Quoirez a hérité de sa mère ce quant-à-soi qui habille une morale bourgeoise, mais elle a été mannequin, a un joli talent de peintre et sa vie de famille ne la satisfait plus tout à fait. Cependant, elle regarde vivre sa sœur, dont elle n'a pas la liberté, comme une entomologiste observerait un insecte. En compagne de voyage avisée, elle voudrait empêcher Kiki de commettre telle ou telle incongruité. En vain. Elle ne peut que suivre, en ronchonnant. Les deux jeunes femmes ont laissé à Paris les marronniers en fleur et cette douceur acide de l'air qui annonce le printemps. Lorsqu'elles font escale à Gander, dans l'île de Terre-Neuve, la température est bien en dessous de zéro.

Au petit matin, après seize heures quarante-cinq de voyage, elles sont accueillies à l'aéroport Idlewild de New York par Hélène Gordon-Lazareff et un bel homme à la maturité séduisante, aux yeux tristes – qui, Françoise l'apprendra plus tard, a fait le pari de la mettre dans son lit. C'est Guy Schoeller, directeur chez Hachette. Hélène et Guy les conduisent à l'hôtel Pierre.

L'éditeur américain, E. P. Dutton, a concocté un programme de promotion extrêmement chargé : rendez-vous tous les quarts d'heure avec les journalistes, dîners de gala, réceptions officielles, pas une minute de répit. Françoise, qui a la répartie facile malgré sa réserve, conquiert d'emblée la presse américaine et c'est à l'hôtel Waldorf-Astoria, le palace new-yorkais, qu'elle déjeunera ou dînera le plus souvent. Si elle est excédée par le rythme que lui font subir ses mentors pendant cette courte semaine, elle n'en tombe pas moins amoureuse de New York, dont elle dira, dans *Avec mon meilleur souvenir* : « [C']est une ville en plein air, coupée au cordeau, venteuse et saine, où s'allongent deux fleuves étincelants : l'Hudson et l'East River. New York vibre nuit et jour sous des coups de vents marins, odorants, chargés de sel et d'essence – le jour –, et d'alcool renversé – la nuit. New York sent l'ozone, le néon, la mer et le goudron frais ; New York est une grande jeune femme blonde, éclatante et provocante de soleil, belle comme ce “rêve de pierre” dont parlait Baudelaire, New York qui cache aussi, comme certaines de ces grandes femmes trop blondes, des zones sombres et noires, touffues et ravagées. Bref, si le lecteur veut bien me passer ce lieu commun, (...) New York est une ville fascinante [1]. »

Elle découvre la ville au bras de son nouveau

1. *Avec mon meilleur souvenir*, Gallimard, 1984.

chevalier servant : Guy Schoeller. Le Français a vingt ans de plus qu'elle mais il porte beau. C'est un tombeur à la fois élégant et cynique, d'une intelligence très fine. On lui prête mille et une aventures. Il aurait été l'amant d'Ava Gardner (*la* femme pour Françoise) mais aussi des plus beaux mannequins de Paris. En revanche, il a la dent dure. Il peut même être méchant. C'est un des hommes importants de l'édition. Sait-elle qu'il ressemble à quelques-uns des héros de ses prochains livres ? Pour lors, elle est subjuguée par la ville. Elle y danse le mambo, le boogie. Au bras de Guy Schoeller, elle déambule dans le ghetto de Harlem, réputé dangereux. Elle est libre, toujours. Mais les obligations auxquelles la soumet sa notoriété nouvelle, ces rendez-vous avec ceux qui ont fait d'elle la coqueluche de l'Amérique, lui pèsent et l'effraient. Suzanne ne lui est d'aucun secours. Alors elle envoie un billet d'avion à Florence Malraux pour que son amie la rejoigne et vienne flâner avec elle dans New York, ce « délire rangé (...). Cette mer, cette forêt, cette effigie de l'orgueil des hommes, [qui] dépasse de ses pierres ornées les définitions imagées qu'elle se propose [1] ».

Florence vient tout de suite la retrouver. Abandonnant tout ce que le programme avait prévu pour « Mademoiselle Tristesse », et laissant Suzanne qui en profite pour visiter tous les musées de New York, elles partent faire du tourisme, au grand dam de l'éditeur américain. Elles prennent l'avion pour Los Angeles, louent une voiture, vont même jusqu'au Mexique. Mais Florence n'ayant que peu de temps à consacrer à Françoise, c'est avec Suzanne qu'elle se rend en Floride.

Les deux sœurs s'envolent pour Miami, flanquées d'un troisième larron, Bruno Morel, cet ami d'enfance que Françoise a retrouvé en même temps que Louis Neyton et qui poursuit ses études aux États-Unis. Une journaliste de *Elle*, Colette Hymans, les accompagne. Françoise Sagan est attendue par Tennessee Williams qui, à la lecture des articles de presse où elle disait toute son admiration pour le poète et dramaturge, a deviné chez cette jeune Française un alter ego.

1. *Ibid.*

Dans une voiture louée à l'aéroport, le quatuor traverse la Floride, « ses swamps, ses marais, grâce à des ponts jetés d'une île à l'autre[1] ». Les voici à Key West. On leur a réservé des chambres dans un hôtel vieillot, en bordure de la ville de garnison écrasée de soleil. Ils ont eu à peine le temps de se poser qu'arrive « un homme bref, avec des cheveux blonds, des yeux bleus et un regard amusé, qui était depuis la mort de Whitman et reste à mes yeux, le plus grand poète de l'Amérique. Il était suivi d'un homme brun, l'air gai, peut-être l'homme le plus charmant de l'Amérique et de l'Europe réunies, nommé Franco, inconnu et qui le restera[2] ».

Si Tennessee Williams est homosexuel, Franco, lui, aime aussi bien les hommes que les femmes. Mais, au moment où Françoise fait sa connaissance, il préfère Tennessee à tout le monde. Ils sont accompagnés d'une troisième personne, « une femme grande et maigre dans un short, des yeux bleus comme des flaques, un air égaré, une main fixée dans des planchettes de

1. *Ibid.*
2. *Ibid.*

bois, cette femme qui était pour moi le meilleur écrivain, le plus sensible en tout cas de l'Amérique d'alors : Carson McCullers. Deux génies, deux solitaires que Franco tenait par le bras, à qui il permettait de rire ensemble, de supporter ensemble cette vie de rejetés, de parias, d'emblèmes et de rebuts qu'était alors la vie de tout artiste, de tout marginal américain [1] ».

Françoise est comblée : comme elle et ses amis, le trio est désespéré et joyeux. Mais les trois Américains sont moins dissipés que la petite bande de Sagan, moins heureux aussi.

Elle n'a pas vingt ans lorsqu'elle rencontre ces deux monstres sacrés. Et pour elle qui a lu Proust, Stendhal, Madame de Staël et une bonne partie de la littérature contemporaine, c'est de retrouvailles qu'il s'agit, avec sa famille de cœur et d'âme. Pauvre Suzanne, qui se sent déplacée au milieu de ces beaux esprits, frivoles et fulgurants à la fois...

En mai 1955, je ne savais encore rien d'elle, sinon que ma tante m'avait déconseillé de la lire.

1. *Ibid.*

Je vivais dans un pays, l'Algérie, où les « événements », comme on les appelait alors pudiquement, ne permettaient pas à une adolescente de s'épanouir en dehors des règles strictes de prudence qui nous étaient imposées. Avant l'aube, nous nous rendions, en voiture à cheval, jusqu'à la halte où le train quotidien s'arrêtait, aux limites de nos terres, pour nous conduire à la bourgade où nous allions à l'école. Les grands eucalyptus, le long de la route, étaient autant de menaces silencieuses. Nous étions des enfants apeurés. La conscience politique, sociologique, sociale, s'élaborerait plus tard. Pour lors, et malgré les bribes de joie que me procurait ce pays magique, avec ses terres rouges dévalant jusqu'à la mer, ma seule échappatoire était la lecture. Elle me construisait une vision du monde écartelée, fragmentaire, dans laquelle voisinaient *Le Joueur* de Dostoïevski, *Ambre* de Kathleen Winsor, la *Claudine* ambiguë des apprentissages ou la violente figure maternelle de *La Terre*, de Zola. À peine plus âgée que moi, cette jeune fille au visage de chat nommée Françoise Sagan regardait les autres avec une liberté dont je ne serais capable que longtemps après.

On retrouvait, il est vrai, cette aspiration à

une liberté neuve chez de nombreuses jeunes filles de sa génération, qu'elles aient lu ou non *Le Deuxième Sexe*. La guerre qu'elles avaient vécue dans leur chair (même si, comme Françoise, elles en avaient peu souffert) était à l'origine de ce désir. C'est à elle qu'elles doivent l'intuition diffuse qu'il fallait s'inscrire dans la vie sans s'embarrasser d'à priori, sans s'arrêter aux apparentes différences nées des conventions sociales. Sagan n'en eut pas seulement la prescience : c'est ainsi qu'elle vécut, en être humain libre et curieux des autres, non en femme soumise à une existence tracée d'avance.

Avec lucidité, elle analysera dans *Avec mon meilleur souvenir* le scandale provoqué par *Bonjour tristesse*. Un scandale qui attire l'attention de la jeunesse du monde entier et la range à ses côtés : « On [la génération des quarante ans...] ne tolérait pas qu'une jeune fille de dix-sept ou dix-huit ans fît l'amour, sans en être amoureuse, avec un garçon de son âge et n'en fût pas punie. L'inacceptable était qu'elle n'en tombât pas éperdument amoureuse et n'en fût pas enceinte à la fin de l'été. Bref, qu'une jeune fille de cette époque-là pût disposer de son corps, y prendre du plaisir, sans que cela méritât ou obligeât à une sanction, jusqu'ici considérée comme inexorable[1]. »

Françoise regarde avec tendresse le trio, Tennessee, Carson et Franco, s'agripper à la vie dans la douleur, l'amour et l'amitié. Et, tandis que Carson McCullers, si fragile, s'enferme pour écrire, Françoise et sa bande entraînent l'auteur d'*Un tramway nommé désir* et son amant dans un farniente bienheureux où, le soleil et le gin aidant, les échanges littéraires s'effacent devant le bonheur de l'instant. Parties de pêche, grillades dans le jardin ou sur la plage, après-midi moites dans des lits étroits cernés de moustiquaire, crépuscules arrosés de gin, le temps coule en douceur pendant cet étrange séjour.

Mais il faut bien se décider à quitter cette vie en lisière de la vie. Suzanne ne peut s'absenter indéfiniment. Tandis qu'elle regagne l'Europe avec la journaliste de *Elle*, Françoise et Bruno prolongent leur découverte des États-Unis par le Grand Canyon et la vallée de la Mort. Ils entraperçoivent Las Vegas, n'ont pas le temps

1. *Ibid.*

de s'égarer dans ce miroir aux alouettes : Julliard vient de vendre les droits d'adaptation de *Bonjour tristesse* à Ray Ventura, qui les a rétrocédés à Otto Preminger. Françoise et Bruno Morel sont donc contraints de filer vers Los Angeles afin d'y rencontrer le metteur en scène à qui l'on doit l'inoubliable *Laura* et qui vient de tourner *L'Homme au bras d'or* avec Frank Sinatra et Kim Novak.

L'entretien se fait dans le respect mutuel, mais Françoise craint que le cinéma de cette Amérique puritaine ne dénature son œuvre. Audrey Hepburn, pressentie pour le rôle de Cécile, le refuse : elle trouve le personnage trop immoral.

Qu'importe ? Françoise et Bruno sont sur la côte Ouest. Ils en profitent pour filer à Hollywood où ils rencontrent toutes les gloires de l'époque. « Mademoiselle Tristesse » est même présentée à Marlon Brando dont elle dira, dans une émission de télévision [1], trente-cinq ans plus tard, qu'il n'était « pas du tout la grande brute baraquée qu'il semblait être dans *Un*

1. *Qu'avez-vous fait de vos vingt ans ?* de C. Ockrent, 4 février 1990.

*tramway nommé désir*, mais plutôt un homme de taille moyenne avec une très belle tête d'intellectuel ».

Sur le tournage des *Dix Commandements*, elle fait la connaissance de Yul Brynner. Mais surtout, quelqu'un lui arrange un tour de moto avec la coqueluche de l'époque, James Dean. Hélas l'acteur, qui disparaîtra quelques mois plus tard dans un accident de voiture et laissera toute une jeunesse en deuil, ne viendra pas au rendez-vous. Dans cette même émission de Christine Ockrent, Françoise confiera que ce rendez-vous manqué ne l'avait pas affectée outre mesure : James Dean n'était pas son type d'homme…

Cette jeune fille-là, vivante et sans complexe, si affranchie du prêt-à-penser, comment ne pas l'aimer ?

# 7

De retour d'Amérique, Françoise ne retombe pas dans l'anonymat. Tant s'en faut. Otto Preminger ne trouvant pas l'actrice qui incarnera la Cécile de *Bonjour tristesse*, l'hebdomadaire *Elle* organise un concours pour tenter de dénicher la jeune fille qui correspondrait à l'héroïne. Mais cette effervescence médiatique n'entame pas la lucidité du jeune écrivain.

Françoise sait qu'on attend à présent son deuxième roman pour juger si le premier n'est qu'un accident ou s'il marque vraiment le début d'une œuvre littéraire. Elle poursuit sa vie de plaisirs mais elle a un rôle à tenir.

Elle a déjà en tête son prochain sujet : une jeune fille, Dominique, tombe amoureuse de l'oncle (marié) de son petit ami, tandis que l'épouse de l'oncle, dans son innocence aveugle, s'occupe d'habiller l'étudiante démunie de tout. Françoise écrit ce qui deviendra *Un certain sourire* dans une langue fluide, avec cette « petite musique » mélancolique qui sera le style Sagan. Pour le terminer, elle décide de partir avec son frère pour la Côte d'Azur, dans le souvenir, peut-être, de ces villégiatures où ses parents, avant la guerre, s'en allaient seuls, les enfants confiés à la grand-mère Laubard. Ainsi, en cette fin de printemps 1955, descendent-ils vers le sud au volant de la Jaguar rouge.

Françoise roule à cette vitesse folle qui sera l'une des constantes de sa vie. La vitesse dont elle dit : « Elle aplatit les platanes au long des routes, elle allonge et distord les lettres lumineuses des postes à essence, la nuit, elle bâillonne les cris des pneus devenus muets d'attention tout à coup, elle décoiffe tous les chagrins : on a beau être amoureux fou, en vain, on l'est moins à deux cents kilomètres à l'heure. [...] Qui n'a pas ressenti [...] le silence fascinant d'une mort prochaine, ce mélange de refus et de provocation, n'a jamais aimé la vitesse, n'a jamais aimé la vie – ou alors, peut-être, n'a jamais aimé personne [1]. »

Pied au plancher, elle frôle la mort comme une phalène tente la brûlure fatale en survolant la flamme d'un lumignon. Elle va dans la griserie du vent, fuyant la conscience d'un monde qui, lui-même, se précipite aux abîmes : au début de cette année 1955, les tensions entre l'Est et l'Ouest s'exacerbent tandis que la France, le 31 mars, décrète l'état d'urgence en Algérie. Mais l'air tiédi par la promesse de l'été porte l'oubli des catastrophes qui s'annoncent.

Insouciants, le frère et la sœur filent sur la nationale 7, « long sentier, plein de sinuosités et mal entretenu, qui traversait les agglomérations, traînassait dans les villages, s'arrêtait devant les cafés ».

Après la pluie de la nuit, des restes d'eau reflètent le ciel gris entre les rangs de vigne. Arrivés à l'aube sur le petit port de pêche de Saint-Tropez, le frère et la sœur attendent l'ouverture de l'unique bar, L'Escale, tenu par la vieille Mado, pour y prendre leur petit déjeuner. Ils s'enquièrent d'une maison à louer, s'achètent

1. *Avec mon meilleur souvenir*, Gallimard, 1984.

des vêtements de toile écrue et des espadrilles chez Vachon, le seul magasin de la ponche (le port, en langage local). Puis ils s'installent provisoirement dans le seul hôtel du village, où l'on donne à Françoise la chambre qui deviendra « la sienne » au fil des ans : la 22.

Tout est calme. Des vieilles femmes tricotent sur le pas de leur porte. Les maris travaillent. La mer bleue, turquoise, blanche, vient mourir sur la plage en demi-lune. C'est un paradis que le ressac fait vivre comme un grand corps. Bientôt débarquent, fourbus, livides, avides, les amis (vrais ou faux) de Françoise.

Pour lors, elle a laissé la Jaguar XK 140 sur le port, toutes vitres baissées. Blotti sur les coussins de cuir, un chat somnole. La voiture abandonnée gêne. Des hommes ahanent pour la déloger et finalement la poussent sur la grève, au milieu des coques noires, vertes et bleues des pointus, de leurs filets, de leurs voiles affaissées. Mado, la patronne de L'Escale, observe la scène les mains sur les hanches : « C'est alors qu'apparut une petite fille, une petite fille aux yeux gris clair, la tête menue encerclée dans un casque de cheveux cendrés et bouclés. Sa silhouette nerveuse était moulée dans un

Françoise avec son frère Jacques Quoirez, en 1938.

© Rue des Archives/Tallandier

© D. R.

Pendant la guerre à Saint-Marcellin.

© D. R.

À Saint-Marcellin, en 1945.

À quinze ans.

En communiante.

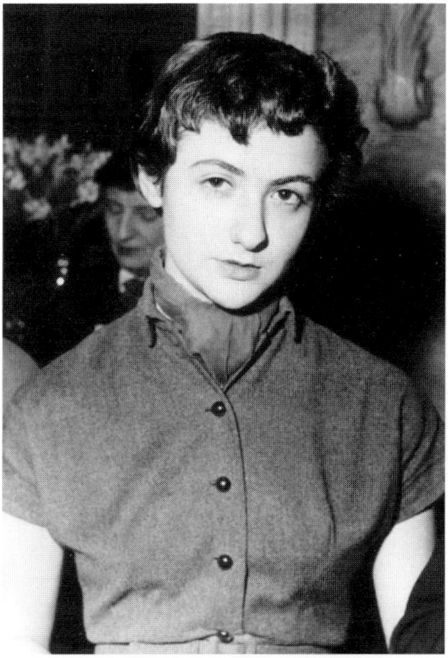

À dix-neuf ans,
lauréate du prix des Critiques
en mai 1954.

© Keystone-France

Séance de dédicaces pour
*Bonjour tristesse*, le 18 mai 1954.

© Keystone-France

© David Seymour/Magnum

© Rue des Archives - AGIP

René Julliard en compagnie
de la jeune poétesse Minou Drouet,
au gala *Le Monde du silence*,
le 8 février 1956.

À Saint-Tropez en 1956,
la « paresseuse » travaille déjà beaucoup.

© D. R.

Avec Florence Malraux (à gauche)
à Capri en 1955.

Sur la plage de
Saint-Tropez
en 1956.

© Lipnitzki/Roger-Viollet

© Lipnitzki/Roger-Viollet

Saint-Tropez, 1956.
De gauche à droite :
Bernard Frank,
Françoise Sagan,
Jacques Quoirez.
De dos Michel Magne.
À ses côtés,
Florence Malraux.

Après son accident
de voiture du 14 avril 1957,
à la clinique Maillot
à Neuilly.

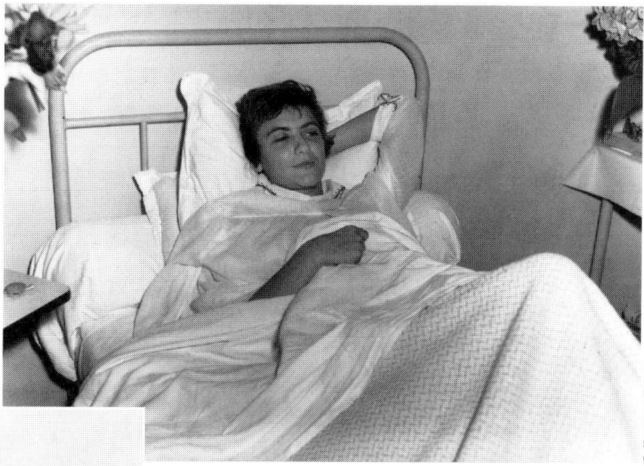

© Keystone-France

Près de sa Jaguar,
à Saint-Tropez en 1956.

© David Seymour/Magnum

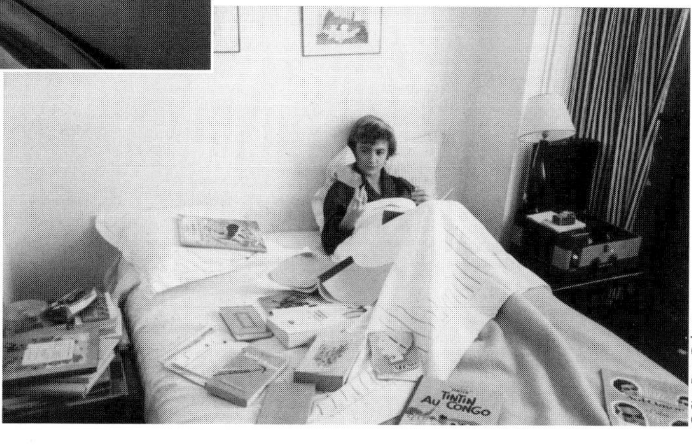


Chez elle, après son
accident.

© Sipa Press/Dalmas

Avec son frère Jacques Quoirez,
dans leur appartement de la rue de Grenelle.

Avec Jacques, en 1958.
Ils voyagent souvent ensemble.

Au procès des meurtriers
du parc de Saint-Cloud, 1958.

Avec son ami
le compositeur Michel Magne,
à Paris, le 28 septembre 1957.

Mariage avec Guy Schoeller
à la mairie du XVIIe arrondissement
de Paris,
le 13 mars 1958.

Avec Guy Schoeller,
en 1959.

Sur les marches du tribunal de Corbeil, le 14 octobre 1958, jour de l'ouverture de son procès pour son accident de voiture avec Véronique Campion et Voldemar Lestienne.

Derrière les grilles du Palais de Justice, le 26 mai 1959, pour le jugement du procès de son accident.

chandail de fine laine et un pantalon de toile bleue délavée ; ses pieds étaient nus (...).

« Tout ce jeune corps nerveux s'arc-boutait à l'assaut de la mécanique devenue tout à coup une sorte de forteresse amphibie, récalcitrante maintenant au bord de l'eau, presque dans l'eau. Et c'était émouvant ce geste inhumain et impossible de ces bras fragiles d'enfant qui voulaient à tout prix soulever le monde, son joujou, sa voiture.

« "Qui est cette petite ?" demandai-je aux pêcheurs.

« "On ne sait pas, qu'ils dirent. C'est une étrangère du dehors, mais elle est brave. Elle s'appelle Françoise Sagan. On dit qu'elle écrit dans les livres [1]." »

C'est ainsi que la « petite fille » gagne la sympathie des gens « du dedans », de ces pêcheurs bourrus et rigolards, de ces femmes à l'affût du moindre mouvement dans le calme d'une vie sans à-coup.

La joyeuse bande s'est finalement installée dans une grande maison louée sur le port.

---

1. Madeleine M... Saint-Tropez, fin avril 1956. Témoignage paru dans la revue *Lisez-moi* n° 46.

Depuis les chambres, on voit les petits chalutiers des pêcheurs se balancer sur l'eau calme de la ponche. Il faut s'habituer aux cris des mouettes. Aux heures chaudes, les volets clos protègent des rayons brûlants du soleil. Dans cette maison rustique, affalé dans un sofa, ou allongé sur des lits de fortune, on lit à loisir, on écoute des disques, on sommeille. À l'heure de l'apéritif, on se retrouve chez Mado. On boit, on fume, on rit. On est tranquille dans ce Saint-Tropez encore intact.

Florence Malraux, Véronique Campion, et Anne Baudouin, que Françoise fascine, mais aussi Bruno Morel et Bernard Frank y accueillent avec bonheur le plus drôle et le plus facétieux des partenaires : Jacques Chazot. Il vient juste d'inventer ce personnage hilarant de Marie Chantal, qui distrait le Tout-Paris. C'est un danseur professionnel, un dandy, un beau quadragénaire (il a trente-sept ans) avec qui, comme avec Bernard Frank, Françoise va se lier « à la vie, à la mort ». Homosexuel, il aura pour elle un amour tel, qu'à une époque de sa vie il pense même l'épouser. Elle aussi, du reste. Mais ils ne seront jamais prêts au même moment pour le mariage.

Et le temps s'écoule. Ce sera pour Françoise et pour sa cohorte d'amis le premier été des grands épuisements que l'eau scintillante lavera sur les corps hâlés. Les éclats de ces voix habituées au jazz, au boogie, aux déhanchements et aux rires transforment en une seule saison le petit port en station balnéaire.

C'est la fin de l'été. Tandis que les jeunes gens ébouriffés, ces « fadas », comme les appellent gentiment les deux gendarmes du lieu, remontent vers une capitale redevenue industrieuse, une Ève sortie crue de la mer s'apprête à ensorceler un jeune homme timide et jaloux devant la caméra de Roger Vadim. Sur la plage enfin tranquille, la déesse tourne *Et Dieu créa la femme*. Sur son corps de sirène cascadent des cheveux blonds de sauvageonne. Lorsqu'elle marche sur ce sable que l'automne rend gris et vert, lorsqu'elle danse, libre, debout sur une table de café, elle met le désir à fleur de peau. Elle s'appelle Brigitte Bardot. Elle a six mois de plus, à peine, que Françoise. À elles deux, elles tueront le farniente bon enfant de Saint-Tropez. Mais nous n'en sommes pas encore là.

Pour lors, Françoise vient de louer son premier appartement à Paris, rue de Grenelle, à côté de ce qui était alors l'ambassade d'URSS. Elle s'y installe avec son frère. Elle l'aménage à peine. Il se compose, dit-elle dans *Derrière l'épaule*, « d'une cuisine inutile, un salon avec un piano, un sofa en fausse panthère, et au premier deux chambres munies de salles de bains ». Pour le reste, quelques lampes posées par terre, des tableaux contre le mur, qu'elle achète au gré de ses coups de cœur, et des coussins éparpillés à même le sol pour meubler le vide. Mais elle emploie déjà femme de chambre et cuisinière. Julia Lafon, qui lui a servi de seconde mère, ne lui a jamais appris ni à ranger, ni à cuire un œuf, ni à préparer une tasse de thé. Si bien que la cuisine est toujours impeccable et que l'on retrouve, roulés en boule, dispersés dans la maison, les vêtements qu'elle vient de quitter. Pourtant, Françoise est une maîtresse de maison accueillante et accomplie… à la condition expresse d'être assistée.

Comme deux adolescents qu'ils n'ont cessé d'être, après des nuits blanches passées à danser et à boire dans les boîtes de Saint-Germain-des-Prés, le frère et la sœur aiment partir au petit matin « promener leurs coucous, notamment une Gordini de course légèrement déglinguée, sur l'autoroute où le bruit, le vent, les secousses dégrisaient celui de nous deux qui en avait besoin [1] ».

Cela n'empêche pas Françoise de retrouver aussi souvent qu'elle le peut l'appartement de ses parents, boulevard Malesherbes. Car, malgré sa notoriété qui, parfois, les exaspère, elle reste toujours pour eux la petite Francette, la préférée.

Et elle va d'une passion à l'autre, d'un amant (d'une amante, déjà ?) à l'autre. « Un grand amour, dira-t-elle à Pierre Desgraupes lors d'une interview télévisée, ça dure quoi ? Trois mois ? » Un jour qu'elle a fait essayer sa belle Jaguar rouge à la magnifique Marlene Dietrich, les mauvaises langues les ont soupçonnées d'une escapade amoureuse. Pourquoi pas ? Elle est libre de son corps, de son cœur, de ses mœurs. Certains de ses amants resteront des amis d'une fidélité absolue. Comme Bernard Frank, bien sûr, mais aussi Michel Magne et Jean-Paul Faure. D'autres disparaîtront dans les oubliettes de la vie. Elle ne s'en soucie pas. Pourtant, quelqu'un, dans l'ombre, attend,

1. *Derrière l'épaule*, Plon, 1998.

surveille. C'est Guy Schoeller, son premier chevalier servant de New York. Il est passé par son lit, déjà, le séduisant quadragénaire. Mais, éditeur avant tout, comme toute la critique parisienne il est curieux de lire le deuxième roman de la petite prodige.

Françoise, il est vrai, a été un moment éclipsée dans la gloire par une gamine de sept ans. Avec son recueil de poèmes, sa voix cristalline, ses cheveux sagement nattés, ses grands yeux expressifs au-dessus de deux charmantes fossettes, Minou Drouet occupe la une des journaux lorsque paraît *Un certain sourire*.

On est en mars 1956. Dédié à Florence Malraux, ce « certain sourire » est celui que Dominique, étudiante à la Sorbonne, a parfois, et qui laisse son jeune amant Bertrand interdit. Bertrand lui a présenté son oncle Luc et sa tante Françoise. Tandis que la tante se comporte comme une mère avec Dominique isolée dans la capitale, la jeune fille se laisse séduire par Luc, qui la met dans son lit.

Dès le premier paragraphe, c'est Françoise qui parle par la bouche de Dominique : « (...) Je ne sais pourquoi j'avais été envahie d'un violent sentiment de bonheur ; de l'intuition physique, débordante, que j'allais mourir un jour, qu'il n'y aurait plus ma main sur ce rebord de chrome, ni ce soleil dans mes yeux. » Et le livre se termine sur ce mode mineur : « Je me surpris dans la glace et je me vis sourire. Je ne m'empêchai pas de sourire, je ne pouvais pas. À nouveau, je le savais, j'étais seule. J'eus envie de me dire ce mot à moi-même. Seule. Seule. Mais enfin, quoi ? J'étais une femme qui avait aimé un homme. C'était une histoire simple ; il n'y avait pas de quoi faire des grimaces [1]. »

Et l'on s'incline devant Sagan. Les quatre grands critiques de l'époque, Robert Kempf, Robert Kanters, Émile Henriot, André Rousseaux, jettent les armes. « Encore une fois, Mademoiselle Sagan nous déconcerte. Certes, on l'attendait impatiemment – et beaucoup avec des fusils – à la suite de *Bonjour tristesse*, mais la plupart de ces fusils se sont abaissés devant ce livre simple, toujours sensible et plus proche de la vie ordinaire que *Bonjour tristesse*. Curieusement, *Un certain sourire* montre une naïveté, une vulnérabilité que ne laissait pas espérer le premier. Il fait montre parfois d'une

1. *Un certain sourire*, Julliard, 1956.

sentimentalité, d'une recherche touchante et têtue du grand amour, jusqu'à ce matin où l'héroïne se réveille bercée par Mozart qui lui rend le goût de vivre [1]. »

Si d'autres critiques de moindre envergure la massacrent, elle n'en a cure, dit-elle. Les ventes s'envolent. Son succès ne se dément pas. Sollicitée de toutes parts, elle incarne pour la plupart des lecteurs une sorte de miracle du talent.

C'est parce qu'il a lu *Bonjour tristesse* que Michel Magne téléphone à Françoise. Il sent qu'elle peut écrire des textes sur sa musique. Ils se rencontrent boulevard Malesherbes, se retrouvent dans la cave des Trois Maillets, rue Galande. Il égrène une mélodie sur le piano. Elle trouve les mots qui s'y lovent. Ils ne se séparent plus.

Avec Michel, qui utilise alors les ondes Martenot et les claviolines pour composer de la musique qu'il appelle du « jazz électro-acoustique », Françoise écrit des chansons aux vers mélancoliques. Son amie Annabel Schwob de Lurs les interprète. Juliette Gréco les popularise dans les boîtes à la mode. La dame en noir qui va

1. Cité dans *Derrière l'épaule, op. cit.*

faire les belles soirées de la Rose Rouge et du Caveau de l'Abbaye commence sa carrière de chanteuse et de comédienne. Gréco chante Sagan, dont elle enregistre quatre chansons sur un quarante-cinq tours.

Paroles si proches des mots de ses livres :

*Je vois ce qu'est la douceur*
*De t'aimer*
*quand tu dors*
*tranquille près de moi*

*En automne.*
*[...] Je te le dis, je te le jure,*
*Il n'y a qu'une seule aventure*
*C'est ce qu'ils appellent le bonheur*
*C'est ce que nous avons manqué...*

Plus tard, elle en écrira d'autres pour Mouloudji, Aznavour, et même pour Johnny Hallyday (*Quelques cris*, en 1999). Elle signera les paroles de la chanson d'*Aimez-vous Brahms* sur une musique de Georges Auric, et c'est Montand qui l'interprétera.

Magne, avec qui Françoise retournera à New York en 1956 pour entendre une Billie Holiday en fin de parcours, sera dans les années soixante l'un des compositeurs les plus demandés par le cinéma. En son château d'Hérouville, dans le Val-d'Oise, il installera un studio très moderne. Viendront y enregistrer aussi bien David Bowie que les Pink Floyd. Un incendie dramatique le ruinera. Michel Magne se donnera la mort en 1984…

Au premier jour de l'été 1956, Sagan a vingt et un ans. Majeure, enfin, et libre d'exercer toute sa liberté. Libre de jouer, par exemple. La voici donc au Palm Beach de Cannes, flanquée de deux parrains. Face au tapis vert, elle oublie les visages alentour. Elle joue. Toujours au-dessus de ses moyens. « Je n'y ai laissé que des reliquats de mon train de vie », écrit-elle dans *Avec mon meilleur souvenir*. Train de vie de rêve, précise-t-elle et non de luxe. Car elle ne demandera à l'argent que la liberté, pour elle et pour ceux qui l'entourent, afin d'éviter « tout visage soucieux ou ravagé par autre chose qu'un chagrin d'amour [1] ».

Cet univers du jeu, silencieux, feutré, enfumé, où l'on commande d'un geste les élixirs

1. *Avec mon meilleur souvenir, op. cit.*

les plus durs, cet univers fascinant s'ouvre enfin à elle. Il lui fait découvrir la folie des très riches qui, au chemin de fer, s'affrontent à coups de millions. Acagnardée face à la roulette, elle apprend ses numéros fétiches (le 3, le 8, le 11). Rapidement, elle sait qu'elle préfère le noir au rouge, les impairs aux pairs, les manques aux passes. Noir, impair et manque… ce sera la définition même de sa vie.

Au chemin de fer, vers lequel elle revient avec délectation, elle apprend à dissimuler. Tout comme dans son enfance, elle s'est contrainte à ignorer la souffrance. Qu'elle gagne, qu'elle perde ou qu'elle ait une main d'enfer, elle affiche le même visage souriant. Concentrée, toute à l'instant, elle joue. Absorbée dans cette énigmatique lutte contre le hasard, elle en ressort tantôt sans un kopeck, tantôt plus lourde d'une monnaie qu'elle s'empresse de dilapider.

Trois mois après cette première fois, trois mois après s'être volontairement laissé prendre dans les rets du jeu, elle se trouve au casino de Monte-Carlo. Comment les portes ne s'ouvriraient-elles pas devant elle ? N'est-elle pas la milliardaire petite Sagan ? Rien ne lui fait peur. Face à elle, Ali Agha Khan. Le play-boy marié à

Rita Hayworth, le prince milliardaire qui reçoit pour chacun de ses anniversaires son poids d'or et de pierreries. L'Agha Khan et sa légende de fêtard lui aussi acharné. Et elle joue contre ce prince des *Mille et Une Nuits* une partie de chemin de fer ahurissante, au cours de laquelle, presque en aveugle, elle gagne de manière éhontée. L'Agha Khan, écrit-elle avec humour, « était au bord de l'apoplexie, des dames en laissèrent tomber leurs diamants »...

Elle regagne Saint-Tropez dans le soleil levant ; la mer renvoie les éclats fulgurants des rayons cassés par les vagues courtes et blanches.

C'est la fin d'un autre été. Françoise rentre à Paris.

# 8

Sans en avoir l'air, Françoise travaille. Dans son lit, de plus en plus souvent, un cahier sur les genoux, elle laisse courir son stylo. Nouvelles, articles, poèmes, théâtre, rien ne lui est étranger. L'écriture, déjà, devient une exigence. Elle vit à l'envers, use son corps avec frénésie, rit, danse, boit, aime, dissimulant à tous, et peut-être à elle-même, sa fêlure cachée : la peur, la terreur de l'ennui. Son impérieux désir de repousser toutes les bornes de la liberté, sa frénésie d'écriture n'ont peut-être pas d'autre origine que ce vide intense, en elle, auquel il faut échapper.

Pourtant, cet hiver 1956-1957, elle s'exile dans une maison qu'elle loue, près de Milly-la-Forêt. « Foin de la vie parisienne, foin des night-clubs, du whisky, des aventures, de la nouba. Vive la lecture, les feux de bois, la grande musique et les discussions philosophiques [1]. »

Le journaliste Voldemar Lestienne, alors pigiste à Paris-Presse, l'y rejoint. Ils se sont rencontrés chez Florence Malraux où Françoise couvait une mauvaise grippe. Florence avait un jour trouvé son amie dans son lit, la mine défaite, toussotant et brûlante. Connaissant la fragilité de Françoise, elle l'avait aussitôt emmenée chez elle pour la soigner. C'est là que Voldemar était tombé amoureux d'elle – immédiatement.

Les voici en tête à tête dans cette bicoque dont, dit-il, « la cheminée tirait mal, il fallait casser la glace le matin. Nous vivions comme des chatons blottis l'un contre l'autre. Elle avait vingt et un ans et moi vingt-deux. On dormait beaucoup, on lisait, on parlait, on se baladait dans sa grosse Buick décapotable. (...) Un beau matin, j'apprends qu'on déménage pour s'installer dans le Moulin de Christian Dior [2] ».

Hélas pour le beau jeune homme, les amours de Françoise ne durent jamais bien longtemps.

1. *Avec mon meilleur souvenir, op. cit.*
2. Jean-Claude Lamy, *Sagan*, Mercure de France, 1988.

Elle leur préfère, et leur préférera toujours, l'amitié. Non qu'elle ne goûte les élans et les fougues de la passion. Simplement, sa course de fond à elle, c'est sa propre vie. Tôt ou tard, il faudra livrer bataille contre les menues dispersions du temps que l'autre entraîne, contre les garde-fous qu'il voudra élever face à ses toquades. L'amant en titre est, autour d'elle, comme une mouche qui agace, empêchant l'immersion dans la lecture, dans la rêverie, dans une paresse créatrice qui est son mode de fonctionnement. Si elle écoute son corps vibrer à l'unisson d'un autre, la cohabitation l'assomme. Elle est surtout attentive à sa chair, entourée de cette peau sensible qui répercute sous ses paupières closes les flamboiements du plaisir.

Un soir, elle annonce à Voldemar qu'elle a l'intention d'épouser son mentor, l'homme aux yeux tristes, Guy Schoeller. Car la passion est montée en elle. Une passion de tête, qui a grandi sans qu'elle s'en aperçoive, avec cette puissance et cette évidence du premier grand amour. L'intéressé le sait-il seulement ? Voldemar, quoi qu'il en soit, fait illico sa valise et rentre à Paris par le dernier car. Dans la maison aux courants d'air, Véronique Campion le remplace, Véronique, l'amie de classe avec qui Françoise peut partager en paix, sans parler, le temps de la lecture, de la musique, de la rêverie, de l'écriture.

Quelques mois plus tard, alors que son amante d'hier ne lui donne plus de nouvelles depuis longtemps, Voldemar reçoit de sa part une invitation pour un week-end à la campagne. Il y aura, lui dit-elle, l'actrice Mélina Mercouri et le réalisateur Jules Dassin, un autre couple d'amis, l'agent littéraire Alain Bernheim et son épouse Marjorie, mais aussi son frère Jacques Quoirez, Véronique Campion et enfin Bernard Frank, qui sort d'une grave intoxication alimentaire. Il ne manque que Florence Malraux pour compléter la bande à Sagan. Mais Florence est souffrante.

Nous sommes le 14 avril 1957. Il est environ 14 heures 30. Les Dassin téléphonent pour s'excuser de leur retard : ils ont été victimes d'une crevaison. Françoise insiste pour aller à leur rencontre.

Elle conduit l'Aston Martin qu'elle a achetée d'occasion. L'accompagnent Voldemar, Bernard et Véronique. Il a un peu plu. Le ciel est bas et gris. Le printemps acide laisse encore de larges traînées de brume. Juste avant Corbeil, l'Aston Martin retrouve la 203 des Dassin. Embrassades. On se donne rendez-vous au Moulin. L'Aston Martin prend de la vitesse, disparaît à l'horizon.

« On n'allait pas encore très vite lorsque la voiture s'est mise à flotter », rapporte Voldemar Lestienne. Elle dérape, heurte le bas-côté, bascule dans le fossé, termine sa course folle dans un champ de blé, se retourne. Les trois passagers sont éjectés. Véronique souffre d'une fêlure du bassin, Voldemar a le bras cassé. Seul Bernard s'en tire avec quelques égratignures. Françoise, elle, reste coincée sous le volant.

Les Dassin et leurs amis arrivent les premiers sur les lieux. « Mélina et Marjorie (Bernheim) ont couru vers le bord de la route pour arrêter les voitures qui passaient afin de demander du secours », racontera Jules Dassin. Une fois la voiture remise sur ses roues, on se rend compte que Françoise est gravement blessée. Elle saigne du nez et râle. Alain Bernheim lui fait du bouche-à-bouche. Les gendarmes la chargent dans leur camionnette. « Une mousse rosâtre coulait de ses lèvres. Elle essayait de parler, mais les mots crevaient sur sa bouche comme de grosses bulles », rapporte le gendarme Boileau aux premiers biographes de Sagan, Gérard Gohier et Jean Marvier[1].

Françoise est transportée à l'hôpital de Corbeil. On la pense perdue. Jacques, son frère, s'entend dire par une infirmière : « C'est une question de minutes. Il faut appeler un prêtre. »

« L'archiprêtre est arrivé, précédé de la cloche des agonisants, tout noir au milieu de ses enfants de chœur. Il a posé un crucifix sur les draps, entre les mains de Françoise. Il a prié. Longtemps[2]. »

Contrairement aux pronostics médicaux, Françoise ne meurt pas. Son état demeurant stationnaire, elle est transférée à la clinique Maillot de Neuilly dans le service du Pr Juvenel. Elle a un traumatisme crânien, un enfoncement de la cage thoracique, l'abdomen en capilotade. À son chevet, les plus grands chirurgiens se concertent : Lebeau, chef du service de neurochirurgie de Lariboisière, Chrétien, spécialiste de pneumologie, Patel, professeur de chirurgie abdominale à Tenon, entourent Juvenel.

1. G. Gohier et J. Marvier, *Bonjour Françoise*, Éditions du Grand Damier, 1957.

2. *Ibid.*

Louis-Jacques Schwartz, son médecin traitant, regarde, navré, le petit visage tuméfié entouré de bandages. On ne peut rien faire, ni opérer, ni même la toucher. Il faut attendre, en surveillant le cœur qui, lentement, file vers le silence. Elle reste trois jours entre la vie et la mort.

Dans la petite salle qui jouxte la chambre 36, son père – revenu de Suisse en catastrophe après avoir appris l'accident par la presse –, sa mère, rentrée de Cajarc, son frère, sa sœur, ses amis, comptent les heures. Dehors, les journalistes affluent du monde entier, patientent dans leurs voitures, à l'affût du moindre mouvement. Les rotatives sont prêtes à imprimer le premier bulletin de santé ou la nécrologie.

Le personnel de la clinique ne sait plus où mettre les fleurs qui arrivent, les témoignages de sympathie, les télégrammes enflammés. Dans une enveloppe, un routier, qui a gardé l'anonymat, a glissé une médaille à laquelle il affirme devoir la vie. Inerte dans cette chambre 36 de la clinique Maillot, Françoise ne sait pas que son portrait souriant fait la une des journaux de la planète. Comme, quelques mois plus tôt, celui, bouleversant de jeunesse, de

James Dean, autre victime de la vitesse automobile.

Enfin, après trois jours d'attente incertaine, Françoise émerge du « grand trou noir ». Les premiers visages qu'elle distingue sont ceux de Jacques, son frère, et d'Alexandre Astruc, le metteur en scène qu'elle a connu à Saint-Tropez et qui éprouve alors un doux sentiment à son égard. Ils la scrutent avec inquiétude. Il est six heures du matin. De sa petite voix flûtée, elle demande, sans bégayer :

– Qu'est-ce que je fais là ?

Il faut lui montrer la photo de l'Aston Martin écrabouillée pour qu'elle croie à l'accident. Excellente conductrice, elle a toujours roulé vite mais prudemment, consciente des limites à ne pas franchir. Cependant, les routes, même si on croit les connaître, ne sont pas des miroirs glacés sur lesquels on glisse sans heurt ni surprise. Elle a failli payer de sa vie cette passion qu'elle a de pousser les voitures comme des chevaux furieux.

Lente convalescence, douloureuse. Françoise souffre tant qu'on est obligé de recourir à des médications dangereuses pour l'apaiser. Le Palfium, un opiacé que l'on utilise alors pour soigner les cancéreux en phase terminale, fait un effet presque immédiat. Mais, outre qu'il entraîne une douce félicité, il provoque une accoutumance. C'est ainsi que Françoise commence à s'adonner à la drogue. Elle la calme, l'euphorise, lui donne ce petit supplément de bien-être grâce auquel son corps si fluet et tellement meurtri la laisse enfin en paix. D'autant que la tête s'est remise à fonctionner, elle, très bien.

Elle regarde le beau visage de Guy Schoeller penché sur elle. « Si tu t'en sors, je t'épouse », dit le séducteur de quarante-deux ans – qui ne s'est jamais marié – au brugnon qui n'en a pas vingt-deux. La promesse est insolite. Elle l'a à peine revu depuis les États-Unis, ce qui ne l'a pas empêchée de fantasmer...

Oui, elle ira devant le maire. Et le curé, pourquoi pas ? Devant n'importe qui, pourvu qu'il la garde toujours auprès de lui. Elle exulte. Elle aime. Elle en oublie presque ses souffrances physiques. Guy Schoeller ressemble à son père. Il pourrait être un de ces héros qui, dans ses romans, subjuguent les filles de son âge. Mais avant, il faut sortir de ce long cheminement de la souffrance. Le Palfium, que l'on appelle encore le 875, lui donne la force de se tenir debout, à nouveau. Elle ne peut plus s'en passer. Les trois mois d'été sont pour elle un boulevard glauque, où la drogue comme l'alcool rendent le réel cotonneux.

Pendant ce temps, sa « carrière » se poursuit, toute seule : Otto Preminger tourne *Bonjour tristesse* avec, dans le rôle de Cécile, une jeune femme fragile comme elle, Jean Seberg, et dans celui d'Anne la belle Deborah Kerr. Mylène Demongeot interprète le rôle de la jeune maîtresse du père de Cécile, lui-même joué par David Niven.

D'une certaine manière, tout cela se fait sans elle, bien qu'elle rencontre à nouveau le metteur en scène, près de six mois après son accident, en septembre 1957, et fasse la connaissance des interprètes sur les lieux du tournage, à Saint-Tropez. Son œuvre lui échappe. Elle est ailleurs, dans cet état tranquille, euphorique, où le 875 la maintient.

À l'automne 1957, son médecin l'oblige à une première cure de désintoxication dans la clinique du Dr Morel, en banlieue parisienne. Pendant un mois, elle y croise des schizophrènes, des douloureux aux visages cabossés, des infirmiers et des fous qui déambulent dans le parc à l'herbe vert cru en proférant d'étranges violences.

Grâce au journal qu'elle tient, elle prend peu à peu la mesure de la déchéance à laquelle elle réduit son corps. Elle se débat contre le manque, se désespère, lutte heure par heure, minute par minute. Pourtant, elle doit en passer par là, par ce temps de sevrage, car son cœur fait des ratés, bafouille, s'emballe, parfois, lorsqu'elle parcourt les allées encore mouillées de la dernière pluie. « Je m'épie, écrit-elle. Je suis une bête qui épie une autre bête [1]. »

Elle attend, aussi. Les visites de Véronique Campion, de Florence Malraux, de son dernier amant, de Guy Schoeller. Elle attend dix, douze, treize heures l'ampoule salvatrice. Elle se reprend à lire, à griffonner, à écrire, même. Mais elle s'ennuie, se pense désertée, inapte à tout sentiment. « Je crois que je ne suis plus amoureuse de personne… (…) Je vais m'éprendre de moi, me soigner, me bronzer, me refaire les muscles un par un, m'habiller, me ménager infiniment les nerfs, me faire des

1. *Toxiques*, illustré par Bernard Buffet, Julliard, 1964.

cadeaux, me jeter dans les glaces des sourires troubles. M'aimer. » Vestale d'elle-même. La flamme intérieure qui la maintient debout, toujours, elle en a pris confusément conscience à ce moment-là, comme elle le note avec dérision dans son journal. En fait, toute sa vie, obstinément, elle surmontera chacune de ses maladies avec la volonté têtue de préserver son meilleur ami – celui, aussi, qu'elle maltraite le plus –, son corps, des atteintes du temps.

Lorsqu'elle sort de la clinique du Dr Morel, en novembre, est-elle désintoxiquée ? Sur le moment, peut-être. Mais les paradis artificiels demeurent bien tentants.

Elle se remet aussitôt à l'écriture. Dans son lit, sur des cahiers d'écolier, elle rédige *Dans un mois, dans un an*, un roman qu'elle dédie à Guy Schoeller. Le titre, tiré d'un vers de *Bérénice*, de Racine, est une fois de plus très explicite : « Dans un mois, dans un an, comment souffrirons-nous… »

Françoise s'est souvent défendue de puiser dans sa vie la matière de ses livres. Pourtant, plus on se penche sur son œuvre, plus on y relève des passages entiers qui disent ses états d'âme, ses « foucades », jusqu'à la description presque lapidaire de ses plaisirs. Abstraction faite de l'intrigue romanesque née comme toujours de son imagination, la Josée de son troisième roman, c'est elle-même. Comme Françoise, elle passe d'un homme à l'autre et se retrouve parfois, à quatre heures du matin, avec un garçon dans son lit, toujours beau, mais dont elle se demande ce qu'il fait là.

Josée est jeune, riche et libre, comme elle. Aux côtés de ce personnage qui réapparaîtra dans trois autres romans de Sagan, les Maligrasse reviendront, eux aussi. Comme si, dans la solitude profonde de Françoise, sa vraie famille était cette famille de papier qu'elle crée.

Alain et Fanny Maligrasse, un couple d'intellectuels désargentés, se cachent l'un à l'autre, pudiquement, leurs corps brouillés par la cinquantaine. Dans le salon qu'ils tiennent le lundi, ils se repaissent de la vigueur et de la beauté des jeunes talents : celles de leur neveu venu de province, Édouard Maligrasse, d'un jeune écrivain en panne d'inspiration, Bernard, et de Béatrice, une comédienne qui prend son envol. Tout est prêt pour que, comme dans Racine, les amours malheureuses s'éploient.

Chacun des personnages peut s'y brûler les ailes aux feux de passions contrariées.

*Dans un mois, dans un an* est plus complexe que ses précédents romans, avec des fulgurances qui fouaillent jusqu'à l'âme : « Demain, il y aurait Josée qui redeviendrait le plus important et il commettrait mille lâchetés, subirait mille défaites, mais ce soir, au bout de sa fatigue et de sa tristesse il avait retrouvé quelque chose qu'il retrouverait sans cesse, ce visage tranquille de lui-même bercé par les arbres. » Avec des sensualités simples, qui compensent la frivolité de certaines scènes : « En se réveillant aux côtés de Béatrice, Édouard éprouva un de ces mouvements de bonheur dont on sait, sur le coup, qu'ils justifient votre vie, et dont on se dit sûrement, plus tard, lorsque la jeunesse fait place à l'aveuglement, qu'ils l'ont perdue. »

*Dans un mois, dans un an* surprend la critique, qui l'éreinte. « Voici un vrai brouillon », écrit l'un des journalistes, sans doute après avoir lu des phrases comme : « Mais j'aimerais passionnément faire quelque chose qui me plaise, non, qui me passionne. » [...] « Tout cela fait beaucoup de passion dans la même phrase », poursuit-il. Sagan fait-elle preuve de génie ou, tout simplement, de distraction ? Le lecteur jugera.

« Comment échappera-t-elle à la facilité, on se le demande », écrit un autre commentateur. Puis de grands noms viennent à son secours. L'écrivain André Maurois, l'auteur de *Climats*, va même très loin : « Un vague parfum de néant flotte dans ce livre, comme dans les deux précédents, dit-il. Il a son charme, chez Sagan comme chez Proust (...) cette soirée chez les Maligrasse est, toutes proportions gardées, la matinée du prince de Guermantes dans *Le Temps retrouvé.* »

Cent quatre vingt-cinq pages d'une écriture rapide, dont vingt pages perdues au Lutétia, où elle s'est réfugiée comme elle le fera souvent, vingt pages qu'elle est obligée de récrire à la hâte parce que Julliard attend... Cela peut paraître insolent. C'est un livre entre deux. En le relisant, pourtant, on est surpris par la densité de certaines phrases, par ce désenchantement du monde, ce désert de l'amour. Chacun aime l'autre qui ne l'aime pas, et chacun découvre cette évidence en s'étonnant, ou en souffrant. Sagan le dit avec une voix, certes faible, mais toute en finesse et en légèreté. À preuve, ce dialogue qui clôt l'ouvrage :

« – Josée [dit Bernard, le jeune écrivain en mal d'inspiration], ce n'est pas possible. Qu'avons-nous fait tous ?... Que s'est-il passé ? Qu'est-ce que tout cela veut dire ?

– Il ne faut pas commencer à penser de cette manière, dit-elle tendrement. C'est à devenir fou. »

Depuis son accident, Sagan a bien changé.

Elle arrive à peine à se lever, s'aide d'un déambulateur pour se déplacer. Ses muscles ne répondent plus. Elle se nourrit très mal. Mais elle fait face. À nouveau seule dans le grand moulin de Christian Dior, à Milly-la-Forêt, elle trace cette fois une ébauche de pièce de théâtre, une trentaine de pages qui deviendront, sous l'impulsion du directeur de l'Athénée, André Barsacq, *Château en Suède*. Elle s'essaie aussi au livret d'un ballet, *Le Rendez-vous manqué*, dont les décors seront de Bernard Buffet, la musique de Michel Magne, la mise en scène de Roger Vadim.

Tandis que son troisième roman vogue en plein succès, elle redescend sur la Côte, appuyée sur des béquilles. Elle s'installe à Beauvallon, entre Sainte-Maxime et Saint-Tropez. Car après moult péripéties, *Le Rendez-vous manqué*, qui devait se monter à Paris, se crée à Monte-Carlo. Françoise assiste aux répétitions du ballet en compagnie de ses amis les plus proches. Parmi eux, Pierre Bergé, le compagnon de Bernard Buffet, jeune et brillant éditeur qui est sans doute le premier à percevoir les lacunes du spectacle, malgré la somme de talents réunis et la bonne volonté des deux vedettes, Noëlle Adam et Wladimir Skouratoff. Mais il n'en dit rien.

L'argument du ballet est très saganien : un étudiant rencontre une jeune femme dont il tombe amoureux. Il se pense aimé en retour. Mais le mari de la dulcinée attend celle-ci à New York. Elle promet au jeune étudiant qu'elle ne prendra pas l'avion qui doit décoller à deux heures du matin et de le rejoindre chez lui, pour toujours. Tandis qu'il l'attend dans une chambre décorée pour elle, des copains débarquent, l'obligeant à une fête dont il n'a pas envie. À deux heures du matin, au moment où l'avion décolle, rongé par l'anxiété, il met la bande à la porte et avale du poison. Il a à peine le temps de serrer dans ses bras la jeune femme qui arrive enfin. Il meurt.

La première est donnée devant un parterre de rêve, en décembre 1957 : le Tout-Paris est descendu dans la Principauté. Françoise est peu convaincue par le résultat : les décors trop sévères de Buffet, la chorégraphie hésitante, la mise en scène appuyée en font un spectacle approximatif que la critique jugera sévèrement. Elle le sait. Pendant l'entracte, elle file aux machines à sous. Rien n'altère sa bonne humeur du moment. Cette apparente timide est au fond animée d'une assurance sereine. Voilà tout. Le spectacle doit se roder. Et le ballet, repris au Théâtre des Champs-Élysées en février 1958, restera un mois à l'affiche, sans faiblir.

## 9

Comme il le lui avait promis, Guy Schoeller demande officiellement Françoise en mariage. Et elle accepte. Car elle aime d'une passion absolue, comme elle n'a jamais aimé, cet homme à femmes qui la suit depuis leur rencontre à New York. À son propos, des années plus tard, elle se souviendra : « Notre rencontre aura été sur certains points comme un violoncelle à l'arrière-plan de ma vie, qu'il dirigea complètement et longuement, sans trop bien le savoir [1]. »

Voilà donc pourquoi elle l'épouse. Elle sent enfin que quelqu'un la domine, comme aurait pu le faire son père s'il avait été plus attentif pendant ces dernières années, comme aurait pu la subjuguer son frère s'il n'était aussi léger.

1. *Derrière l'épaule*, Plon, 1998.

L'âge de Guy, son physique de beau quadragénaire, sa réputation de séducteur, son importance incontestée dans le Paris littéraire font de lui quelqu'un devant qui la petite Françoise Quoirez se sent grandie.

N'appelle-t-elle pas René Julliard son « oncle », Hélène et Pierre Lazareff ne sont-ils pas scs « parrains », dans ce monde de la presse et de l'édition, du livre et du spectacle, ce monde d'intellectuels qu'elle admire, mais qui ne l'acceptent pas ? Elle espère confusément que, au bras de Guy Schoeller, elle acquerra un nouveau statut. Mais ce qui compte avant tout, c'est qu'il soit son époux, son mari, son amant, son complice, l'homme de sa vie.

La presse, qui a appris qu'elle allait convoler, la pourchasse, veut tout savoir de la cérémonie, de l'état d'esprit de Françoise Sagan, de la manière dont elle va aborder cette nouvelle vie. Ce que Bardot subit, cet acharnement à épier ses moindres faits et gestes, elle le connaît aussi. Les paparazzi la poursuivent. Elle ne peut se déplacer sans découvrir, émergeant d'un buisson, un photographe qui l'aveugle de son flash. Elle essaie de s'en dégager, de garder secrets le lieu et la date de la cérémonie. En vain.

Le 13 mars 1958, lorsque Guy Schoeller et elle arrivent séparément à la mairie du XVIIe arrondissement de Paris, une meute de journalistes les empêche presque de se rejoindre. Enfin, dans une salle décorée de lourdes tentures rouges, et à peu près dans l'intimité, elle dit donc oui au séducteur – qui a oublié les alliances. Françoise est radieuse, jamais on ne l'a vue sourire ainsi sur les photos. Guy a moins l'habitude des photographes, il marque davantage de distance. Leurs témoins sont, pour elle, son frère Jacques et Pierre Lazareff, pour lui, Gaston Gallimard et l'avocat Me Sauerwien. Le repas de noces se déroule chez les Lazareff, à Louveciennes.

Le couple s'installe rue de l'Université, tandis que Jacques garde l'appartement de la rue de Grenelle. Cette fois, elle ne peut plus camper, comme elle l'avait fait dans son précédent appartement. Elle entre dans une maison organisée, un appartement bourgeois, dans lequel la marque de Guy est partout présente : des murs capitonnés de soie milanaise, des rideaux molletonnés à franges, une solide bibliothèque, tableaux signés, canapés de bon faiseur, et des objets coûteux achetés dans des salles des ventes ou rapportés de destinations lointaines. Dans ce décor qui lui est étranger, Françoise doit recevoir. Au début, elle joue à la maîtresse de maison, avec majordome et soubrette à disposition. Pour un temps. Ce jeu-là devient vite contraignant. Finalement, c'est monsieur qui donne les ordres pour les dîners. Assez vite aussi, Guy lui préfère des cinq à sept avec des belles dont elle ne connaît pas les noms. Elle souffre, s'en veut de ne pas ressembler à Ava Gardner, ou même à Suzanne, tellement plus belle qu'elle, et qui pourrait retenir le Don Juan. Elle est humiliée. Elle a du charme, du chien, mais elle ne sait pas garder auprès d'elle le seul homme pour lequel elle aurait abandonné une partie de sa liberté. Alors, elle reprend sa vie d'autrefois. Elle rentre à l'aube, au moment où Guy part monter le cheval qu'elle lui a donné. Et pourtant, elle l'aime, ce mari. Mais elle sent en elle un abîme vers lequel, malgré elle, elle se dirige tout droit, à tombeau ouvert...

Lors de ce même printemps 1958, son amie Annabel Schwob de Lurs convole avec le jeune peintre que Françoise lui a présenté, Bernard Buffet. Bernard vivait dans son château de Fuveau, au-dessus d'Aix-en-Provence, avec le jeune éditeur Pierre Bergé. Lors d'un week-end, Françoise arrive avec Yves Saint-Laurent, alors styliste chez Christian Dior, et Annabel. Elle repartira seule. Les couples se sont formés. Pierre Bergé s'en est allé avec Yves Saint-Laurent, Annabel est restée au château avec Bernard Buffet. C'est une autre magie qui lie ces deux couples, un autre monde, d'autres codes, qui les garderont ensemble jusqu'à ce que la mort les sépare.

Deux mois après son mariage, alors que *Dans un mois, dans un an*, malgré les mauvaises critiques, atteint les deux cent mille exemplaires, l'actualité politique fait irruption sur le devant de la scène. Le 13 mai, à Alger, une foule énorme envahit le forum, au pied de la bâtisse blanche du gouvernement général. Dans une union apparente, une réconciliation de façade, pieds-noirs, Arabes et Kabyles s'en viennent, brandissant des drapeaux français, demander la fin d'un cauchemar qui porte toujours le nom pudique d'« événements ». En France, la situation est insurrectionnelle. Face à l'incapacité des partis politiques à résoudre cette très grave crise, on se tourne vers le reclus de Colombey-les-Deux-Églises, Charles de Gaulle, dont le général Salan, du balcon du GG, à Alger, a été forcé de prononcer le nom. D'aucuns, dans les salons, pensent que tout cela est bien orchestré. Que de Gaulle, en sous-main, a organisé ce retour. Qu'il s'est fabriqué, à petit bruit, dans le secret, cette image d'ultime recours qui, au fil des jours, s'impose à la France. Le voici qui arrive, sanglé dans son habit militaire. Le voici à Alger, face à cette foule persuadée que, comme en 1940, il va résister à la houle torrentielle de l'Histoire. Lorsque, les bras levés, il lance ce « Je vous ai compris », qui deviendra célèbre, les acclamations sont telles que personne n'écoute la suite de ses propos. Ni à Alger, ni à Paris. Tout le monde a oublié, s'il l'a jamais entendu, le discours de Beyrouth, en 1929, et surtout celui de Brazzaville, en 1944. À Beyrouth, il avait enjoint la jeunesse libanaise de construire un État libre ; à Brazzaville, tout en rappelant le rôle civilisateur de la France, il avait insisté : « En Afrique française, comme dans tous les territoires où des hommes vivent sous notre drapeau, il n'y aurait aucun progrès qui ne soit un progrès si les hommes, sur leur terre natale, n'en profitaient pas moralement et matérielle-ment, s'ils ne pouvaient s'élever peu à peu jusqu'au niveau où ils seront capables de participer chez eux à la gestion de leurs propres affaires. C'est le devoir de la France qu'il en soit ainsi. »

Seuls ses proches, ceux qui connaissent le fond de sa pensée, savent qu'en conscience le Général est pour le droit des peuples à disposer d'eux-mêmes. La gauche ne s'en souvient plus, qui vient d'échouer dans cette crise algérienne où elle a couvert les exactions les plus sordides, où la torture est devenue un moyen de police. La gauche ne peut imaginer que ce militaire, ce vieillard hautain qui a lui-même érigé sa statue de commandeur dans sa retraite de la Haute-Marne, puisse agir mieux qu'elle.

Au milieu de ses amis de Saint-Germain-des-Prés, Françoise regarde, écoute, se fait sa propre opinion. Elle ne dit pas grand-chose. Elle n'en pense pas moins. Il en sera toujours ainsi. Parce que, comme Alain Maligrasse de *Dans un mois, dans un an*, si elle évoque volontiers les grands anciens, elle dévore aussi la presse et toutes les nouveautés de librairie. De même, son penchant naturel la range aux côtés de ceux qui souffrent. Lorsque tout un peuple demande justice, elle réfléchit avant de le soutenir. Mais une fois convaincue que la cause est juste, elle ne se dérobe pas. On le verra quelques années plus tard lorsque l'on sollicitera sa signature pour le manifeste des 121, lors du procès Jeanson. Elle n'obéit à aucune idéologie. Les étiquettes ne sont pas faites pour elle. Mais elle se sent « de gauche », d'instinct. Et pour elle, en 1958, de Gaulle n'est pas une référence de droite. S'il a été la grande voix libératrice de la France voilà dix-huit ans, il ne peut pas opprimer le peuple algérien.

Plutôt que dans un quelconque engagement politique, c'est dans sa vie quotidienne que Françoise donne la preuve de sa générosité. Aussi bien avec ses proches qu'avec de parfaits inconnus. Venir en aide à ceux qui sont dans la gêne, c'est ce à quoi doit servir l'argent. Elle dépense sans compter. En payant toutes les factures qu'on lui présente, même si elles ne concernent pas ses propres « débauches ». Mais aussi en donnant à des gens qu'elle n'a jamais vus... Telle jeune fille n'a pas de quoi se faire avorter en Suisse ou en Angleterre... Telle pauvre femme n'a pas de quoi donner à manger à ses enfants... Sa générosité s'exerce même dans le jeu. Un de ses amis vient-il à perdre, près d'elle ? Elle n'hésitera pas à jouer à sa place, regagnant pour lui les sommes qu'il a laissées sur le tapis vert. Elle est ainsi : apparemment fantasque et drôle. Mais pleine d'une infinie attention aux autres.

Pour lors, une fois passées les turbulences du mois de mai, Guy et elle se retrouvent à Saint-Tropez. Et revoici la joyeuse bande à Sagan. Avec de nouveau les amis les plus intimes, les anciens coquins, les coquines, les inséparables d'hier et d'aujourd'hui : de Jacques Chazot, devenu quasiment son double, à Bettina, le mannequin, ou Annabel et Bernard Buffet, en passant par ce nouveau jeune homme plein de charme et de talent, le petit-fils du critique d'art Élie Faure, Jean-Paul, qui sera un des premiers agents littéraires français.

Le problème, c'est qu'elle a un mari depuis plus de six mois. Suit-il encore ? Lui, le bourreau des cœurs, peut-il vivre au rythme qu'elle lui impose ? Elle se couche au petit matin, se réveille en début d'après-midi et, avant de poser le pied dehors, elle écrit, dans son lit. Puis elle se donne à l'eau, au soleil, avant de s'en aller vers les nuits folles de la Côte. Elle écrit, elle aime, elle vit, elle rit. Tout le reste n'est que l'ennui des convenances.

Il existe une photographie éloquente du couple, en voiture, à Saint-Tropez : elle a son visage fermé des mauvais jours, lui le regard perdu d'un homme dépassé par ce qu'il a lui-même provoqué. Même le chien, un magnifique setter irlandais qu'elle a acheté sur les quais (et qui s'est révélé malade) se cache. Le pape des milieux littéraires parisiens ne sait plus sur quel pied danser. Le brugnon a déjà pris le large. Elle trompe son mari avec un amant. En l'occurrence le beau Jean-Paul Faure. Et, en cachette, elle retrompe son amant avec son mari qu'elle aime toujours, malgré ses escapades. C'est romanesque, et charmant aussi. Et puis, c'est tout Sagan : paumée, le sachant et compliquant à loisir un quotidien déjà difficile. Elle aime trop de monde à la fois, ne fait aucun choix, continuant à se perdre en désirant le bonheur… Mais à certains moments, les comptes ne sont pas bons. Du tout. « Quelle barbe ! »

# 10

Françoise Sagan a tous les talents. En octobre 1958, de retour à Paris, elle décide de prendre au sérieux la nouvelle mission de journaliste qu'on vient de lui confier. Finies, les escapades avec les beaux photographes dans l'Orient rêvé.

Pour *France-Soir*, Pierre Lazareff l'envoie couvrir, aux assises de Versailles, le procès de deux jeunes gens, Jean-Claude Vivier et Jacques Sermeus, vingt ans. Ils ont abattu au pistolet un couple d'amoureux de leur âge pour leur voler leur voiture avec laquelle ils comptaient exécuter un hold-up. Dans la salle, elle reconnaît Hervé Bazin, Jean-Louis Curtis et le jeune Bertrand Poirot-Delpech qui, comme elle, viennent suivre le procès. Elle est bouleversée par la jeunesse des accusés, par leur misère psychologique.

Voici deux enfants issus d'un orphelinat du sud de la France qui se retrouvent à Paris pour les mauvais coups. Certes, ils ont prémédité leur crime : ils ont surveillé la voiture dans laquelle les deux tourtereaux lisaient le même livre, serrés l'un contre l'autre. Il est vrai aussi qu'ils les ont achevés comme on achève les animaux, d'une balle dans la tête. Mais personne ne leur a appris la différence entre le bien et le mal. S'ils sont de la mauvaise graine, à qui la faute ? Elle l'écrit. La peine de mort, qu'ils encourent, et à laquelle ils seront condamnés, la révolte. De quel droit nous érigeons-nous en bourreau ? Au nom de quelle « légalité » nous arrogeons-nous cette prérogative de donner la mort ? Comment nous autorisons-nous à prendre la place d'un Dieu vindicatif et vengeur ? Pierre Lazareff en reste coi. L'article de Françoise est coupé, réduit. Pour cause d'indulgence excessive, alors que l'opinion publique crie vengeance.

Non, on ne peut pas tout passer à la jeune prodige. Il lui faudra attendre novembre 1981 pour voir François Mitterrand abolir la peine de mort.

Avec les monstres sacrés qu'elle interviewe,

les choses sont plus faciles. Elle dresse d'eux, si elle les aime, des portraits tout en finesse. Lorsque le hasard la met en présence de personnalités hors du commun, elles acquièrent, sous sa plume, des dimensions mythiques. Il n'est, pour s'en convaincre, que de relire le récit de sa rencontre fortuite avec Orson Welles au Festival de Cannes, où elle s'est rendu avec sa sœur Suzanne et Juliette Gréco. La foule des badauds venus applaudir une star la sépare de son groupe. Et, au moment où elle va être étouffée, piétinée par les fans en furie, une main vigoureuse la soulève et l'extirpe du magma humain. Un homme la transporte « à travers des escaliers, des couloirs et des portes secrètes jusqu'à un bureau où il [la] laissa retomber sur un canapé ; et là [elle] découvrit que ce King Kong bénéfique était aussi le King Kong de la séduction, puisque avant même de le voir, [elle] reconnu[t] à son rire que c'était Orson Welles. (...) Il était immense, il était colossal, en fait. Il avait les yeux jaunes, il riait d'une manière tonitruante et il promenait sur le port de Cannes, sa foule égarée et ses yachts somptueux, un regard à la fois amusé et désabusé, un regard jaune d'étranger. (...) Personne au monde n'aura sa stature, son visage, et surtout dans les yeux cette espèce d'éclat jamais adouci qui est celui du génie[1] ».

Elle s'est séparée de Guy Schoeller sans en divorcer encore. Un jour, elle lui assène un : « Ça suffit. Je m'en vais. » Elle qui s'autorise tout ne lui pardonne pas ses incartades. Ils n'ont pas été mariés plus de huit mois.

Elle quitte la rue de l'Université pour s'installer rue de Bourgogne. Son appartement est suffisamment vaste pour accueillir les amis de passage ou son frère. Elle ne peut vivre seule. La solitude lui est plus effrayante encore que l'ennui. Elle retrouve pleinement sa vie de célibataire.

Pourtant, ce printemps 1959 n'est pas de tout repos. Elle doit revenir douloureusement sur le drame de 1957. La justice doit déterminer qui, de la voiture, de l'état de la route, ou de son imprudence, était responsable de l'accident. Car deux des « blessés légers », Voldemar Lestienne et Bernard Frank, se sont portés partie civile, assurance oblige. Reconstitution.

1. *Avec mon meilleur souvenir*, Gallimard, 1984.

Discussion sur la vitesse, sur l'état mécanique de la voiture, sur la courbure de la chaussée… Elle est condamnée pour « coups et blessures involontaires par inattention, maladresse et inobservation des règlements ».

L'autre procès auquel elle est confrontée est plus surprenant et préfigure une attitude qu'elle aura, plus tard, à propos des impôts, ou des dettes qu'elle contractera. Le Pr Juvenel, qui estime lui avoir sauvé la vie à la clinique de Neuilly, lui adresse une première fois ses honoraires : cinq cent mille francs. Françoise estime que c'est trop et ne paye pas. Elle ne pense pas un seul instant qu'elle bénéficie de la Sécurité sociale qui aurait pu au moins prendre une partie de la dette en charge. Comme elle ne répond pas, la seconde addition est plus salée : un million de francs. Elle proteste, s'insurge, estime que l'éminent spécialiste la prend pour une vache à lait. Elle qui dépense sans compter, qui est capable d'envoyer un chèque à une inconnue se plaignant de ne pas avoir de quoi s'acheter une machine à laver, refuse de se plier aux exigences du chirurgien. Elle est condamnée à lui verser la somme qu'il demande, plus les intérêts. Les dépens, bien sûr, sont à sa charge.

Elle vient de terminer son quatrième roman, qu'elle a intitulé *Aimez-vous Brahms..*, avec deux points de suspension seulement, comme le suggère le poète Léon-Paul Fargue, qui pensait le troisième superflu. Elle a encore dans la tête la solitude de Paule, son héroïne, qui remplit le temps comme elle peut au cours des week-ends où son amant est occupé par ses « affaires ». Elle a besoin de nouveaux horizons.

On comprend que, durant cet été 1959, elle ait envie de fuir Saint-Tropez, qu'elle a contribué, avec Bardot et Vadim, à donner à ce qu'on appellera plus tard la jet-set.

Trop de monde, se plaint-elle. Trop de souvenirs, peut-être. « On ne va plus aujourd'hui à Saint-Tropez de plaisir en plaisir, de rendez-vous secret en rendez-vous secret, d'un coin de plage à un autre coin de plage, d'une chambre à l'autre, on va d'un dîner chez X à un dîner chez Y, on va du club n° 1 au club n° 2 ; on va, la nuit, de telle bande à telle bande, et on va, le jour, d'achat en achat. On ne va plus en chasseur heureux ou proie consentante, en va de clan en clan et de récit en récit. (...) Tout "amour" n'existe que s'il est commenté, toute plage que si les matelas sont payants et tout désir que s'il est monnayable [1]. »

Autant changer du tout au tout. Elle opte pour la Normandie, que ses parents fréquentaient avant la guerre. Elle loue une grande maison grise, au-dessous de Honfleur. Entouré d'un immense parc qui descend vers la forêt toute proche, le manoir du Breuil, à Equemauville, a appartenu au comédien Lucien Guitry. Son fils Sacha, qui deviendra un talentueux homme de théâtre, auteur de vaudevilles acides et cruels, y a passé une partie de son enfance. Le jour de son mariage avec la comédienne Yvonne Printemps, Sarah Bernhardt y a dormi.

Il faut vaincre l'entrelacs serré des chemins pour accéder à cette solitude à peine troublée par une ferme toute proche. Et il faut venir à bout d'une route capricieuse pour apercevoir les plages de sable blanc qui bordent les eaux vertes et glacées de la Manche.

« Je m'apprêtais à passer le mois de juillet dans des bains de mer quand je découvris deux états de faits concomitants, écrit-elle dans *Avec*

1. *Derrière l'épaule*, Plon, 1998.

*mon meilleur souvenir* : à savoir que la mer était toujours au diable, mais en revanche le casino de Deauville toujours ouvert. »

La revoilà dans son élément. Mais à Deauville, outre le casino, il y a les magnifiques pur-sang de ses amis Rothschild, qu'elle a rencontrés chez les Lazareff. Depuis Poulou, les chevaux ont tellement fait partie de sa vie qu'il est naturel qu'elle aille les admirer, parier sur eux. Et qu'importe s'ils n'arrivent pas en tête ! Ensuite, casino.

Après la fièvre du gazon, puis celle des tapis verts, elle rentre dans l'aube rose, le long de sentiers qui, dominant la mer, l'enchantent. Elle retrouve le calme dans cette maison biscornue, fichée comme un phare sur une pelouse qui descend en pente douce. Un immense tulipier couvre de son ombre le guéridon et le fauteuil en rotin qu'elle installe pour relire les épreuves d'*Aimez-vous Brahms..* Un âne et une vache brune et blanche, une belle normande, broutent, paisibles, indifférents aux jeunes visiteurs qui viennent surprendre la maîtresse des lieux revenue de ses chineries chez les antiquaires d'Honfleur. Françoise est presque heureuse dans cette nature qu'elle aime et qu'elle décrit avec une tendre gratitude : « Vous vous allongez sous un arbre. Vous regardez les feuilles innombrables, éblouissantes sous un ciel bleu, vide ou habité selon vos croyances. Vous sentez sous vos mains le piquant de l'herbe drue, vous respirez cette odeur de la terre gavée de soleil, vous entendez un oiseau s'extasier derrière vous, à haute voix, sur la beauté du jour. Nulle trace d'être humain... Et vous ressentez, en même temps que du plaisir et du calme, de la reconnaissance pour Elle. Pour cette fidèle, aimable, et disponible nature, pour cette terre qui se prête à votre corps, qui vous transporte, immobile, dans sa course paisible autour du soleil[1]. »

Son quatrième roman doit paraître le 2 septembre 1959. En attendant, elle s'adonne avec entrain à des parties de gin-rummy où l'on gagne des haricots, à l'amitié, à ces petits pincements de l'âme qui annoncent une nouvelle passion. Avant les nuits obstinées devant les tables de jeu.

Le 8 août, en jouant son 8 fétiche, elle gagne huit millions de francs au casino. Il se trouve

1. *... et toute ma sympathie*, Julliard, 1993.

que, aussitôt après, le propriétaire de la grande maison d'Equemauville lui confie son désir de se débarrasser de ce poids : il lui faudrait engloutir des fortunes pour remettre la bâtisse en état. Il lui demande d'établir un inventaire en vue de la vente prochaine du manoir du Breuil. L'idée de recenser les meubles et les objets ennuie profondément Françoise. Et puis, cette maison, elle s'y est déjà attachée comme à sa liberté. Elle ne peut la laisser échapper. Combien en demande-t-il ? Huit millions de francs ? Les voici. Ce sera le premier bien immobilier qu'elle possédera. Et le dernier qu'elle gardera. Gagné au jeu, en quelque sorte.

À l'automne, *Aimez-vous Brahms..* connaît un succès foudroyant. Plus encore que *Dans un mois, dans un an*. Pourtant, en cette rentrée 1959, elle a face à elle quelques auteurs de poids : Antoine Blondin obtient l'Interallié avec *Un Singe en hiver* et André Schwartz-Bart le Goncourt pour *Le Dernier des justes*. Mais rien ne freine l'envolée de Sagan, bien que, cette fois, l'argument du roman soit des plus classiques : une femme de quarante ans, Paule, délaissée par un amant qu'elle aime, se laisse séduire par un jeune garçon, Simon. Mais la « touche Sagan », cette façon unique qu'elle a de mettre à nu les ressorts psychologiques sans en avoir l'air, colore ces cent quatre-vingt-neuf pages d'une grâce mélancolique qui transforme en littérature une histoire somme toute banale. Pour exprimer la détresse solitaire d'une femme que sa jeunesse a quittée et que son amant néglige, Sagan trouve les accents qu'il faut : « Elle n'avait envie de rien. Et elle avait peur de rester seule deux jours. Elle haïssait ses dimanches de femme seule : les livres lus au lit, le plus tard possible, un cinéma encombré, peut-être un cocktail avec quelqu'un ou un dîner et, enfin, au retour, ce lit défait, cette impression de n'avoir pas vécu une seconde depuis le matin. » À quoi s'ajoute, comme toujours, un scénario irréprochable. Il ne reste qu'à le porter à l'écran. Anatole Litvak s'en empare immédiatement. Et Françoise accepte de figurer en silhouette dans le film qui est interprété par Ingrid Bergman, Yves Montand et Anthony Perkins. Un casting à faire pâlir les plus grands metteurs en scène.

Françoise Sagan n'a pas vingt-cinq ans. Elle n'est pas seulement un auteur que ses lecteurs adulent. Elle est une icône, dont la légende accompagne déjà la vie quotidienne. Dans ce tourbillon où tout change, où se met en place une société que la jeunesse domine, Françoise commence à se reconnaître enfin.

À la fin de l'année 1959, en vacances à la montagne, avant l'arrivée de sa « bande », elle revient sur une esquisse de pièce de théâtre jetée sur le papier avant son accident sur la route de Milly-la-Forêt. André Barsacq, le dynamique directeur du théâtre de l'Athénée, à qui elle en avait parlé, l'avait aimée. Réplique après réplique, voici *Château en Suède*.

Dans un manoir isolé par la neige, des personnages vivent en vase clos : un châtelain à l'apparence d'ogre, Hugo, des femmes qui se plient à la manie d'Agathe, la sœur de l'ogre, qui les fait vivre au XVIIIe siècle. Éléonore est mariée depuis cinq ans à Hugo qui, déjà uni à Ophélie, séquestre cette dernière et fait croire à sa mort afin d'épouser Éléonore. Mais Éléonore a imposé son frère Sébastien au château. Sébastien, « le parasite, (…) la clef de voûte de cette famille Falsen », éprouve pour sa sœur un amour quasi incestueux. Un vague cousin annonce sa visite. Il faut cacher Ophélie, qui erre dans les couloirs, fantôme habillé de blanc… À la grande joie du frère et de la sœur, le bel ordonnancement du domaine dérape. C'est un marivaudage loufoque, presque inquiétant, loin des huis clos tragiques. Avec quelques répliques assassines :

« Ah ! vous parlez de nos nuits ? Hélas, on ne vit pas impunément cinq ans à Paris : en même temps que les hommes, on y apprend l'ennui et la comédie. » (Éléonore à Frédéric)

« Vous croyez vraiment que les femmes tiennent à être comprises ? Elles s'en moquent, mon petit. Les femmes veulent être tenues, vous m'entendez, "tenues"… »

Monté à l'Athénée avec de jeunes vedettes comme Françoise Brion, la jolie actrice qui a joué dans *Les Gommes*, film tiré du roman de Robbe-Grillet, Claude Rich et Philippe Noiret dans les rôles principaux, *Château en Suède* prend vie sous les yeux de Françoise. Présente à la quasi-totalité des répétitions, elle voit naître au fil des répliques les personnages nés de son imagination quatre ans plus tôt, dans la solitude de Milly-la-Forêt, après son accident.

Créé le 9 mars 1960, *Château en Suède* connaît un succès, énorme, immédiat, qui ne se démentira jamais au fil des années. Il sera diffusé à la télévision en 1966 et donnera lieu à de nombreuses reprises (notamment avec Françoise Hardy dans le rôle d'Éléonore).

Sagan, dont on sait maintenant qu'elle a de nombreuses cordes à son arc, ne reste jamais dans le même registre. La voici qui repart en reportage, à Cuba, cette fois-ci. Castro qui, en cet été 1960, désire fêter fastueusement le premier anniversaire de sa prise de pouvoir, invite une cinquantaine de journalistes du monde entier. *L'Express* lui dépêche Françoise. Elle entraîne son frère Jacques dans l'aventure.

À Cuba règne le joyeux désordre d'un pays qui n'a pas encore su s'organiser. Les journalistes sont embarqués, à la gare de La Havane, dans un train spécial qui doit les acheminer jusqu'à la sierra Maestra d'où Castro a entamé sa révolution, à mille kilomètres de la capitale. Le train, monté sur des rails spéciaux, « tanguait de droite à gauche, sur deux mètres, comme un vieux bateau. Cramponnés les uns aux autres, les journalistes choisirent leurs places pour la nuit, tandis que des Cubains enthousiastes circulaient dans le couloir. Des jeunes gens sérieux du service d'ordre essayaient de le maintenir et de rendre le voyage de quatorze heures le plus agréable possible. (...) Vers dix heures du matin, on arriva à la Sierra, et on s'engouffra, un peu fripés, dans un train de canne à sucre. Assis par terre, derrière des barreaux, un soleil doux nous chauffant le crâne, nous regardâmes sans aucun pressentiment disparaître ce train spécial qui allait devenir, douze heures plus tard, notre seul espoir [1] ».

Car le voyage se poursuit, cauchemardesque, sur dix kilomètres encore, au milieu de l'amas hétéroclite de véhicules qui conduisent un million de personnes au lieu de rendez-vous. Finalement, fourbus, assoiffés, affamés, les journalistes se retrouvent sur une estrade, à quelques encablures de celle où le Líder Máximo s'exprime.

« Il est grand, fort, souriant, fatigué, écrit la reporter Sagan. Grâce au téléobjectif d'un aimable photographe, je puis le voir un moment. Il semble très bon et très las. »

Mais, les discours terminés, le million de personnes venu en deux jours veut repartir en

1. *L'Express*, 26 juillet 1960.

dix minutes. Le chaos est indescriptible. « C'était un spectacle infernal. La nuit était tombée et notre camion, en trois heures, avait avancé de dix mètres. Épuisés par le soleil, la faim, la soif, les Cubains et les journalistes s'écroulaient au bord de la route. »

Cette description cocasse de la « fiesta » ne serait rien si Sagan n'ajoutait son regard peu amène sur une révolution qui fera rêver des millions de gens : « Il faut bien penser que l'opposition ouverte est interdite, mais si un homme dit dans la rue : "Castro est un crétin ou un coquin", il risque tout au plus quarante-huit heures de prison. Évidemment, pour un Français, cela semble inadmissible. » Et sa description de La Havane est à l'avenant : « Cuba possède un côté Sunset Boulevard étonnant ; des hôtels gigantesques et déserts, des piscines somptueuses dont la peinture s'écaille, des voitures énormes qu'on laisse dans les rues, faute de pièces de rechange, des maîtres d'hôtel désabusés et des croupiers en complet-veston [1]. »

Détails, diront les méchantes langues. Détails

1. *Ibid.*

triviaux… sans importance… On n'envoie pas Sagan sur des « coups » pareils… Elle ne comprend rien à la grande aventure de la Révolution ! À moins que, au contraire, le récit purement « touristique » qu'elle rapporte laisse transparaître une vérité dérangeante, iconoclaste, qu'elle a trop bien perçue : l'incapacité de ces jeunes « barbus », Castro en tête, à organiser un pays.

Voilà qui devrait l'éloigner de la politique, de ce fatras complexe auquel on croit qu'elle n'entend pas grand-chose. Le bon sens voudrait qu'elle s'en tienne à son rôle de femme-enfant-fatale dans ce milieu qui est le sien, à Louveciennes, chez les Lazareff, dans le show-biz ou la bourgeoisie lancée… La politique, on n'en parlait pas à table, à la maison. Et dans sa bande, on la laisse volontiers de côté.

C'est mal la connaître. Voici sa signature au milieu de celles de Sartre, de Breton, de Truffaut, dans le manifeste des 121 contre la guerre d'Algérie. Sous ses dehors frivoles et précieux, elle a une idée bien précise de la justice et de la dignité humaine. Et elle ne se dérobe pas. Monique Mayaud, l'attachée de presse de Julliard, raconte qu'après avoir rédigé le texte du manifeste, Maurice Nadeau lui demande de recueillir la signature de Sagan. Monique fait donc le voyage jusqu'à Equemauville. Elle trouve Françoise dans le salon du rez-de-chaussée, en compagnie d'un âne doux et d'un poulain à qui elle fait la conversation. Sagan adhère tout de suite au projet. Mais pour une question d'authentification de la signature, elle doit se rendre à Paris. Qu'à cela ne tienne. Au volant de sa voiture de course, elle fait l'aller-retour en quelques heures. Le manifeste paraîtra avec son nom.

En cette année 1960, l'actualité politique aura été fertile en rebondissements. Dès la fin janvier, les barricades, à Alger, ont montré l'impossibilité pour le pouvoir de laisser l'armée libre d'agir à sa guise. Massu, le « héros » de la « bataille d'Alger », en 1957, en est resté au maintien pur et simple de l'Algérie française. Il n'a pas compris que de Gaulle voudrait voir ces « départements français » s'acheminer en douceur, dans une coopération apaisée des peuples qui les composent, vers une indépendance étroitement liée à la France. Bien qu'interdite par le Général, la torture, érigée en système par l'armée, poursuit son œuvre de destruction. Sans parler des exactions en tout genre. Et des coups de main, étouffés par l'autorité militaire, de cette « armée secrète », l'OAS, qui ne fait pas de quartier. Les intellectuels parisiens connaissent, au moins en partie, cet état de choses. Certains d'entre eux embrassent la cause du mouvement qui a pris la tête de l'insurrection algérienne, le FLN. Autour de Francis Jeanson, gérant de l'influente revue *Les Temps modernes*, ils créent un réseau qui aide les militants à fuir dès qu'ils sont repérés par la police française. Ils fournissent des faux papiers, prennent en charge les fuyards, transportent les fonds secrets récoltés en Europe auprès des immigrés. Ce réseau des « porteurs de valises » est démantelé en février 1960 et Francis Jeanson est condamné par contumace (il vit en Suisse). Georges Arnaud, l'auteur du *Salaire de la peur*, est lui-même puni pour avoir refusé de le dénoncer. En septembre 1960, lorsque le procès s'ouvre, à Paris, Mes Jacques Vergès et Roland Dumas transforment leurs plaidoiries en apologie du droit à l'insoumission. Le manifeste des 121 leur sert de pierre angulaire. Comment Françoise en est-elle venue à signer ce manifeste ?

Au début, elle a craint que ses copains soient appelés à combattre. Mais ses proches sont déjà trop âgés. Puis elle a pris conscience du drame que vivaient les hommes engagés dans ce combat meurtrier, des deux côtés. Mais ce qui l'a le plus choquée est la manière dont on traitait les prisonniers. Elle n'a pas supporté le drame de Djamila Boupacha, cette jeune Algérienne torturée, violée, saccagée, déflorée par ses tortionnaires avec une bouteille, déchiquetée par les dents d'une pince, les seins brûlés par des décharges électriques. Accusée d'avoir posé des bombes, Djamila Boupacha va être condamnée à mort. C'était compter sans son avocate, Gisèle Halimi, qui alerte Simone de Beauvoir. L'auteur du *Deuxième Sexe* n'hésite pas : elle rédige sur l'affaire un long article que *Le Monde* publie. Nous sommes en juin 1960. Françoise s'émeut, s'informe plus avant puis écrit, pour *L'Express* : « La jeune fille et la grandeur ». C'est à de Gaulle lui-même qu'elle en appelle. « J'en parle parce que j'ai honte, écrit-elle. Et je ne comprends pas qu'un homme intelligent, qui a le sens de la grandeur et le pouvoir, n'ait encore rien fait. » Aussi, lorsque Monique Mayaud lui apporte ce fameux manifeste des 121, elle signe, aux côtés de tous ces intellectuels pour qui il est inadmissible de voir des Français, fussent-ils militaires, se comporter comme des barbares. Elle ne sait pas ce qu'elle risque. Mais lorsque l'OAS pose une bombe devant la porte du domicile de ses parents, si effrayée qu'elle soit par le danger qu'elle leur a fait courir, comme eux, elle assume. De la même manière que Sartre, qui lui aussi subit la vindicte meurtrière des fous de l'Algérie française. Elle va plus loin : elle rencontre en secret Francis Jeanson, héberge des gens du FLN, conduit en pleine nuit, dans ses voitures rapides, des blessés ou des fugitifs jusqu'aux frontières. Elle va au bout de ses convictions.

Rien de tout cela n'empêche pourtant Françoise de s'étourdir, de vivre, de boire, d'aimer. Une femme, cette fois ? Elle cohabite avec Paola Saint-Just, riche héritière qui n'a jamais caché son penchant pour les dames. Paola a été très présente lorsque Françoise a compris que Guy Schoeller poursuivait ses aventures comme avant son mariage. Depuis que, le 10 février de cette année 1960, elle a divorcé du beau quadragénaire, elle laisse son désarroi, sa douleur s'éteindre lentement. La tendresse de Paola l'y aide. On les voit partout, se tenant le bras. Mais Françoise ne s'étend pas sur ses amours. Elle s'est remise à écrire. Son nouveau roman sera publié en juin 1961 : *Les Merveilleux Nuages*. Le titre, emprunté à Baudelaire, est tiré d'un poème en prose du *Spleen de Paris* qui résume, une fois de plus, les couleurs de son âme, « L'Étranger » : « J'aime les nuages… les nuages qui passent, là-bas… là-bas… les merveilleux nuages ! »

Il règne dans ces pages une densité à laquelle ses lecteurs ne sont pas habitués : Josée, l'héroïne de *Dans un mois, dans un an*, s'est mariée à un jeune Américain, Alan, dont la jalousie maladive provoque un profond malaise chez la jeune femme. Elle voudrait fuir mais son amour l'émeut et l'enchaîne.

Pour la première fois, nulle trace de marivaudage, dans ce roman. L'atmosphère étouffante de la Floride et la chaleur poisseuse qui y règne donnent le ton dès les premières lignes. Le drame se noue, en quelques phrases : « Sur le ciel bleu cru de Key Largo, le palétuvier se détachait en noir, à contre-jour, et sa forme desséchée, stéréotypée n'évoquait en rien un arbre, mais plutôt un insecte infernal. Josée soupira, referma les yeux. Les vrais arbres étaient loin, à présent, et surtout le peuplier de jadis, ce peuplier isolé, au bas d'un champ, près de la maison. »

La Josée qui, face aux palétuviers de Key Largo, rêve d'un peuplier, c'est Françoise enfant à La Fusillère, en contrebas du Vercors. C'est elle qui se souvient de « ce peuplier isolé, au bas d'un champ, près de la maison. Elle s'étendait dessous, les pieds contre le tronc, elle regardait les centaines de petites feuilles agitées par le vent, pliant ensemble et très haut, la tête de l'arbre, toujours sur le point de s'envoler, semblait-il, dans sa minceur ». Quant à la jalousie d'Alan, minutieusement détaillée, elle renvoie à Proust et à cette Albertine qui, disparue, a tant marqué Françoise. A-t-elle jamais éprouvé ce sentiment à ce degré maladif ? Pendant ces après-midi où elle imaginait Guy dans les bras de sa conquête du moment, a-t-elle été ainsi dévorée jusqu'à en perdre la raison ? Quoi qu'il en soit, elle en dit plus sur elle-même qu'elle ne l'a jamais fait : sur ses amours éphémères, sa lucidité quant à ses « bandes » de copains, la futilité de ces soirées où l'alcool devient une béquille molle sur laquelle on ne peut que s'effondrer, au moindre pas. Et sur ce désir qui renaît, en elle, de plus en plus souvent : celui d'être seule, « seule sur une plage, étendue, laissant passer le temps. (...) Échapper à la vie, à ce que les autres appelaient la vie, échapper aux sentiments, à ses propres qualités, à ses propres défauts, être seulement une respiration provisoire sur la millionième partie d'une des milliards de galaxies (...) ».

Si elle décrit avec autant d'acuité les sentiments, elle bride sa plume dans les descriptions. Sa peur du stéréotype les lui fait tronquer. Elle passe à autre chose. Elle parlait ainsi, du reste, s'arrêtant soudain, laissant en suspens son discours. Ces ruptures, cette peur du cliché, donnent au style Sagan cette rapidité qu'on lui a souvent reprochée alors qu'elle convient si bien à la mince trame de ses romans. C'est même ce qui leur confère toute leur profondeur, tout en rappelant au lecteur que l'auteur est parfaitement consciente des limites de son écriture. Sagan ne se prend jamais pour un grand écrivain. Elle le fait dire à Bernard, l'un des héros des *Merveilleux Nuages*, que Josée rencontre à New York :

« Bernard, Bernard… Quelle joie de te voir ! Que fais-tu ici ?

– Mon livre est sorti ici. Tu sais, j'ai eu un prix. Finalement.

– Et tu es devenu prétentieux ?

– Très. Et riche en même temps. Et homme à femmes. Tu sais, l'écrivain épanoui. Celui qui a fait une œuvre.

– Tu as fait une œuvre ?

– Non. Un livre qui a pris. Mais je ne le dis pas et j'y pense à peine. Viens boire quelque chose. »

Son mal-être, sa fondamentale solitude, sa conscience aiguë d'une vie provisoire puisque vécue les yeux ouverts sur la mort, c'est la première fois qu'elle les exprime aussi clairement. Et le sourire qu'a parfois son héroïne est empreint d'une lassitude qui n'enlève rien à sa beauté. *Les Merveilleux Nuages* reste son premier livre d'une tonalité grise. C'est un livre grave, profond, en rupture avec la petite musique saganienne. Même les critiques qui ne l'ont jamais ménagée, cette fois, ne s'y trompent pas : ils saluent enfin l'écrivain, comme elle le notera. Elle souligne, du reste, dans *Derrière l'épaule* : « Les journalistes de tous bords avaient admis, péniblement mais admis, que je n'étais pas seulement un fruit de la publicité, ils me tenaient pour un écrivain à suivre. »

## 11

Pour se changer les idées après cette œuvre grise-amère, Françoise se lance à corps perdu dans d'autres formes d'écriture : des nouvelles, des articles, une pièce de théâtre. Chez le coiffeur, elle rencontre Marie Bell, qui vient de prendre la direction du théâtre du Gymnase. « De dessous son casque, telle une souveraine wisigothe, elle m'ordonna, d'une voix d'autant plus étonnante qu'elle ne s'entendait pas elle-même, de lui écrire une pièce pour son théâtre... » « Oui », répond gentiment Françoise à une femme qui ne peut rien entendre, assourdie par le séchoir. Elle ne saura plus dire autre chose à Marie, ce monstre sacré qui déclame *Phèdre* avec la voix d'une amoureuse hallucinée. Elle a répondu oui et tient parole. Elle écrit *Les Violons parfois...*

La pièce est mise en scène fin décembre 1960 par un jeune Anglais, Jérôme Kilty. Elle est interprétée par Marie Bell elle-même, Pierre Vaneck, Roger Dutoit… Un four complet. Pourtant, Marie Bell est parfaite dans le rôle de Charlotte, la quarantaine, vénale, sans cœur et sans morale. Avec son amant Antoine, Charlotte vient de vivre cinq ans chez un vieil homme dont elle a été la maîtresse, dans un grand appartement qui donne sur la place d'Armes, à Poitiers. Mais à sa mort, le protecteur laisse toute sa fortune à son jeune benêt de neveu, Léopold, dont le couple peut craindre et la vindicte et la colère. Léopold, pourtant, se révèle tout autre et va prendre la redoutable Charlotte dans les filets de sa gentillesse et de sa bonté. Malgré des dialogues au couperet comme Sagan sait les écrire, le public suit d'autant moins que la critique massacre la pièce. Ça n'atteint pas Françoise. Elle a cette distance qui lui fait répondre à Emmanuel d'Astier de la Vigerie à propos du succès et de l'échec : « Ne provoquent rien en moi. Néant. L'échec me fait plutôt rire. La célébrité n'est qu'un moyen financier. En dehors de cela, c'est mortel [1]. »

1. E. d'Astier de la Vigerie, *Portraits*, Gallimard, 1969.

Que s'est-il passé pour que, cette fois, le succès ne vienne pas ? Fait-on payer à Sagan son engagement contre la guerre d'Algérie ? Sa signature du manifeste des 121 ? Ou bien, tout simplement, le marivaudage ne ferait-il plus recette en cette année 1961 où la France est au bord de l'insurrection ?

Les généraux organisent un putsch à Alger. L'OAS ne se cache plus pour commettre ses exactions depuis le 8 janvier 1961, date à laquelle 75 % des Français (de France) ont approuvé la politique d'autodétermination en Algérie. Le Général a même avancé, le 4 novembre précédent, l'idée de « République algérienne ». 72 % des votants, en Algérie, ont refusé cette hypothèse. Le résultat en a été ces crimes impunis, auxquels répondent les bombes aveugles du FLN.

On savait tout cela, à Paris. Alors, les marivaudages de Madame Sagan... Pourtant, en alternance avec *Les Violons parfois...*, le Gymnase affiche une pièce de boulevard de Barillet et Grédy, *Adieu prudence*, qui fait salle comble. Peut-être est-ce là une contradiction du public qui, malgré son vote massif pour le désengagement en Algérie, montre ainsi qu'une

« théâtreuse », un écrivain « léger » comme Sagan, n'a pas à se mêler de politique ?

Elle est lasse de tout. Sa cohabitation avec Paola lui pèse. Elle fuit... Au cours de l'été 1961, elle retrouve « sa » mer de prédilection. La voici en croisière en Méditerranée, en Grèce, en Sicile, où elle rencontre Francesco Rosi sur le tournage de *Guiliano*, le bandit bien-aimé.

Voilà plus d'un an qu'elle a divorcé de Guy Schoeller. Une formalité. Mais dans cette « vie à l'envers » est née l'envie d'un enfant. « Je voyais une plage, moi sur cette plage avec un petit garçon à côté. Une espèce d'image d'Épinal[1]... »

Cet enfant, qui va le lui donner ? Il faut que l'homme soit beau, gentil, intelligent. Et si cette perle rare est un homosexuel, après tout, quelle importance ? Il y aurait bien Jacques Chazot. Mais non, impossible. Ils sont comme frère et sœur. Plus proches encore qu'elle ne l'est de Jacques Quoirez. Entre eux, il n'est question que d'amitié, de complicité. Non. Françoise jette finalement son dévolu sur Bob Westhoff, un jeune Américain beau comme elle les aime,

1. *Réponses 1954-1974*, Jean-Jacques Pauvert, 1974.

brun avec des yeux verts pailletés d'or. Il est sculpteur, céramiste-artiste, lui aussi. Elle l'a rencontré souvent, dans les boîtes de nuit. Il vit auprès de Charles de Rohan-Chabot tandis qu'elle partage sa vie avec Paola Saint-Just. Leurs couples respectifs battent-ils de l'aile ? Qu'à cela ne tienne ! Charles épouse Paola, qui quitte Françoise en emportant la première ébauche de *Bonjour tristesse* rédigée dans le fameux cahier bleu. Sagan recueille Bob.

Fin octobre 1961, elle se sait enceinte. Et parce que sa mère serait chagrinée de la voir « fille-mère », parce qu'il faut un père légitime à son enfant, parce que Françoise conserve ce reste inaltérable d'éducation, elle épouse Bob le 10 janvier 1962 à Barneville-la-Bertran, près du manoir du Breuil. Posée au fond de la vallée, au détour d'une route qui s'enfonce dans le bocage, la mairie ressemble à une maison de garde-barrière. Leurs témoins sont Jacques Quoirez et Suzanne. Les parents de Bob vivent à Minneapolis et n'ont été prévenus que par télégramme. C'est davantage le mariage de deux amis que de deux amants. Françoise vient d'acheter le seul appartement qu'elle ait jamais possédé, boulevard des Invalides. Le voici trop petit : il faut une chambre pour l'enfant.

En attendant, voyage de noces en Italie pour les nouveaux épousés, en compagnie... de Jacques Chazot. Françoise ne veut aucune photo dans la presse. Lors de ce mariage très intime, Jacques Quoirez fera pourtant quelques clichés, qu'il vendra à *Paris-Match*, à l'insu de sa sœur. Les paparazzi se remettent en chasse. Il faut dire que la rumeur qui leur parvient est de taille : Françoise Sagan a le ventre déjà rond. La coqueluche de la littérature parisienne enceinte, voici qui va faire vivre quelques reporters. Ils traquent le couple, le retrouvent à Cortina d'Ampezzo, dans les Dolomites. Ils obtiennent même quelques mots de l'écrivain, qui s'étonne de tout ce bruit autour d'elle.

Elle se remet au travail sitôt de retour d'Italie, Claude Chabrol, dont elle a fait l'éloge du dernier film, *Les Bonnes Femmes*, lui propose de collaborer à l'écriture de son prochain scénario sur George Sand. Elle accepte, à la condition que Bernard Frank y participe. Au bout de deux semaines, les trois complices jettent l'éponge : ils s'ennuient. Ils bifurquent sur un autre personnage qui fascine Chabrol :

Landru. Le réalisateur a pensé à Charles Denner pour interpréter le rôle-titre. Autour de lui, Danielle Darrieux, Michèle Morgan, Hildegarde Knef, Juliette Mayniel, Stéphane Audran, Catherine Rouvel, Marie Marquet. Et, dans les rôles de Clemenceau et de Georges Mandel, Raymond Queneau et Jean-Pierre Melville. Bernard Frank se retire du jeu. Françoise Sagan et Claude Chabrol s'y lancent avec délectation. Les dialogues, incisifs, d'une politesse glacée, portent la marque de Sagan. Et l'on devine, tout au long du film, le plaisir que les deux auteurs ont pris à faire revivre ce personnage dont l'amoralité n'a d'égale que l'intelligence.

La critique en sera du coup moins sévère avec le cinéaste, qui est pourtant l'une des coqueluches de la Nouvelle Vague, alors contestée par certains.

La grossesse de Françoise devient difficile. Évidemment, plus question de faire la fête. Elle sent grandir en elle ce bébé dont elle a entendu le cœur. Étrange sensation… Mais elle a une peur panique de l'accouchement. Elle en craint la souffrance et fait tous les exercices nécessaires pour l'éviter.

Alors que, fin mai, elle séjourne avec Bob

dans une villa à Saint-Tropez, elle tombe de sa chaise longue. Il faut l'hospitaliser à Nice. Elle ne rentrera que dix jours plus tard à Paris, sur une civière. Elle est immédiatement conduite à l'Hôpital américain où elle reste trois jours en observation.

Le bébé arrive deux semaines avant terme, dans la nuit du 26 juin 1962. C'est un garçon. Marie Quoirez est seule auprès de sa fille lorsqu'elle le met au monde. Bob, lui, est boulevard Malesherbes, avec le père de Françoise. Elle a eu, cinq jours plus tôt, vingt-sept ans.

Elle sait bien que René Julliard est lui aussi entré à l'hôpital la veille de son accouchement. Il le lui a appris par téléphone. Mais elle ignore qu'il s'en est allé le 1er juillet des suites d'une pleurésie : on lui a caché ce décès pour la laisser toute à la joie de la naissance de son fils. Lorsqu'elle l'apprend, un profond chagrin la submerge. Elle a aimé cet homme qui a été son Pygmalion, son mentor indulgent, son juge et son bienfaiteur. Il a toujours été à l'écoute de la petite voix, au téléphone, qui lui demandait : « Monsieur Julliard, est-ce que j'ai encore de l'argent sur mon compte ? » C'est lui qui lui avait dit, un jour : « Vous savez que votre pactole, chez moi, atteint cinq cents millions de francs ? » Et il lui envoyait des liasses, qu'elle enfouissait toujours dans la même commode, à disposition. Elle l'amusait, le faisait rire. Mais lorsqu'elle lui apportait un manuscrit, elle craignait toujours qu'il lui dise : « Cette fois, Françoise, vous n'avez pas vraiment travaillé »…

Elle n'a pas beaucoup fréquenté l'appartement du grand homme. Les dîners « d'intellectuels », comme elle disait, la barbaient plutôt. Non. C'est à la maison d'édition qu'ils se rencontraient, qu'ils bavardaient, qu'elle lui racontait les personnages qui naissaient de son imagination. Et il écoutait, ne disant pas grand-chose. Il savait que, de toute façon, ils la conduiraient où ils voudraient, eux. « Si souvent, ils m'échappent », disait-elle…

Il la traitait avec tendresse. Avec respect aussi. Elle était, pour lui, le talent jaillissant, le miracle que tout éditeur attend. Qui allait s'occuper d'elle, maintenant ?

Sans la douleur de cette disparition, elle serait tout à fait comblée : elle voulait un garçon. Elle sacrifie aux convenances, jusqu'à le faire baptiser… Il s'appelle Denis Jacques Paolo Westhoff. Son parrain, qui jouera son rôle avec attention jusqu'à la fin de sa vie : Jacques Chazot. Sa marraine, qui décédera, hélas ! quelques années plus tard : Paola de Rohan-Chabot, née Saint-Just.

Françoise a accompli une partie de son rôle de femme. Elle qui croit d'abord à la difficulté d'être, écrit dans *Réponses* : « Je sais ce que c'est d'être un arbre avec une nouvelle branche : c'est d'avoir un enfant. » Et cet enfant, elle l'élève comme un prince. Pour lui, elle aménage vraiment un appartement, à Neuilly. Elle achète un grand berceau en plumetis blanc. Elle s'émerveille de ses premiers regards qui la suivent, des premiers babillages, des premiers pas, de cette chair douce qu'elle tient, nue, contre elle. Bien qu'elle ait embauché une nurse, Zazi, Françoise tente de donner du bien-être affectif à son fils. Elle veut que Denis ait, comme elle, une enfance heureuse, ce qu'elle a toujours considéré comme son principal atout dans la vie. Il n'a pas deux ans qu'elle fait un jour entrer dans le salon du manoir, à Equemauville, l'âne et le cheval qui coulent des jours heureux dans le parc de huit hectares. Les chiens et les chats seront les plus proches compagnons de l'enfant, en mémoire peut-être de Poulou et de Bobby, qu'elle a tellement aimés. Denis, cependant, est solitaire, et le demeurera toujours. C'est « un charmant petit garçon, sage, beau et silencieux. Il a ce côté distant de certains enfants auxquels plaît la solitude », se rappelle à son propos Charlotte Aillaud [1].

Le rôle de la maman disponible et attentive est difficile à tenir. Elle s'adresse à l'enfant comme s'il était adulte, lui donne des leçons de morale philosophique lorsqu'il s'agit de lui faire comprendre qu'il a commis une bêtise. Elle ne s'énerve pas. Mais est-elle vraiment présente, lorsque son fils a besoin d'elle, occupée qu'elle est à résoudre d'abord ses soucis sentimentaux ? Elle confiera un jour à Emmanuel d'Astier : « Mon fils a quatre ans. J'imagine mal de vivre sans lui. Dans une certaine mesure, c'est très important... Mais pas encore plus important qu'un homme [2]. »

Elle est toujours sans entrave. À peine remise des suites de ses couches, elle recommence à s'adonner à ses plaisirs favoris. Elle joue, elle boit, elle fume, elle se drogue. Depuis les

1. Bertrand Poirot-Delpech, *Bonjour Sagan*, Herscher, 1985.
2. E. d'Astier de la Vigerie, *op. cit.*

humiliations que Guy Schoeller lui a fait subir, ce ne sont plus des antidouleurs qu'elle absorbe, mais bel et bien des substances qui la coupent du réel. Et Bob, ce mari qu'elle adore – jusqu'à quand ? –, n'est pas en reste. Une photographie les montre tous les deux, à l'aube, elle en manteau de panthère, écroulée au pied d'un arbre, et lui en smoking, l'entourant de sa sollicitude et tentant de la relever…

L'idylle est de courte durée. Il ne leur faudra pas plus de douze mois pour ne plus se supporter. Ils divorceront… et continueront de vivre ensemble bien que Bob ait déjà rencontré l'homme qui sera son compagnon jusqu'à la fin de ses jours, F.G. Françoise et Bob cohabiteront sept années encore, et leur amitié survivra à tous les déboires, jusqu'à la mort de Bob, en 1989. Bob ne cessera jamais de s'occuper de Denis et F.G. prendra sa suite à sa disparition.

Cette année 1962, si riche et en même temps si difficile pour Françoise, est celle de l'indépendance de l'Algérie. À Matignon, Georges Pompidou a remplacé Michel Debré. L'affaire algérienne n'est cependant pas terminée : un million de pieds-noirs et deux cent mille harkis s'en viennent, comme des fantômes, s'insérer, pour les uns, dans la population française, pour les autres, dans les camps de regroupements qui en font des exclus. Mais pour tous les intellectuels qui ont pris fait et cause pour l'indépendance de l'Algérie, le but est atteint. Un peuple s'en va vers son destin.

C'est au moment de son second mariage que Françoise commence à avoir des ennuis avec le fisc. Elle oublie de régler ses impôts, ses déclarations ne paraissent pas conformes. Elle ne rechigne pas, paie ce qu'on lui réclame. Son compte chez Julliard est toujours bien rempli. Ses livres se vendent à l'étranger autant qu'en France. Mais elle ne sait pas s'organiser. Et ce sont ses amis Rothschild qui vont s'occuper des questions financières. Non seulement elle est incapable de gérer son train de vie, mais de plus cela ne l'intéresse pas. Elle ne pense même pas à racheter un appartement. Elle vagabondera éternellement, déménageuse impénitente. Elle dépensera aussi, sans compter, donnant sans attendre de recevoir, perdant au jeu autant qu'elle gagne… Peut-être plus qu'elle ne gagne. Mais, fidèle aux leçons de son père, elle continue de dilapider son pactole.

Elle travaille, certes, mais en pointillé. Elle a

des coups de cafard bien que rien n'arrête son goût immodéré pour les fuites nocturnes d'où elle rentre « pleine de visages ». « Mes seuls jouets, dit-elle, sont les êtres humains [1]. »

Parfois, comme elle le fera toute sa vie, elle s'en va. Elle saute dans sa voiture et s'éloigne pour se recroqueviller sur elle-même, en laissant à Bob des messages laconiques : « Je suis fatiguée, excédée, j'en ai assez de voir tous ces gens, je m'en vais deux, trois jours, seule, je ne sais où. Dans Paris sans doute… [Au Lutétia probablement, où elle trouve refuge le plus souvent.] Je reviens vite, je t'embrasse. Ne te fais pas de soucis, ne bois pas trop, à très bientôt [2]. »

De plus en plus souvent, elle confie Denis à Marie et à Pierre Quoirez, qui adorent leur petit-fils. Lui aussi connaîtra l'attention de Julia Lafon, mais à Cajarc, où elle s'est retirée en 1961. Françoise, jusqu'à la fin de sa vie, lui enverra de l'argent, des cadeaux, des gâteries pour la remercier d'avoir été son attentive nounou. Denis, lui, est élevé dans la douce fantaisie des Quoirez. Dans le grand couloir de l'appartement du

1. *Ibid.*
2. B. Poirot-Delpech, *op. cit.*

boulevard Malesherbes, il peut faire de la patinette. Pour son anniversaire, sa fête, son parrain, Jacques Chazot, le conduit au Nain Bleu, le célèbre magasin de jouets de la rue Saint-Honoré. Ou bien il l'invite à déjeuner dans un restaurant, comme un grand. L'été, l'enfant suit ses grands-parents à Cajarc, dans la maison de la grand-mère Laubard qui a disparu en 1956 ou dans les villégiatures qu'ils continuent de louer dans le sud de la France. Puis il rejoint sa mère à Equemauville. Là, une Conchita négligente a remplacé la nurse Zazi. Lorsque les amis arrivent, ils trouvent l'enfant tellement barbouillé que leur première tâche est de le mettre dans un bain. Denis est aimé, pourtant, et gâté. Autant que ses compagnons à quatre pattes.

Françoise a retrouvé Juliette Gréco. Elles se connaissent bien, déjà, puisque Gréco a chanté Sagan. C'est au cours d'une soirée chez Régine qu'elles se redécouvrent. Et ces deux femmes qui adorent les hommes ne se quittent plus. Elles ont une complicité qui les conduit de rire en rire, de facétie en facétie, et partagent le même laxisme à l'égard de la fidélité. Au gré de leurs amants respectifs, elles resteront toujours très proches l'une de l'autre.

Charlotte Aillaud, la sœur de Juliette, rencontre Françoise à ce moment-là. Elle est subjuguée par sa drôlerie, son inventivité, sa gentillesse, son naturel. Charlotte, très belle rousse aux yeux verts, est une grande bourgeoise. Elle ne se lasse pas d'observer cette jeune femme à la fois si célèbre et si simple qui adore que les garçons fassent le coup de poing pour elle. Elle la regarde jouer au jeu de la séduction, s'empêtrer dans ses histoires de cœur, croire en sa chance. « Elle disait toujours, raconte-t-elle : "Je vais trouver une place où me garer, ne t'inquiète pas." C'était dans des rues impossibles. Et la place était là, qui attendait sa grande voiture. » Charlotte, comme sa sœur, demeureront, toute leur vie, deux des plus proches amies de Françoise.

# 12

Malgré l'échec des *Violons parfois...*, c'est au théâtre que Françoise se consacre à nouveau en cet automne 1962. Car le théâtre, avec « le charme des répétitions, cette odeur de bois fraîchement découpé que dégagent les décors, la pagaille des derniers moments, l'excitation, la fureur, l'optimisme, le désespoir [1] », elle adore. Elle aime par-dessus tout cette camaraderie qui, le temps d'un spectacle, lie une troupe de comédiens auxquels s'adjoignent les époux, les copains, les coquins.

Elle remanie donc *La Robe mauve de Valentine*, que Marie Bell avait refusée un an plus tôt. La pièce est montée au théâtre des Ambassadeurs. Danielle Darrieux, la si juste

1. *Avec mon meilleur souvenir*, Gallimard, 1984.

Mme de Rênal dans *Le Rouge et le Noir* de Claude Autant-Lara, obtient le rôle-titre. L'on jurerait que Françoise l'a écrit pour elle. « Le premier jour des répétitions, elle entra en scène, et elle fut Valentine sans que ni Jacques Robert – admirable metteur en scène au demeurant – ni moi-même, n'ayons rien à lui souffler ni à lui suggérer [1]. » Parfois même, hors de la scène, au foyer des artistes ou au restaurant après les répétitions, elle surprend Danielle parlant comme Valentine.

Une fois de plus, la duplicité est le thème central de la pièce. Au premier acte, dans le décor réduit à sa plus simple expression d'un hôtel de deuxième catégorie, Valentine campe une femme de trente ans, pleine de charme, abandonnée par son mari. Elle trouve refuge auprès d'une cousine désargentée, Marie, qui vit avec son fils Serge, en attendant un héritage qui les sortira de cette misère. Valentine séduit Serge, qui console avec amour cette pauvre femme trompée par un époux volage. On ne saura qu'à la fin de la pièce que c'est elle, la gourgandine…

1. *Ibid.*

C'est drôle, enlevé, plein du charme particulier aux pièces de Sagan. Les personnages, contrairement à ceux des romans, sont loufoques, outranciers, acides, immoraux sinon amoraux. Et le public, cette fois, est au rendez-vous. Il accueille le spectacle avec enthousiasme. Un triomphe. Françoise est aux anges.

À vingt-sept ans, elle échappe à toute classification. Elle est une mère attentive mais fantasque, une épouse plus copine que femme, un écrivain à qui tout ou presque réussit dans un monde en plein bouleversement.

Bien sûr, elle joue, gagne, perd, s'achète un cheval de course dont l'entretien lui coûte plus cher que celui de ses bolides. Elle voyage en compagnie de ses inséparables – Juliette Gréco, Florence Malraux ou Jacques Chazot, avec qui elle a des fous rires inextinguibles. Jamais elle n'est seule dans ses appartements : il y a Bob et Denis bien sûr, mais aussi Bernard Frank, et son frère Jacques. D'autres amis s'agrègent en fonction des amours de passage.

Mais quelle que soit la paresse que Françoise revendique, l'écriture reste sa pierre angulaire. Car, quoi qu'elle fasse, il y a toujours un moment, au réveil, où elle prend son cahier et, le visage encore barbouillé de nuit blanche, jette sur les feuilles à petits carreaux les phrases qui s'enchaînent. Elle a ce pouvoir si rare de faire vivre, en deux mots qu'on n'attend pas, un personnage, un état d'âme, une situation, un paysage. Malgré un style que l'on dit bâclé, Sagan trouve toujours le mot adéquat qui dit mieux que tout autre le décor alentour, un profil aimé, un sentiment : « La chambre blanche était encombrée de petites boîtes de Cellophane, où se desséchaient des orchidées pâlottes [1]. » « Elle ouvrait les yeux. Un vent brusque, décidé, s'était introduit dans la chambre. (...) Il sentait les bois, les forêts, la terre, il avait traversé impunément les faubourgs de Paris, les rues gavées d'essence et il arrivait léger, fanfaron, à l'aube, dans sa chambre, pour lui signaler avant même qu'elle ne reprît conscience, le plaisir de vivre [2]. » « Elle ne se voyait pas ainsi soulagée de son mari, en le laissant dans les bras un peu fanés de Laura. Elle eût préféré qu'il peignît. Elle n'envisageait pas de le quitter et encore moins

1. *Les Merveilleux Nuages*, Julliard, 1961.
2. *La Chamade*, Julliard, 1965.

de continuer à vivre avec lui. Depuis son arrivée à Paris, il lui semblait être sur une corde raide, dans une sorte de trêve où elle s'engourdissait aussi loin du bonheur que de ce désespoir qu'elle avait goûté à Key West [1]. »

Pour le moment, c'est le théâtre qui l'attire. Parce qu'elle a besoin de la vivacité du théâtre, de la camaraderie qui règne entre machinistes et acteurs, parce qu'elle adore voir ses personnages de papier prendre vie, elle écrit *Bonheur, impair et passe*. L'action se passe à Saint-Pétersbourg. Dans un immense hôtel particulier erre une très belle jeune femme, Angora. Jaloux, son mari a tué en duel tous les hommes qui s'approchaient d'elle. Un jeune prince suicidaire mais faible entre en scène. Il vient provoquer Igor, le mari jaloux, à qui il avoue sa passion pour Angora. Il espère ainsi se faire tuer. Mais Igor se rend compte que le jeune prince n'a jamais rencontré Angora. Il accepte de se battre en duel à la condition qu'Angora pose les yeux sur lui.

À la lecture, cette pièce aurait pu être un très bon spectacle. Mais l'ambition, ou l'inconscience, égare Françoise : elle veut mettre en

1. *Les Merveilleux Nuages*, Julliard, 1961.

scène. De beaux jeunes gens, bien sûr, comme Jean-Louis Trintignant, Daniel Gélin, Michel de Ré, et son amie Gréco, et Alice Cocéa. Mais comment diriger quand on ne sait pas dire non ? Elle s'amuse. Ils s'amusent tous, pendant les trois mois de répétition. Ce sera un four. Françoise a été incapable de guider les acteurs, et la mise en scène manque totalement de fluidité. Marie Bell, qui dirige le théâtre du Gymnase et qui pardonne tout à Françoise, en est navrée.

L'échec n'arrête pas Sagan : elle accepte de livrer son journal de désintoxication, celui de 1957, à Bernard Buffet. Le peintre déjà très célèbre l'illustre de sa griffe noire et acide. Il y donne des portraits d'elle, nue, qui crucifient le regard. Les éditions Julliard publieront l'album l'année suivante, en 1964. Il s'intitule *Toxiques*.

Ainsi s'achève 1963 qui a vu disparaître Jean Cocteau et la grande Édith Piaf. Cette année-là, les ondes ont révélé une jeunesse à la fois remuante et tendre. Ses icônes sont Sheila pour qui *L'école est finie*, Sylvie Vartan qui fait twister tous les ados ou une autre Françoise, Françoise Hardy, qui chante en gris et rose, un peu à la Sagan, *Tous les garçons et les filles de mon âge*. La grosse tour ronde de la Maison de la radio, qui ouvre ses portes le 15 décembre, est prise d'assaut lorsque les jeunes idoles viennent s'y faire interviewer. Quant à Bardot, l'émule tropézienne de Sagan, elle tourne *Le Mépris* à Capri avec Michel Piccoli et Jack Palance, sous l'œil ébloui de Jean-Luc Godard. Une Bardot à contre-emploi, dure, têtue et fragile à la fois, enfermée dans la maison ultra-marine de Moravia. Bouleversante, aux accents de la musique de Georges Delerue.

1964, l'année où paraît *Toxiques*, annonce bien autre chose. Un jeune sociologue, Pierre Bourdieu, analyse la société française en train de se mordre la queue. Rares sont les fils de paysans ou d'ouvriers à entrer dans l'élite. Le système privilégie les enfants issus des classes dominantes. Cette étude n'est que le premier écho d'une voix encore faible, dans la vie politique. À la tête de l'État, de Gaulle, toujours au pouvoir, reconnaît la Chine de Mao, Malraux, devenu ministre, crée les maisons de la culture, un « grand machin » regroupe la radio et la télévision : l'ORTF. Le ministre des Finances de Georges Pompidou, Valéry Giscard d'Estaing, lance un important plan de « stabilisation » pour empêcher l'emballement de l'inflation.

On ne sait pas encore que, depuis 1962, les principaux secteurs de l'industrie lourde – les charbonnages, la sidérurgie, les chantiers navals – accusent déjà des déficits qui ne seront pris en compte que seize ans plus tard, par Raymond Barre. Du reste, les grèves des chantiers navals de Saint-Nazaire, réprimées dans la violence policière, n'apparaissent au premier abord que comme la conséquence d'une surchauffe de l'économie. Il semble qu'en haut lieu on pense calmer les Français en leur offrant de grandes messes populaires avec Malraux en officiant – comme l'entrée solennelle de Jean Moulin au Panthéon…

Tandis que l'Américaine Betty Friedan publie en France *La Femme mystifiée*, manifeste féministe aussi important que *Le Deuxième Sexe*, Sartre écrit *Les Mots*, et se paie le luxe de refuser le prix Nobel de littérature. *Les Mots* sont pour Sagan un éblouissement. Après avoir lu cette étincelante autobiographie qu'elle considère comme un chef-d'œuvre, elle regrettera toujours de ne pas avoir poussé son talent jusqu'à une telle profondeur. Dans cette France qui a pratiquement terminé sa reconstruction d'après-guerre, le philosophe, qu'elle a rencontré à l'occasion sans qu'il soit encore de ses amis, devient pour elle un phare.

À l'automne 1965 paraît *La Chamade*, le sixième roman de Sagan. La majorité de la critique s'avoue déçue, sauf un journaliste de *Combat*, qui estime que c'est là son roman de maturité. Mais le public, lui, est au rendez-vous. Christian Bourgois, son nouveau directeur littéraire chez Julliard, le sent, qui met à la disposition des libraires, tout de suite, cent quatre-vingt-quinze mille exemplaires de l'ouvrage. Il faudra réimprimer plusieurs fois.

On retrouve dans *La Chamade* ce petit côté mauve qui fait le charme mélancolique des romans de Sagan. Charles, la cinquantaine, aime éperdument la jeune Lucile, qui se laisse entretenir dans le bonheur physique d'être vivante, de respirer l'air frais du matin, de laisser jouer le soleil sur ses bras nus. Lorsqu'elle rencontre Antoine, jeune directeur de collection d'une maison d'édition, et qu'elle lui cède, ça n'est pas par désamour pour Charles, mais davantage par besoin de sentir son corps vibrer, sa peau frissonner sous les caresses. C'est pour tuer l'ennui des heures qui s'égrènent.

Dans ce roman dense, une fois de plus, quoi qu'elle dise, c'est Sagan qui s'exprime par la voix de Lucile : « Il n'y a rien d'autre dans ce monde que vivre le peu de temps qui nous est accordé, respirer, être vivant, le savoir… » Et être libre d'aimer deux hommes à la fois, sans restriction aucune ni remords, même si, pour une fin convenable, Lucile revient à ses premières amours.

Son éditeur américain, Dutton, dont on sait quel engouement il a pour elle depuis la parution de *Bonjour tristesse* aux États-Unis, suit. Pour la sortie du livre outre-Atlantique, en novembre 1966, il organise, comme en 1955, un grand show pour l'auteur. Françoise traverse l'Atlantique avec Jacques Chazot, cette fois. Elle retrouve ce New York qu'elle adore – et où, deux ans plus tard, elle emmènera son fils pour un tout petit week-end, afin que lui aussi soit émerveillé.

Elle gagne à nouveau beaucoup d'argent, avec ce roman et, comme à son habitude, dépense tout ce qu'elle peut. Elle s'offre une nouvelle voiture : une Ferrari.

Après des « touches » américaines et une proposition de Vadim qui tourne court, Alain

Cavalier achète les droits cinématographiques de *La Chamade*. Il demande à Françoise d'en faire l'adaptation avec lui. Le cinéaste et l'écrivain décident de s'isoler pour travailler au scénario. Ils partent pour Saint-Tropez. Décidément incapable de vivre seule, elle partage la chambre 22 de l'hôtel de la Ponche avec Jacques Chazot. L'après-midi, aidée du réalisateur, elle relit son roman, le réduit, allonge certaines scènes, en fait un scénario. Alain Cavalier a choisi Catherine Deneuve et Michel Piccoli pour incarner les rôles de Lucile et de Charles. Florence Malraux, qui a assisté le réalisateur Chris Marker sur la plupart de ses films, devient la première assistante de Cavalier pour la mise en images du roman de son amie. Elle prépare le travail, s'occupe des repérages, met en forme le script. C'est la cheville ouvrière de l'équipe. Le tournage, commencé en avril 1968, sera interrompu un mois entier, pendant les événements de mai, et ne reprendra que le 22 juin. Ce sera, selon la critique, un des meilleurs films du réalisateur.

Mais revenons à 1965 – date de la sortie du roman en France. Sagan a trente ans. Depuis la mort de René Julliard trois ans plus tôt, c'est à son successeur, Sven Nielsen, qu'elle a désormais affaire. Nielsen, qui présidait auparavant les Presses de la Cité, n'a pas su, ou pas voulu, établir avec elle la relation d'amitié confiante qui unissait « la Sagan » à son prédécesseur. Par conséquent, il la traite comme les autres écrivains de la maison. Il ne la soigne pas comme la diva des lettres qu'elle pense être. Surtout, il ne « sent » pas le personnage écorché qu'il a en face de lui. Erreur plus grave : il ne respecte pas les règles qui ont été établies expressément pour elle : « S'il [René Julliard] gagnait trente francs sur un livre, j'en gagnais vingt moi-même », révèle-t-elle dans *Derrière l'épaule*. C'est l'homme d'affaires de Françoise, Élie de Rothschild, qui le lui fait remarquer. Depuis 1961, il gère son budget, paie ses impôts, acquitte ses factures et pourvoit à ses folies. Car, même s'il lui permet de vivre confortablement avec l'argent de poche qu'il lui transmet, elle lui fait envoyer les factures des grands couturiers chez lesquels elle s'habille, ou des luxueux carrossiers qui lui procurent, ainsi qu'à son frère, des bolides insensés... Élie de Rothschild la supportera ainsi, dans tous les sens du terme, jusqu'à ce que sa banque soit nationalisée, en 1981.

En attendant, il lui fait constater que Sven Nielsen ne joue plus le jeu. Disputes. Elle ne donnera pas de roman pendant trois ans, même si son directeur littéraire, Christian Bourgois, se montre, lui, plus attentif.

Cependant, Françoise continue d'écrire... Pour le théâtre. À Marie Bell qui, assez dépitée par l'échec de *Bonheur, impair et passe*, lui demande : « Que comptes-tu faire, maintenant ? » elle répond, du tac au tac : « J'ai justement le début de la pièce suivante... » Et elle cite les deux premières répliques :

« Qu'est-ce qui fait ce bruit affreux dans les branches, Soames ?

– C'est le vent dans les arbres, Milady. »

Marie lui demande la suite... « C'est tout », dit-elle sans bégayer. « Et là je sortais précipitamment avant que ma douce Marie ne m'envoie son verre à la figure », ajoute-t-elle dans *Avec mon meilleur souvenir*.

Ces deux répliques, ce sont celles qui ouvriront *Le Cheval évanoui*, qui efface le four de sa pièce précédente. Mais Françoise a compris la leçon : cette fois, elle ne s'essaiera pas à la mise en scène, qui est confiée à Jacques Charon. Le trio qu'il dirige sur scène, Nicole Courcel, Victor Lanoux et Jacques François, fait merveille. Les bons mots fusent, la drôlerie recouvre de sa mince pellicule le désamour d'un père pour son fils, d'un homme vieillissant pour la vie. Cette famille sur laquelle le héros pose un regard aigu n'est pas loin de celle de Sagan. Et certaines répliques de la pièce pourraient être prononcées par l'auteur : « On peut se croire autrement que seul. Par la grâce, la folie d'un regard ou d'un geste que l'on a interprété selon ses vœux. »

Sur un mode plus léger, on retrouve ici les obsessions présentes dans *Les Merveilleux Nuages*. La solitude, ce temps qui vous échappe et dont il faut essayer de capter chaque minute, cette grande ombre de la mort qui rend plus fécond chaque ressaut du plaisir, et, lorsque l'heure est creuse au fond de l'âme, cet ennui qui ravage l'esprit, pousse à ces effondrements de soi que peuvent donner l'alcool… la drogue ?

Françoise revient aussi sur les relations ambiguës frère-sœur, qui constituent la trame de *Château en Suède*. Certes, on comprend vite que la jeune fille qui rejoint le fiancé de la jeune Priscilla dans le manoir des Chesterfield, dans le

Sussex, est plus vraisemblablement une amante qu'une demi-sœur. Il n'en demeure pas moins qu'ils se proclament frère et sœur. Le théâtre est-il si loin de la réalité ? Est-ce ainsi que Sagan analyse, à haute voix, pourrait-on dire, le lien qui l'unit à Jacques, de dix ans son aîné ? Ces soirées qu'ils passent ensemble à boire, à danser, à s'égarer dans des lits défaits. Ces nuits où, chacun au volant de son bolide, ils jouent à foncer l'un contre l'autre place Saint-Sulpice, dans des grands crissements de freins et des éclats de rires qui dérangent le sommeil sans rêves des petits-bourgeois. Cette complicité dangereuse et tendre, qui résistera à toutes les aventures amoureuses. Même si cette relation n'a jamais connu la confusion des corps, ne s'agit-il pas, par tous les moyens, de se sentir vivant ? de combler les interstices de ce temps qui, irrémédiablement, conduit à l'effrayant moment où l'on ne sera plus là, ensemble ?

Pour *Le Monde*, Bertrand Poirot-Delpech évoque ces « notations aiguës, un art pudique de caractériser certains instants fugitifs ou certaines tendresses rares ». Tout comme son confrère Jean Dutourd qui note dans *France-Soir* que, à la fantaisie de *Château en Suède*, à sa poésie, Sagan ajoute ici la tendresse. Quant au sévère critique de la rubrique théâtrale du *Figaro*, Jean-Jacques Gautier, il trouve à Françoise Sagan « une étrange maturité qui ne cessera d'étonner chez cette jeune femme ».

Bref, la pièce obtient un succès qui efface l'échec de *Bonheur, impair et passe*.

Pendant ce temps Denis grandit. Françoise lui offre tout ce dont elle est capable. Mais elle demeure celle qu'elle est devenue après la parution de *Bonjour tristesse* : une femme qui ne se fixe nulle part, une errante qui s'exile ailleurs, dans des lieux en général loués et aménagés à la hâte. Si elle s'est imposé un peu plus de discipline pour donner à son fils un minimum de structure, elle reprend sa part de liberté, quoi qu'il advienne, quand arrive le soir : alors elle retrouve les amis, les danses, les alcools, les potions d'oubli et les brumes de la nuit. Au petit matin, lorsque des lambeaux d'idées hésitent au bord de sa conscience, elle s'effondre, s'endort du sommeil agité de ceux qui fuient. Et dès qu'elle s'éveille, en début d'après-midi, s'il n'y a pas, auprès d'elle, le corps chaud du dernier coquin ou d'un amant de passage, elle saisit le cahier, toujours près de son lit, sur lequel elle jette les premières phrases d'une autre pièce, d'un autre livre, d'une situation qu'elle développera peut-être.

Denis, lui, subit les conséquences de cette vie nomade et bohème. Car il change d'école au gré des déménagements de sa mère, dans Paris. Difficile, dans ces conditions, de se faire des copains pour longtemps. Malgré cela, il aura l'enfance choyée et solitaire qu'a connue sa mère. Il est, comme elle, sans assiduité et irrégulier. Comme elle, il fera des études médiocres. Comme elle, il se rattrapera grâce au cours Hattemer pour passer son bac. Elle n'a jamais été sanctionnée pour son amateurisme scolaire. Lui non plus... L'entourage le plus calme, c'est chez les grands-parents Quoirez qu'il le trouve.

Heureusement, c'est un enfant facile, qui, comme sa mère, aime les chats, les chiens, et la chèvre Carmen, que Françoise a achetée à un montreur d'animaux. Après un passage dans l'appartement parisien, Carmen tiendra compagnie au doux âne et au cheval du manoir, à Equemauville. C'est là que l'enfant profite le plus de sa mère. Même si, souvent, les amis viennent perturber leur tête-à-tête.

De plus en plus méfiant, Nielsen observe Françoise Sagan, avec l'œil effaré de celui qui compte les chèques envoyés le lundi matin. Pour effacer les dettes de jeu, à Deauville ou ailleurs. Pour payer le dernier bolide de course, la dernière folie. Il la voit brûler ses cartouches, gaspiller son argent. Pendant quelque temps, il s'est tu, pressentant le succès à chaque manuscrit. Car si elle ne vend plus le million d'exemplaires de *Bonjour tristesse*, un roman de Sagan vaut largement un prix Goncourt ou Femina. Sinon plus.

Mais depuis qu'ils ont eu des mots à propos de ses droits d'auteur, elle ne lui donne plus que des pièces. Et une pièce ne se vend jamais aussi bien qu'un roman... Nielsen commence à s'impatienter. Au *Cheval évanoui*, l'éditeur accole *L'Écharde*, un long texte dialogué dans lequel une comédienne ratée change la vie d'un jeune homme éberlué arrivé de sa province. Tout cela ne va pas bien loin. L'éditeur voudrait maintenant quelque chose de plus consistant. À aucun moment il ne soupçonne la gravité de ce que Sagan est en train de vivre. Françoise va très mal.

L'alcool détruit son foie. Les nuits sans sommeil usent peu à peu cet humour dévastateur qui charme tant ses compagnons de route, les parasites et les autres. Elle se nourrit mal, mange peu. Combien de fois l'a-t-on vue avaler, sans même y prendre garde, un peu de purée froide, sur un coin de table ? Jour après jour, elle traîne une fatigue envahissante qui atteint son moral, qui assombrit chaque aube naissante, qui fait ressortir cette tristesse présente au fond d'elle-même, et qu'elle a enfouie le plus loin possible. Son médecin la met au régime sec ou presque. Elle a droit à un verre de vin blanc, de temps en temps. Mais, pas plus que l'éditeur, le praticien ne sait voir au-delà des apparences : Françoise, en vérité, commence une chute dans les grands fonds. Ceux de la dépression.

Durant l'automne 1967, elle décide de s'isoler à Cajarc. Là seulement, loin des tentations quotidiennes, elle pourra tenir sans alcool. Là seulement, dans les odeurs retrouvées des feux de bois, elle pourra se reprendre en main, se refaire une santé, comme dit son médecin, mais aussi se remettre au monde. Suzanne, seule, l'accompagne. Suzanne, son aînée, sa garde du cœur, son aide de vie. Denis est confié aux grands-parents. Françoise n'a plus à s'occuper que d'elle-même.

Suzanne aussi, d'ailleurs, a besoin de s'isoler. Elle est mariée depuis presque vingt ans à Jacques Defforey. Leurs deux filles n'ont pas terminé leurs études, mais elles sont tout de même suffisamment adultes pour comprendre la séparation des parents. Car rien ne va plus entre Jacques et Suzanne. La fortune que les frères Defforey ont faite en inventant les premiers hypermarchés avec leur ami Fournier n'a pas mis le couple à l'abri des dissensions, des tromperies... Suzanne envisage le divorce avec difficulté. Mais elle doit y songer. Ce retrait à Cajarc devrait l'y aider.

Dans la grande maison perchée sur le chemin de ronde du village, les deux sœurs retrouvent quelque chose de leur complicité ancienne. Cette époque, si proche encore et si lointaine pourtant, où la grande sœur gâtait à la pourrir la toute petite... Abrupte, rugueuse, la nature qui entoure Cajarc tient Françoise à l'abri du monde, lui permet d'oublier un moment les blessures de sa vie, d'enrayer cette fuite en avant effrénée, que seule l'écriture dévie. Sur un cahier d'écolier, assise sur la margelle du puits, dans la lumière déjà oblique de l'automne, elle écrit un journal, puis le début d'un roman. C'est l'histoire d'une femme de quarante-cinq ans, déjà un peu fanée, scénariste à Hollywood pour de grosses productions. Un soir, Dorothy Seymour rentre chez elle en compagnie d'un quadragénaire dont elle va faire son amant. Sur la route droite qui mène à Santa Monica, il conduit à cent cinquante à l'heure une Jaguar rouge, la jumelle de celle que, jadis, Françoise donna à Jacques. Tout à coup, dans la lueur des phares, une silhouette. Brusque coup de freins. La voiture dérape, se couche dans le fossé tandis que ses occupants sont éjectés, le nez dans l'herbe.

C'est le premier chapitre du *Garde du cœur*. Auprès du feu, un verre d'eau-de-vie de noix à la main, sincèrement convaincue que ce n'est rien, Françoise lit ce début à sa sœur. Suzanne, captivée, veut la suite. Pour demain soir ? Ainsi, chaque jour, s'écrit ce semi-polar, à l'intrigue improbable, un peu folle, tendre néanmoins, où la silhouette entrevue dans les phares devient, à l'insu de l'héroïne, le *deus ex machina* de sa vie. Lewis est très beau, très jeune, silencieux, oisif et d'une gentillesse inhabituelle pour Dorothy.

Lorsque la Jaguar de Paul l'a heurté, sur la route de Santa Monica, il était sous l'emprise du LSD. Chez Dorothy, qui le recueille pour soigner sa jambe blessée, il loge dans la chambre d'ami et demeure alité un long mois. Un matin, il se lève, guéri, et annonce à son hôtesse qu'il va travailler pour lui payer un loyer. Surprise, celle-ci le présente néanmoins à son producteur. Un bout d'essai suffit à montrer que Lewis crève l'écran. Il est engagé dans un rôle secondaire pour un western et semble s'installer définitivement dans la vie de sa protectrice, en tout bien tout honneur. Jusqu'au moment où, les uns après les autres, les « ennemis » de Dorothy disparaissent (un suicide, un meurtre crapuleux dans une boîte d'homosexuels, un accident de voiture...).

Françoise a retrouvé le ton badin qui caractérise son théâtre pour raconter des horreurs. Elle expédie le roman en un mois, et c'est l'un de ses écrits les plus drôles, les plus farfelus. Lorsqu'elle le remet à Nielsen, l'éditeur est forcé de constater qu'elle a toujours autant de talent. Mais elle refuse de jouer le jeu : elle ne donnera aucune interview. Bref, elle n'accompagne pas le livre qui paraît presque en catimini.

Elle se dit brouillée avec le successeur de Julliard. « Je décidais de faire la grève de la publicité, écrit-elle dans *Derrière l'épaule*. (...) Je partis donc pour la campagne et mon tirage fit un quart de mes tirages habituels. Ce qui m'aurait démontré la force de la presse si je l'avais ignorée. » Elle sait pourtant que le démarrage sans presse de *Bonjour tristesse* est un de ces miracles comme il ne s'en produit qu'une fois dans une carrière littéraire. Les journalistes sont la caisse de résonance dont tout créateur a besoin. Dithyrambe ou éreintement, qu'importe ? Pourvu qu'un article, une émission de radio, de télévision attire l'attention du public. Elle l'a négligé une fois. Elle ne l'oubliera plus.

D'autant que les critiques, peut-être agacés par sa négligence, se scandalisent qu'elle ait pu « torcher » ainsi un roman en un mois. Elle n'en a cure. Stendhal a bien mis sept semaines et demie pour écrire *La Chartreuse de Parme*, qu'il avait en tête depuis plusieurs mois. Non qu'elle se prenne pour le Grenoblois. Et elle sait bien qu'elle ne sera jamais Proust qui, lui, est mort à la tâche tout en décriant sa paresse. Elle est elle-même, c'est tout : parfois primesautière et facétieuse, parfois triste à mourir, à nouveau. Difficile de tenir sans le délicieux confort de l'alcool. Les plaisirs s'en trouvent émoussés, moins intenses. *Le Garde du cœur*, lui, aura une étrange carrière…

# 13

Lorsque *Le Garde du cœur* paraît, en mars 1968, la France est sur les nerfs. Les étudiants de Nanterre ont entamé l'année en contestant. Le 8 janvier, alors que François Missoffe, ministre de la Jeunesse et des Sports, inaugure la piscine de la nouvelle université de Nanterre, un jeune garçon du nom de Daniel Cohn-Bendit l'interpelle sur « la misère sexuelle » de ses camarades, filles et garçons. « La misère sexuelle » ! Pourquoi en parler, alors que le pays est en forte expansion économique et pratiquement en plein emploi ? Que la société de consommation met à la portée de chaque bourse de quoi se nourrir mieux, se soigner mieux et même commencer à s'équiper mieux. L'électroménager et même la voiture ne sont plus hors de portée de la classe ouvrière.

Toujours dominé par un de Gaulle qui vieillit et qui, à force de génie, a fait croire à la grandeur de la France, le gouvernement prend à peine garde à ces jeunes gens qui s'agitent. Pourtant, le 22 mars, les étudiants occupent la tour administrative de Nanterre. À partir de là, tout dégénère. L'université est fermée. La Sorbonne est occupée, les meetings remplacent les cours dans des amphithéâtres enfumés… Des barricades se dressent dans le Quartier latin. Pour déloger les étudiants, le préfet de police envoie les CRS. Les syndicats, puis les partis politiques suivent le mouvement. La France se paralyse. La révolution est dans la rue…

La Révolution. Le changement de société. L'agitation idéologique… Les signes avant-coureurs ne manquaient pourtant pas. Deux années plus tôt, Pierre Bourdieu, directeur d'études à l'École des hautes études en sciences sociales, à la tête d'un groupe de chercheurs, dénonçait déjà, pour la première fois, dans *Les Héritiers* un implacable mécanisme : les universités et les grandes écoles ne servent qu'à reproduire une société immobile. Et le cri d'alarme de Cohn-Bendit en disait long sur le désarroi de ces garçons et de ces filles, coupés les uns des autres, coincés entre les barrières morales et l'abondance matérielle. Comment vivre librement quand on encourt la censure des aînés, celle du qu'en-dira-t-on ? Comment aimer librement quand on doit braver l'interdit jeté comme un anathème par une Église encore très puissante ? Avant Mai 68, il fallait appartenir au milieu artistique ou aux nuits folles des blousons dorés pour déroger aux règles. Il fallait s'appeler Françoise Sagan et avoir le culot de devenir, aux yeux de tout un pays, un « charmant petit monstre ».

On l'a peu vue, Sagan, à l'époque. Mais si elle s'est très peu occupée de politique, sa vie tout entière n'était-elle pas, déjà, une mise en application des revendications de Cohn-Bendit ? Daniel Cohn-Bendit est d'origine allemande. Ce jeune homme roux aux yeux bleus pétillants est d'une intelligence vive qui lui permet toutes les insolences. Juif, ce que ne manque pas de souligner, d'une manière nauséabonde, la vieille garde, il rallie autour de lui les étudiants qui proclament : « Nous sommes tous des Juifs allemands. » Le verbe brutal, la langue bien acérée, Daniel Cohn-Bendit est le révélateur du malaise d'une jeunesse déjà internationaliste. Françoise n'est pas insensible à cette liberté de ton et d'idées.

Quant au petit homme aux yeux divergents qui monte sur un tonneau pour parler aux ouvriers de Billancourt, Sagan l'admire. Pas sûr qu'elle approuve Sartre à ce moment-là. Les hommes en bleu de chauffe aux oreilles définitivement fermées par le bruit infernal de marteaux-pilons dans la forge voisine n'entendent du reste pas grand-chose à ce que dit le philosophe. Mais il a ce courage-là, Sartre : parler aux ouvriers de la lutte des classes, de l'oppression, du combat que chacun doit mener contre cette sangsue, le capitalisme. Françoise l'a rencontré, déjà. Ils ont une cause en commun : l'un et l'autre ont apposé leur signature sur le même document, le manifeste des 121. Elle aime le grand homme. Il la fait rire. Ils ont des complicités, aussi : ils se sont croisés, en fin d'après-midi, dans des lieux de rendez-vous... Ils ne se sont pas parlé. Ils ont seulement souri de ces escapades secrètes. Aux Deux Magots, chez Guy Schoeller ou dans d'autres dîners, Simone de Beauvoir regardait toujours leurs échanges avec dépit. Avec dédain, peut-être : Françoise, qui ne s'est jamais prise pour une intellectuelle, ne participe guère à la conversation. Elle écoute, engrange, ne commente pas. Lorsqu'elle intervient, c'est pour badiner ou pour décocher une galéjade. Devant des intelligences pareilles, elle ne se sent pas capable d'autre chose.

À sa façon, pourtant, Françoise participe aux événements de mai 1968. Elle fait le taxi, dans Paris, au volant de sa voiture de course. Elle prend en stop des jeunes gens qui viennent de faire le coup de pavé contre les CRS. Elle suffoque dans les gaz lacrymogènes... chez Régine ou chez Castel. Et, un soir qu'elle se trouve au milieu d'une joyeuse foule au Théâtre de l'Odéon, l'un des orateurs lance : « La camarade Sagan est venue en Ferrari, bien sûr, apprécier la révolte des camarades étudiants. » Empêtrée dans ses contradictions, mais reine de la répartie et de la boutade assassine, elle s'empare d'un micro et répond sans se démonter : « C'est faux ! C'est une Maserati. »

Lorsque le pays s'apaise, durant le mois de juin, elle s'en va. Elle est à ce point accablée par les retards d'impôts qu'elle envisage de s'expatrier, comme l'ont fait d'autres écrivains. La révolution, c'est bien. Le partage des richesses, c'est mieux encore. Mais lorsqu'il s'agit de voir ponctionné par ces sangsues du fisc l'argent que l'on a gagné grâce à son travail, ses angoisses d'écrivain, son talent, rien ne va plus. Surtout lorsque cet argent est déjà dépensé...

Françoise et Bob Westhoff, toujours son compagnon bien qu'ils vivent leurs aventures chacun de leur côté, ont loué en Irlande une grande maison plantée sur la lande, à peine meublée, pour les vacances de Denis. Ils profitent du grand air, des feux de tourbe qui n'en finissent pas de rougeoyer dans la cheminée, des soirées dans les pubs. Une certaine solitude, vite rompue par l'arrivée des amis qui s'installent, s'incrustent. Mais Françoise trouve toujours le moyen de s'isoler pour écrire quelques pages, penser à un nouveau sujet. En l'espèce, ce qu'elle a vécu l'année précédente : la dépression. Son héros s'appelle Gilles. Il est journaliste. Comme elle, il finit souvent ses nuits dans un café avec des copains qui, au fur et à mesure que s'écoulent les heures, ne savent plus distinguer le blanc du noir. Inconstant, viveur, invivable, Gilles s'enfonce dans la déprime. « Voilà, dit-il au médecin qu'il consulte. Je n'ai plus envie de travailler, je n'ai plus envie de faire l'amour, je n'ai plus envie de bouger. » Son Cajarc à lui sera Limoges.

Comme dans *Les Merveilleux Nuages*, c'est la Sagan grave et blessée qui s'exprime : celle qui connaît maintenant les limites de ses possibilités physiques. Celle qui a touché le fond et qui, à force de volonté, a réussi à redresser la barre, bien que ses souffrances physiques n'aient jamais lâché prise. Les vieilles blessures de son accident ne lui laissent pas de répit. Le Palfium est loin. Elle s'en sort comme elle peut.

Et, tandis que Bob va à la pêche avec ou sans Denis, que les amis de passage apportent un air de folie au grand cottage, elle écrit. Elle prend aussi des photos. Sa vie durant, elle fixera ainsi les paysages, les rues des villes qu'elle aime, un arbre qui lui paraît insolite, des meules de foin dans un champ. Des rouleaux entiers de pellicules qu'elle fera développer pour retrouver, sur un cliché, un moment, une idée, une fulgurance de la pensée. Des milliers de photos, qu'elle finira par égarer au fil du temps.

Lorsqu'elle rentre à Paris, fin août, elle rompt avec Sven Nielsen et les éditions Julliard. Elle estime qu'il la traite mal. Elle lui reproche de prétendus comptes faussés. Les droits d'auteur qu'il lui accorde sont, certes, moins élevés que ceux que lui versait René Julliard (dix-sept pour cent au lieu de vingt), mais elle a toujours des à-valoir aussi confortables (entre deux et trois millions de francs). Quant aux droits annexes, Nielsen les a maintenus à cinquante-cinquante. L'ennui, c'est qu'elle vend moins d'exemplaires de ses livres, même si leurs tirages, qui avoisinent toujours les deux cent mille exemplaires, sont encore considérables. Elle oublie le demi-échec public du *Garde du cœur*. Surtout, elle oublie qu'il a réglé sans rechigner ses dettes de jeux, ses folies automobiles et estivales. Décidément, elle trouve tous les défauts à Nielsen, qu'elle rend maintenant responsable de ses soucis avec le fisc. Elle frise la paranoïa. Par ailleurs, son contrat stipulait qu'elle devait trois ouvrages à son éditeur. Elle estime qu'avec *Le Cheval évanoui* augmenté de *L'Écharde*, elle est quitte.

C'est à Henri Flammarion qu'elle donne, à la fin de cette année 1968, *Un peu de soleil dans l'eau froide*, un titre qu'elle a également emprunté à Éluard. La vieille maison l'accueille non sans réticence : elle sent toujours le soufre. Mais Henri Flammarion, qui est un homme mesuré, pondéré, a besoin d'un auteur fétiche, qui pourrait aussi être sa « danseuse ». Depuis la disparition de Colette, le fleuron de sa maison, il regrette la fantaisie, le ton toujours provocant de la vieille dame du Palais-Royal. Auréolée de sa légende d'équilibriste de la vie et de la littérature, Sagan lui convient parfaitement. En lui, Françoise retrouve un peu René Julliard : grand, élégant, le même visage sévère, mais un sourire dont le charme efface sa réserve de protestant. Henri Flammarion se prend de passion pour Françoise, gaie, polie, policée même, et découvre avec bonheur, derrière sa légende de « dévoyée », sa « bonne éducation ». Françoise mettra de l'allant dans sa maison d'édition un peu collet monté, espère-t-il. De plus, *Un peu de soleil dans l'eau froide* est un roman très convenable. Non seulement c'est du meilleur Sagan, mais encore son héros folâtre et inconstant est puni comme il se doit.

Il y a de l'Anna Karénine dans le personnage de Nathalie Sylvener, que le héros, Gilles, rencontre à Limoges. Bourgeoise de province, Nathalie a l'exaltation qu'il faut pour se laisser prendre au miroir aux alouettes – et s'y perdre. Gilles ressemble à Françoise. Il est au bout du rouleau, toujours inconstant, happant les petits plaisirs dans un oubli d'autrui, qui laisse toujours l'amante sur le fil du rasoir. Lorsque Françoise se permet d'imaginer le pire, c'est sur le bilan de sa propre vie qu'elle se penche.

Quelques semaines plus tard, elle part en voyage avec son frère au Cachemire et au Népal, sur les traces des voyageurs anglais qui ont nourri son enfance. Les voici, Jacques et elle, assis au-dessus de Katmandou, fumant leurs cigarettes dans le soleil levant. L'Himalaya barre l'horizon. Elle s'emplit les yeux de cet éblouissement : à l'ouest, l'Annapurna, ses neiges rosies brusquement par les premiers rayons. À l'est, le pic déhanché de l'Everest, qui porte comme une couronne l'intense lumière de ce soleil aveuglant. Entre les deux, la barrière hérissée de massifs dont les faîtes se détachent sur un ciel pur. L'enchantement sera encore plus fort à Shrinagar. Dans cette cité lacustre, elle habite un appartement meublé en style victorien. De la fenêtre de sa chambre, elle aperçoit au loin un ancien palais en ruine qui ressemble à ceux des films de Satyajit Ray. À la gauche du petit bureau où elle écrit, elle se plaît à observer le manège d'un martin-pêcheur, installé dans un saule pleureur. Une flèche multicolore plonge dans l'eau, et s'en revient, le bec garni d'un poisson bleu. Elle passerait des heures, ainsi, à regarder la vie secrète du lac. Elle entend la rumeur assourdie des femmes qui barvardent en travaillant dans les champs voisins ou le braiment d'un âne poursuivi par des gamins. Parfois, avec Jacques, elle va à la chasse à l'ours. Ils reviennent bredouilles, bien sûr. Ils n'en ont même jamais vu la moindre trace. Mais l'émotion rétrospective d'une rencontre possible les enchante. Là, dit-elle, son frère et elle ont failli « rester pour de bon [1] ». C'est dans ce cadre insolite qu'elle corrige les épreuves de son roman.

De retour à Paris, elle est encore pleine du bonheur de ce voyage lorsqu'elle tient dans la main le premier exemplaire d'*Un peu de soleil dans l'eau froide*. Nous sommes en avril 1969. En le relisant, près de trente ans plus tard, elle est surprise par la qualité de l'ouvrage. « Je reste bêtement ravie de l'avoir redécouvert et de l'aimer », écrit-elle dans *Derrière l'épaule*, avec cette simplicité qui la rend si attachante.

1. *Derrière l'épaule*, Plon, 1998.

*Un peu de soleil dans l'eau froide* est son huitième roman. Avec ses pièces de théâtre, ses scénarios, ses nouvelles, elle a déjà une œuvre derrière elle. Elle vient à peine d'avoir trente-quatre ans ; voilà quinze années qu'elle est publiée et elle se demande encore si ce qu'elle écrit vaut quelque chose. Car elle se le répète, elle ne sera jamais Proust. Encore qu'ils aient tous les deux, avec leurs styles si différents, dépeint minutieusement la palette des sentiments, et compris que le temps file plus vite qu'il n'en faut pour l'écrire – et le vivre.

Déjà Jacques Deray, qui vient de tourner *La Piscine* avec Alain Delon et Romy Schneider, prépare l'adaptation de ce dernier roman pour le cinéma avec Claudine Auger dans le rôle de Nathalie Sylvener et Marc Porel dans celui de Gilles. Tandis que Michel Legrand esquisse, au piano, la musique du film, Françoise jette des mots sur les notes. Ainsi naît la chanson du film, *Dis-moi*. Elle qui considère la poésie comme l'aboutissement de l'écriture et la seule manière possible, lorsque l'on n'est pas un très grand écrivain, de dire l'indicible, elle se révèle une parolière légère et sensible.

Pourtant elle replonge dans le spleen. Elle s'est définitivement séparée de son ami et ex-mari Bob Westhoff quelques mois plus tôt, à leur retour d'Irlande. Il est allé vivre chez l'homme avec qui il terminera sa vie, F.G. Si la maison de Françoise accueille toujours un réfugié de passage, si Bernard Frank est toujours à proximité dans l'appartement du dessus, en général, elle est seule. Seule malgré ses amis de la nuit ou ceux, toujours proches, qui la suivent depuis son adolescence. Malgré Denis, qui n'accapare jamais toute son attention. Elle est seule et elle ressent ce vide que Gilles, le héros d'*Un peu de soleil dans l'eau froide*, éprouve au début du roman. « En définitive, tout s'arrange, sauf la difficulté d'être, qui ne s'arrange pas », disait Cocteau. Elle en est là : à ne plus savoir faire face à sa difficulté d'être.

Ses livres se vendent toujours. De nouveau, deux cent mille exemplaires pour le dernier, ce qui ravit Henri Flammarion. Soit quelques millions de francs en droits d'auteur pour Françoise. Mais elle continue de ne pas se préoccuper de ses comptes en banque, de donner à tout le monde, de se faire arnaquer par les parasites vivant de sa générosité, de sa prodigalité. Si bien qu'elle se retrouve parfois dans la gêne. Henri Flammarion lui verse, dans un premier temps, vingt-cinq mille francs par mois, avant de porter ses mensualités à soixante mille francs. Mais il faut aussi subvenir aux impondérables, continuer la fête, assumer les pertes au casino. Et si elle boit beaucoup moins, il y a ces paradis artificiels qui coûtent de plus en plus cher. Car, malgré la cure de désintoxication, en 1957, elle n'a pu y renoncer. Elle a un besoin impératif de « ce petit coton entre la vie et soi » parce que « la vie est assommante, [que] les gens sont fatigants, [qu']il n'y a pas tellement d'idées majeures à suivre, [qu']on manque d'entrain ».

Ce mal-être qui est le sien, il se trouve toujours un personnage pour l'exprimer à sa place. Jusque-là, aucun de ses héros ne s'était drogué. Sauf peut-être Lewis, dans *Le Garde du cœur* : lorsqu'il se jette sur la voiture dans laquelle est Dorothy Seymour, il est sous l'emprise du LSD. Mais nous sommes en Californie, sur la route d'Hollywood. Et, d'une certaine façon, les Américains ont toujours une longueur d'avance sur nous. Nous, nous avons des drogues plus « civilisées », rendues licites par les poètes : l'opium et tous ses dérivés. C'est à l'une de ces drogues que s'adonne le héros des *Bleus à l'âme*. Elle entame ce neuvième roman en mars 1971 et, pour la première fois, elle dit « je ». Elle est cet auteur qui tâtonne autour de ses personnages, cet écrivain qui, dès le début du livre, prend ainsi la parole : « J'aurais aimé écrire : "Sébastien montait les marches quatre à quatre, en sifflant et en soufflant un peu." Cela m'aurait amusée de reprendre maintenant les personnages d'il y a dix ans. » C'est un livre étrange, dérangeant, où Sagan fait des commentaires sur sa vie, sur les héros dont elle raconte l'histoire et qui ne sont autres que ceux, vieillis, décatis, parasites toujours, de *Château en Suède*. Sébastien et sa sœur Éléonore sont revenus à Paris désargentés, en attente d'une bonne âme qui les recueille. L'auteur intervient même dans le déroulement de l'histoire, comme si les personnages étaient vivants et bien réels. À propos de ce curieux roman, elle écrit : « Je me rappelle être passée d'un état quasiment lugubre, au début, à une tranquillité exultante, à la fin, grâce à lui (ce roman). De toute manière, pour me laisser si longuement la parole à moi-même, je devais être assez déprimée en le commençant. Je terminai ces *Bleus à l'âme* rue

Guynemer, sur le Luxembourg, et je me rappelle très bien les arbres saccagés, si propres, habités par les moineaux (...)[1]. »

Car elle a encore changé d'appartement. Elle habite rue Guynemer, et Denis a pris le chemin d'une nouvelle école. Elle passe de longs moments devant sa fenêtre, face au jardin du Luxembourg. Elle y observe les enfants qui jouent, les gens qui déambulent, les gardiens qui ferment le parc pour la nuit. Cette nature ordonnée l'apaise. Et les arbres, toujours changeants, lui laissent croire, parfois, qu'elle est au cœur de la nature.

Elle s'est fait de nouveaux amis, dont un bel Italien qui vit entre Paris et New York, Massimo Gargia. Il dirige une revue, fait partie de ce que l'on commence à appeler la « jet-set ». Il est intelligent, amusant, de très bonne compagnie. Elle l'aurait bien épousé, lui ; en aurait bien eu un enfant, à nouveau. Il la fait rire, la distrait. Mais leurs modes de vie sont trop différents. Il restera toujours dans son sillage.

Autre nouvel et véritable ami : Frédéric Botton. Comme Michel Magne, il est musicien

1. *Ibid.*

et ils écriront des chansons ensemble. L'essentiel de son activité reste néanmoins son œuvre. L'écriture, dit-elle dans *Répliques*, « c'est la seule vérification que j'ai de moi-même ; c'est à mes yeux le seul signe actif que j'existe, et la seule chose qu'il me soit très difficile de faire [1] ».

Ce roman, *Des Bleus à l'âme*, si différent de ses autres livres, Françoise l'a aussi écrit d'une manière particulière. Bien que s'étant fracturé le coude, elle tente, dans un premier temps, d'utiliser sa machine à écrire, s'énerve, s'empêtre dans les touches, se plaint. « Pourquoi ne pas dicter ? » lui propose une amie. Et elle rencontre, chez les Dassin, Isabelle Held, qui tapait les Mémoires de Jules. Cette jeune femme accepte d'aider Françoise. Elle devient sa secrétaire et peu à peu son amie. Grande fille au visage ingrat, au corps massif, mais au dévouement et à la droiture sans faille, Isabelle assiste, jour après jour, à ce mystérieux processus qu'est la création. « Après avoir lu ses notes, (elle) se mettait à marcher de long en large, tout en fumant et en buvant beaucoup. Elle avançait

1. *Répliques*, Quai Voltaire, 1992.

dans son récit à haute voix. Je prenais en sténo jusqu'à vingt pages en une heure [1]. »

Mais pour Françoise, qui a déjà du mal à parler, dicter n'est pas chose facile. « Au début, j'avais encore des scrupules moraux à rester sans voix devant quelqu'un que j'avais fait venir pour m'entendre. Je recourais au whisky, au Maxiton. Par politesse. Pour me débloquer [2]. » Au whisky, elle qui a seulement droit à un peu de vin blanc chaque jour… Et au Maxiton, des amphétamines… Parce qu'elle n'a pas l'audace de s'adonner, devant la jeune femme, à autre chose. Une fois pour toutes, Françoise a décidé de jouer sa vie, phalène éblouie par la lumière noire de la mort.

---

1. J.-C. Lamy, *Sagan*, Mercure de France, 1988.
2. *Ibid.*

# 14

Avril 1969, de Gaulle quitte le pouvoir. Il meurt un an après, dans sa retraite de Colombey-les-Deux-Églises. Pompidou a remplacé la grande figure tutélaire. La France s'embourgeoise.

Françoise connaît bien les Pompidou. Elle les a rencontrés chez les Lazareff et revus chez les Rothschild. Ils étaient ses voisins à Cajarc, où ils possèdent encore une maison qu'ils délaissent depuis l'élection présidentielle. Elle est reçue à leur table, à l'Élysée, comme d'autres artistes. Mais les ors des palais de la République l'indiffèrent. Bien qu'il fasse partie du monde autour duquel elle gravite, elle n'a pas d'affinités avec Georges Pompidou, cet homme un peu rond, dont la culture est somme toute classique. Fatiguée, elle préfère aux rencontres brillamment éclairées les dialogues feutrés au cours desquels elle peut répondre par monosyllabes.

Mai 68 est loin. Dans les universités, la mixité finit par s'instaurer. Cependant, pour vivre la liberté sexuelle revendiquée pendant ce printemps de révolte, il faut aller dans le sud de la France, où fleurissent les communautés. Dans le reste du pays, on en est encore aux vieilles lunes, aux désirs réprimés, aux plaisirs cachés.

La bombe éclate le 5 avril 1971. À la une du *Nouvel Observateur* paraît le manifeste des 343, initié par le MLF (Mouvement de libération des femmes). Des femmes, célèbres ou inconnues, demandent la liberté de l'avortement, en avouant qu'elles-mêmes l'ont pratiqué. Dans un pays où la dernière « faiseuse d'anges » a été guillotinée sous Pétain. La loi Neuwirth, qui autorise la contraception, a été votée le 28 décembre 1967. C'est encore trop récent. Aussi, pour échapper à une maternité non désirée, lorsqu'elles n'ont pas les moyens de s'adresser à un médecin compatissant ou aux cliniques à l'étranger, les femmes ont alors recours, au risque de la mort ou de la stérilité à vie, à l'aiguille à tricoter ou à la décoction de persil. Les statistiques sont sans appel : il y a, en

France, un million d'avortements par an et des milliers de femmes tuées par ces pratiques d'un autre temps.

Dans cette liste des 343 signatures, aux côtés de celle de Simone et d'Hélène de Beauvoir, de l'avocate Gisèle Halimi, de Catherine Deneuve ou de Claudine Monteil, la fille d'un des plus grands mathématiciens français, on trouve celle de Françoise Sagan. Heureusement, son fils Denis ne porte pas son nom. Il s'appelle Westhoff, comme son père. Sans quoi, comme elle, il aurait été l'objet de toutes les attaques, de toutes les insultes. Des hommes comme des femmes.

Peu de gens se souviennent aujourd'hui du scandale qu'a représenté ce Manifeste, un scandale aussi violent, dit Claudine Monteil, que celui provoqué par Zola lorsqu'il publia, à la une de *L'Aurore*, son « J'accuse » pour défendre Dreyfus. Car ce fut le premier grand débat sur la liberté, pour la femme, de disposer de son corps, d'accepter ou non de donner la vie. S'attaquer à ce tabou, c'était aller contre l'ordre établi par les hommes depuis des millénaires. C'était aussi contrevenir à cette règle fondamentale : toi, femme, si tu veux du plaisir, tu paies. C'était déjà ce contre quoi s'était élevée Françoise dans *Bonjour tristesse* : son héroïne y faisait l'amour sans conséquence, n'en retirant que satisfaction et bonheur.

Les femmes signataires ont été en butte à toutes les représailles : beaucoup ont perdu leur emploi. Des familles ont été ébranlées, voire brisées. Pour les vedettes de cinéma ou de théâtre, des contrats ont été annulés. Comme au temps du maccarthysme aux États-Unis, des listes noires ont circulé. Les lettres d'insultes, les agressions verbales, parfois même physiques, dans la rue, de personnalités reconnues, ne sont que la partie visible du bouleversement qu'a entraîné le Manifeste, très vite devenu celui des 343 « salopes ». La loi Veil sur la législation de l'avortement ne sera votée que le 17 janvier 1975.

Françoise assume. Comme elle a assumé son engagement auprès du FLN. Non qu'elle soit féministe au sens où l'entendent les femmes du MLF. Jean-Louis Trintignant a très justement remarqué, à propos de Sagan et de Bardot, que « leur insolence a été extrêmement bénéfique car sans être féministes, elles étaient deux

Françoise Sagan corrige les épreuves de *Dans un mois, dans un an*, en 1959.

Avec Jean-Paul Faure et
Annabel Schwob de Lurs,
en 1959.

Avec Jean-Paul Faure
et Michel Auclair,
en 1959.

Françoise Sagan
et Jean-Paul Faure
au spectacle, en 1959.

Un certain regard.

Avec Robert Westhoff, son second époux,
et François Mauriac
à la première du ballet *Banderilles*
de Jacques Chazot, en 1962.

Françoise Sagan et son fils
Denis au manoir du Breuil
à Equemauville (Calvados),
en 1965.

Avec Denis et son parrain,
le danseur Jacques Chazot,
à l'aéroport d'Orly, en 1966.

Avec Régine,
Suzanne Defforey,
la sœur de Françoise,
et Bob Westhoff,
au bal de la Marine
à Paris, en 1964.

Pendant son voyage
de noces avec
Robert Westhoff,
à Cortina d'Ampezzo,
en 1962.

Avec Jacques Chazot à Venise, en 1962.

Avec Jacques Chazot et Juliette Gréco,
en vacances à Cannes, en 1959.

Pendant les répétitions de sa pièce *Les Violons parfois,* avec les comédiens Marc Michel, Marie Bell et Roger Dutoit, le 13 novembre 1961.

Répétition de *Château en Suède*, avec les interprètes : Philippe Noiret (assis à gauche), Roger Pelletier (debout à droite) et Françoise Brion (assise à droite), en 1966.

Avec Danielle Darrieux après la première de *La Robe mauve de Valentine* au théâtre des Ambassadeurs, le 16 janvier 1963.

De gauche à droite : Alice Cocéa, Daniel Gélin, Françoise Sagan, Michel de Ré (assis), Jean-Louis Trintignant et Juliette Gréco pour les répétitions de *Bonheur, Impair et Passe* au théâtre Edouard-VII, le 8 janvier 1964.

Avec Ingrid Bergman, Yves Montand
et Anatole Litvak, sur le tournage
de *Aimez-vous Brahms..*, en 1961.

Avec le réalisateur Orson Welles
et Juliette Gréco
au Festival de Cannes, en 1959.



Catherine Deneuve et Michel Piccoli dans
*La Chamade* d'Alain Cavalier, en 1968.

Le manoir
du Breuil à Equemauville.

© Rue des Archives -AGIP

1972

© Rue des Archives - AGIP

1964

© Keystone-France

1981

© Keystone-France

Avec Massimo Gargia à l'opéra de Paris
pour la soirée Noureev,
le 11 mars 1981.

Avec le réalisateur Costa-Gavras à la table
du président de la République, François Mitterrand,
en 1992.

Avec son chien Youki, en 1988.

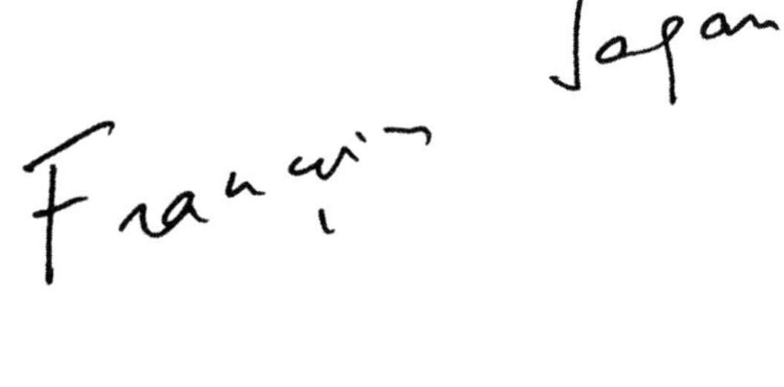

drapeaux de la libération de la femme [1] ». Françoise n'a pas à revendiquer sa féminité : elle est une femme. Mais, en tant que femme, elle a droit à la même liberté que les hommes. Inscrite dans le préambule de la Constitution, cette égalité n'est pas respectée. L'injustice doit être réparée. Au premier chef, en reconnaissant aux femmes le droit de disposer de leur corps comme elles l'entendent.

Dans sa thèse sur Françoise Sagan, l'universitaire Nathalie Morello analyse très bien le rôle que joua l'écrivain avant même le coup de boutoir du manifeste des 343. Se fondant sur les six premiers romans de l'auteur, elle écrit : « En brisant les tabous qui défendaient à la femme le droit de jouir de son corps en toute liberté et en la délivrant des pressions qui l'enfermaient dans un rôle secondaire et inférieur, Sagan suggérait que l'être féminin n'était pas cette accumulation de stéréotypes dégradants si communément associés à l'entité femme. (...) Sans brandir la banderole d'un féminisme militant [ses ouvrages] ébauchaient certains thèmes de réflexion inhérents à l'émancipation des

1. J.-C. Lamy, *Sagan*, Mercure de France, 1988.

femmes qui allaient occuper une place prépondérante dans les débats féministes des années soixante-dix[1]. »

Un an plus tard, lorsque paraît *Des bleus à l'âme*, les esprits se sont calmés. La critique est heureusement surprise. Le public de 1972 suit. Les ventes s'envolent. Comme aux meilleurs moments de sa carrière, Sagan est en tête du box-office. Elle devrait être heureuse.

Presque tout de suite, elle dicte à Isabelle Held un nouveau roman, *Un profil perdu*, dont l'héroïne est à nouveau la Josée des *Merveilleux Nuages*. La voici de retour à Paris avec son mari jaloux, Alan. Un mari qui lui fait subir les pires des tourments : les coups, l'enfermement, des crises qui la laissent épuisée au fond d'un lit qui ne sert même plus à la réconciliation des corps. Josée est sauvée de ce huis clos infernal par un petit homme sans relief, Julius A. Cram, en réalité un redoutable homme d'affaires. Elle fuit avec lui, mais il l'enserre dans des rets plus perfides encore que ceux d'Alan. Josée sort de cet imbroglio grâce à sa rencontre avec Louis

1. Nathalie Morello, *Françoise Sagan, une conscience de femme refoulée*, New York, Peter Lang Publishing.

Dalet, un vétérinaire, qui lui propose le mariage, des enfants, et une vie tranquillement bourgeoise.

Là encore, Françoise transparaît dans certaines scènes : Josée se laisse séduire par un pianiste au beau visage, une nuit, à Nassau. Dans les dîners mondains où elle s'ennuie, elle dresse des portraits féroces des convives. Et si l'harmonie des corps n'est jamais vraiment décrite, c'est Sagan qui parle de l'amour : « Il était pour moi un corps brûlant, un profil renversé, une silhouette à l'aube, il était une chaleur, trois regards, un poids, quatre phrases. » On ne peut jamais dire qu'un roman de Sagan est tout à fait mauvais.

*Un profil perdu* choque les féministes. Car c'est dans la soumission à un ordre établi depuis des siècles que Josée trouve son salut, protégée par le mâle au sein du mariage ! Faut-il y voir une provocation de Sagan ? une sorte d'accident dans son œuvre ? Elle reconnaîtra elle-même que l'intrigue n'est pas bonne et qu'elle a été pressée par la nécessité. L'argent, toujours. Et un à-valoir qui efface en partie les dettes. Écrire un tel ouvrage, dit-elle, « c'est comme une longue, plate et fastidieuse tâche où l'on s'attelle pour des raisons d'équilibre moral ou financier ».

Néanmoins, outre que le roman n'est pas aussi mauvais qu'elle le prétend, elle n'y est pas en contradiction avec elle-même. Au contraire, elle y exprime exactement ce qu'elle veut. Josée est bien un personnage dépendant. Mais c'est là son désir et son choix.

À la suite du procès de Bobigny qui a relancé le débat sur le droit à l'avortement, *Un profil perdu* apparaît comme à contre-courant. Lors de ce procès, une jeune fille, Marie-Claire, accusée de s'être fait avorter, est défendue par Gisèle Halimi. Un moyen, pour la grande avocate, de faire témoigner d'autres femmes, célèbres, sur cette misère qu'est l'avortement en France : un scandale qu'il faut faire cesser. Si Sagan approuve la démarche, si elle ne renie rien des propos de Me Halimi, elle n'a rien d'un écrivain engagé au service d'une cause. Elle s'intéresse d'abord aux ressorts intimes de ses personnages. Or la liberté, ou la dépendance, pour elle, n'ont pas de sexe. C'est en cela qu'elle n'est pas féministe, au sens où le MLF l'entend. Ce qui ne l'empêchera pas, dans le procès de Bobigny, de prendre parti pour la jeune fille accusée d'avortement et de ne rien renier des propos de son avocate, Gisèle Halimi.

Quelques mois plus tôt, une fois encore, Françoise a déménagé. Retrouvant la rive droite de son enfance, elle loue désormais un appartement dans le XVIe arrondissement, rue Henri-Heine. Fidèle à ses habitudes, elle y donne de nombreuses fêtes. Un soir, son ami Frédéric Botton arrive avec Federico Fellini. Tandis que sa femme, Guilietta Masina, chante *La Vie en rose*, accompagnée au piano par Botton, Françoise, fascinée, n'a d'yeux que pour le maestro. Elle le reverra quinze ans plus tard, à Cinecitta.

Cette même année, elle retrouve Orson Welles à Paris pour le tournage de son nouveau film, *Vérités et Mensonges*. Ils déjeunent ensemble, se découvrent une passion commune pour Laurel et Hardy, dont elle possède l'œuvre presque complète. Elle l'invite à Equemauville, où son fils Denis sert de projectionniste pour une soirée de rires et de bonne humeur partagés.

À côté des grands de ce monde, dont elle a connu les plus célèbres, Françoise a toujours plaisir à fréquenter les gigolos, les demi-sel. Le regard décalé qu'ils portent sur le monde rejoint cette dérision qui lui fait prendre la vie dans toute son amoralité. Au cours d'une de ses virées nocturnes, elle rencontre Manouche, l'ancienne compagne d'un gangster marseillais. C'est une femme haute en couleur, dont la gouaille, le verbe haut, les jugements à l'emporte-pièce séduisent aussitôt Françoise. Il leur arrive fréquemment de finir la nuit ensemble, dans une boîte de la rue Sainte-Anne, devant un plat de spaghettis. Manouche l'amuse, la fait rire, lui donne envie de cette liberté totale qu'elle a jugulée en partie parce que, quoi qu'elle dise, quoi qu'elle fasse, elle appartient à l'*establishement*. Et à la bourgeoisie, dont elle est issue et qui lui a inculqué les bonnes manières. Elle voudrait bien, comme sa nouvelle amie, fleurir son discours de quelques grossièretés bien senties. Mais ne sortent de sa bouche que des formules policées à l'extrême. « C'est la barbe » ou « C'est assommant » sont ses violences verbales les plus crues. Madame Sagan…

Malgré ses foucades, malgré ses amours d'une saison avec de beaux jeunes gens aux cheveux soyeux, malgré ses passions féminines, Françoise reste une femme seule, que les accrocs de la vie déchirent. Werther, son grand chien-loup, aussi doux qu'un agneau, dort sur son lit, à ses pieds, et, comme ses chats, est l'un de ses plus proches compagnons. Il a quinze ans lorsque son arrière-train paralysé le condamne. Il faut interrompre ses souffrances. Elle passe la journée entière, puis la nuit, auprès de l'animal épuisé avant de l'abandonner au vétérinaire. Son chagrin est tel qu'il l'entraîne à nouveau au fond du gouffre. Elle entre à la clinique Jeanne-d'Arc, à Saint-Mandé, pour soigner sa dépression.

Lorsqu'elle en sort, elle est sollicitée par l'académie Goncourt, qui voudrait bien la voir déjeuner chez Drouant. Elle rejette la proposition. Comme elle refusera de se présenter à l'Académie française, plus tard.

Elle commence à peine à émerger qu'un nouveau coup lui est porté : un redressement fiscal sévère. Ce n'est que la suite d'un long feuilleton qui ne finira jamais. Comme d'autres écrivains, elle a déjà menacé de quitter cette France qui , selon elle, considère le travail intellectuel avec tant de mesquinerie. L'Irlande accueille les artistes avec bienveillance. Elle hésite à s'installer dans ce pays où les auteurs sont beaucoup moins imposés qu'en France.

Au cours de l'été 1974, cependant, elle retourne dans le Kerry avec son fils Denis, qui vient juste d'avoir douze ans. Elle rêve d'une roulotte qui parcourrait la lande au gré de leur humeur, sans aucune contrainte. Mais elle déchante vite. Le bonheur est difficile dans l'inconfort. Elle rentre à Paris, fragilisée par cette fatigue qui la consume. Elle replonge dans le désespoir. On la conduit dans le service des Pr Castaigne et Lhermitte, à la Salpêtrière. Son mal-être est inscrit au plus profond d'elle-même.

Qu'est-ce qui peut la sauver, sinon l'amour ? C'est alors que Peggy Roche, qu'elle connaît depuis dix ans, entre dans sa vie, comme un air doux, familier, indispensable. Elles se revoient un jour, se regardent, se demandent comment elles sont passées si longtemps l'une à côté de l'autre. Il leur faut quelques instants à peine pour comprendre qu'elles ne se quitteront plus. Françoise a trente-neuf ans, Peggy quatre années de plus. Elles abritent d'abord leurs amours au Lutétia, puis au George V, avant de fuir ensemble sur la Côte.

Françoise n'a jamais caché ses aventures homosexuelles. Elles étaient, jusque-là, de tendres jeux attentifs. Avec Peggy, c'est différent. Ancien mannequin chez Givenchy, journaliste de mode, elle-même styliste, c'est une grande et superbe femme, d'une élégance raffinée. Avec elle, c'est une histoire de couple qui commence. Finies, les nuits solitaires que Françoise comble en écrivant. Terminées, les errances le long de la Seine, au petit matin, à regarder le ciel s'attendrir, vers l'est. Elle habite maintenant une maison avec un jardin de curé, rue d'Alésia. À la fin du printemps, les trottoirs, devant chez elle, sont jonchés de fleurs d'acacia qui embaument toute la rue. Peggy ne vient pas tout de suite s'installer chez elle. Elle garde son appartement, rue du Cherche-Midi.

Françoise commence à écrire *Le Lit défait*. Elle est à nouveau vivante. C'est à ce moment-là que l'éditeur Jean-Jacques Pauvert lui demande un livre. Pas un roman, puisqu'elle est sous contrat avec Flammarion. Un texte différent, dans lequel elle se révélerait davantage. Ils décident de reprendre toutes les interviews que Françoise a accordées pour qu'elle en récrive les réponses. Elle qui s'est longtemps sentie trahie par les journalistes, qui se plaint d'être souvent mal comprise, qui voudrait qu'on oublie cette image de grande viveuse conduisant pieds nus ses voitures de course à des vitesses folles, a besoin de montrer son vrai visage. (Cette histoire de voitures conduites les pieds nus est l'invention d'un journaliste, Paul Giannoli, popularisée par un autre journaliste, Pierre Bénichou. Françoise s'est toujours défendue sur ce point : c'est faux, c'est très inconfortable de conduire sans chaussures, à moins de rentrer de la plage les pieds pleins de sable, disait-elle. Mais la légende collait tellement bien à celle de Sagan…)

Elle part pour Cajarc où elle commence à travailler sur ses entretiens. *Réponses* nous fait découvrir un être humain qui s'est séparé de Dieu voilà bien longtemps et dont la nausée existentielle n'a rien à envier au personnage de Sartre. Les amis, les amants, les fêtes, les fuites en avant dans les rires, l'alcool, le jeu, les stimulants, ne sont là que pour combler ce vide intense, en elle, cette peur panique de l'ennui. Son œuvre tout entière n'est qu'une manière de montrer comment chacun, homme ou femme, tente de s'arranger avec cela : la difficulté d'être dans un monde absurde.

La petite voix de Sagan ne bégaye plus. Elle projette une lumière implacable sur des textes que beaucoup ont vus en rose et gris.

Dans le même temps, elle met la dernière main à un recueil de nouvelles, *Des yeux de soie*, qu'elle sortira au début de l'année suivante, en 1975, chez Flammarion. Les nouvelles de Sagan, c'est de l'imagination pure. Une histoire, en quelques pages, qui file à la vitesse des galops de Dumas, esquissant à peine la psychologie, elle qui aime, dans ses romans, disséquer les cœurs et les têtes. Des petits chefs-d'œuvre, dont on regrette bien qu'elle n'ait publié que deux recueils.

# 15

Mais en cette année 1974, une autre aventure l'attend. Georges de Beauregard, le producteur de cinéma, la voudrait derrière la caméra. Elle hésite à peine. Trois jours durant, elle tourne, au jardin du Luxembourg, un court-métrage de treize minutes d'une exquise tendresse, *Encore un hiver*. Au début du printemps, sur un banc du jardin public, un jeune homme attend une jeune fille. Une vieille dame vient s'asseoir près de lui. La conversation s'engage. Et la jeune fille qui doit venir le rejoindre ? Il l'aime bien, certes. Mais non, ça n'est pas la passion. Ils dorment ensemble, s'amusent ensemble, ne se sentent pas indispensables l'un à l'autre. Et elle, la vieille dame, qu'attend-elle, sur ce banc ? Un vieil homme, son amant. Il est marié, mais ils s'aiment comme des adolescents. Pourtant, elle ne l'a pas vu de tout l'hiver. Et elle ne sait pas si ces mois sombres et froids ne l'ont pas tué. Comment le saurait-elle ? Elle ne peut communiquer avec lui. Alors c'est le cœur serré dans un étau qu'elle regarde vers la grille d'entrée du Luxembourg.

La jeune fille arrive, enlève le jeune homme, tandis qu'un beau vieillard se dirige vers la vieille dame.

– Qui était-ce ? demande la jeune fille.

– Personne. Une vieille folle, répond le jeune homme avec une pointe d'envie dans la voix.

Le court-métrage est couvert de prix. Il reçoit même une récompense à New York. Françoise, qui ne se sent pas assez d'autorité pour crier « Moteur ! » ou « Coupez ! », a passé cet examen avec succès. Beauregard lui enjoint de poursuivre. Ce sera *Les Fougères bleues*, adaptation d'une nouvelle de son recueil *Des yeux de soie*. Ce long-métrage se déroule dans un chalet à Megève. C'est un huis clos entre deux couples, auxquels s'adjoint le gardien du chalet. La femme de l'un des couples a eu une aventure avec l'homme de l'autre. Un dérapage qui aurait pu être sans lendemain. Mais lorsque les quatre personnages décident d'aller à la chasse au chamois, le mari trompé s'aperçoit de son infortune. Et l'on se demande, lorsqu'il arme son fusil, si c'est pour abattre la bête aux yeux de soie ou son heureux rival. En été 1975, le tournage réunit Françoise Fabian, Jean-Marc Bory, Gilles Segal, Caroline Cellier et Francis Perrin. La modeste Sagan apprend vite. Au bout d'une semaine, elle a compris l'essentiel des termes techniques. On peut encore la duper sur ce que l'on peut faire et ne pas faire avec une caméra, mais pas pour longtemps. De plus, respectueuse du budget accordé au film, elle privilégie les intérieurs, les extérieurs coûtant trop cher. Elle travaille beaucoup, consciencieusement, mais ne sait toujours pas donner d'ordres. Alors, elle chuchote à l'oreille des comédiens, des techniciens. Et elle commence à aimer ce travail au petit point qu'est le cinéma.

Mais le film ne tient pas les promesses de la nouvelle, pourtant écrite comme un scénario. C'est du théâtre filmé, sans plus. C'est artificiel et contraint. Le long-métrage sort en salles deux ans plus tard, en plein Festival de Cannes 1977. Sagan est « enterrée » en tant que réalisatrice. Elle le regrettera car, au cours de ce coup d'essai, elle a découvert les mécanismes d'un art qui lui aurait assez bien convenu.

*Les Fougères bleues* ne trouveront des téléspectateurs que sur Antenne 2, dont son ami Marcel Jullian vient de prendre les commandes : le film est programmé dans le cadre du *Ciné-club*, après minuit.

Marcel Jullian est, comme elle, un saltimbanque. Dans la chaîne publique, où les grands commis de l'État ont eu la part belle, l'arrivée d'un artiste, écrivain, scénariste, éditeur, est regardée avec circonspection. D'autant qu'il essuie les plâtres de la toute fraîche réforme de l'audiovisuel voulue par le nouveau président de la République, Valéry Giscard d'Estaing. Giscard a été élu un an plus tôt face à un cheval de retour, François Mitterrand, pour qui Françoise a pris parti. Le jeune président Giscard d'Estaing désire imprimer à son mandat une liberté de ton qui pourrait l'apparenter à Kennedy. Et les premières vitrines de cette liberté doivent être la radio et la télévision, longtemps aux ordres du pouvoir. La consigne, pour Marcel Jullian, est donc d'en faire à sa guise. En son âme et conscience. Mais les chausse-trapes sont innombrables et Sagan, qui défend bec et ongles ses amis, suggère au nouveau patron de chaîne d'engager quelques gardes du corps à sa dévotion. Ainsi atterrit à la direction des relations extérieures... Jacques Quoirez, son frère bien-aimé, qui vient de la publicité. Le viveur, le fêtard, se retrouve à un poste taillé pour lui sur mesure : il connaît tout le monde et peut faire des miracles en mobilisant ses amis.

Françoise, quant à elle, met sa plume au service de Jullian. Elle écrit pour Antenne 2 le scénario d'un feuilleton, *Le Sang doré des Borgia*. Et pour la première fois, Jacques, qui fera, des années plus tard, l'adaptation de *Bartleby* de Herman Melville, met la main à la pâte. Il cosigne le scénario avec Françoise, dans une mise en scène d'un quasi-inconnu, Alain Desault. L'œuvre n'a rien d'impérissable.

Le 21 juin 1975, Françoise a quarante ans. Brigitte Bardot a fêté ce même anniversaire six mois plus tôt : le 28 septembre, elle a donné une grande fête, à laquelle elle l'a invitée. Brigitte est toujours aussi éclatante. Mais elle arrête le cinéma. Françoise lui consacre un album dont les photos sont réalisées par Ghislain Dussart.

On ne peut trouver d'êtres plus opposés que ces deux icônes de la jeunesse et de l'amour qui ont pris leur envol la même année. Bardot a besoin de se retrouver, après une carrière dont les lumières ont failli la brûler. Françoise, elle, est restée ce petit être aux cheveux ébouriffés, même si elle a perdu ses rondeurs d'adolescente. Son visage s'est aminci, ses joues se sont creusées. Son regard, maintenant, s'est voilé. Il existe une photo d'elle prise par son fils, à cette époque. Elle est jolie et triste. Voilà plus de vingt ans qu'elle règne sur la république des lettres. Plus de vingt ans qu'elle défraie la chronique. Plus de vingt ans qu'elle tente de construire *son* œuvre. Exigeante malgré tout, elle estime ne pas encore avoir fourni ce dont elle est capable.

Ses incursions décevantes dans le monde du cinéma, dans celui de la télévision, n'ont rien arrangé. Elle fume. Elle boit à nouveau. Le petit verre de vin blanc occasionnel, que le médecin avait autorisé du bout des lèvres, s'est trouvé des compagnons moins anodins. Elle utilise tous les excitants. Un jour, Peggy Roche la trouve inanimée dans le salon de la maison, rue d'Alésia. Pancréatite aiguë. Elle est conduite en urgence à l'hôpital Broussais. L'un des soutiens de la vie de Sagan disparaît : il lui est désormais interdit de prendre une goutte d'alcool sous peine de mort.

Elle fait front, pourtant, petite silhouette frêle, têtue, qui se redresse et recommence à vivre, l'épaule contre celle de Peggy. Elle met une dernière touche au *Lit défait* dont le titre, cette fois encore, est emprunté à un poème d'Éluard [1]. Elle le dédie à Isabelle Held.

Dans ce roman qui reprend deux personnages de *Dans un mois, dans un an*, Édouard Maligrasse et Béatrice Valmont, Françoise se livre, comme elle sait si bien le faire, à une exploration de la passion. Elle y décrit avec une précision presque scientifique la schizophrénie qui enferme les personnages, cette dépendance des corps qui les exclut du monde, cette avidité de la chair qui laisse autour d'elle des fragrances obsédantes : « Elle s'allongea près de lui, sur le lit, respira une fois de plus sur les draps le parfum de cet homme mêlé au sien, l'odeur

1. « Face aux rideaux apprêtés/ Le lit défait vivant et nu/ Redoutable oriflamme/ Son vol tranchant/ Éteint les jours franchit les nuits/ Redoutable oriflamme/ Contrée presque déserte/ Presque/ Car taillée de toutes pièces pour le sommeil et l'amour/ Tu es debout auprès du lit. » Paul Éluard.

têtue, violente et fade de l'amour physique, et soupira. »

Mais cette passion partagée ne peut durer. Et nous assistons à toutes les tribulations d'un amour saccagé par les aléas de la vie quotidienne.

L'intérêt du roman est pourtant ailleurs : Édouard Maligrasse est un écrivain. De théâtre, certes, et de théâtre exigeant (alors que Béatrice Valmont est une comédienne de boulevard). L'écriture le fait échapper au temps. S'il doit attendre sa Dulcinée, il écrit. Et s'il écrit, il oublie tout. Il est même heureux lorsque, des heures durant, sans elle, il noircit le papier, feuille après feuille.

C'est bien là le secret de Sagan. Seule, ou dictant à sa secrétaire, elle est hors du temps, hors du monde. Et les personnages qu'elle crée, avec lesquels elle chemine, sont aussi importants pour elle que les êtres avec qui elle partage sa vie. Elle a cette bouée de sauvetage, l'écriture, qui lui permet de surmonter ses pires effondrements.

À noter encore, dans ce *Lit défait* : le troisième personnage, André Jolyet, un directeur de théâtre atteint d'un cancer. Il se donne la mort. Ce suicide, Françoise le justifie dans *Derrière l'épaule* : « C'est un homme qui a vécu selon son plaisir et qui ne voit aucun intérêt à vivre selon sa douleur. (...) Il sait seulement qu'il y a en lui le courage de précéder le destin, de doubler la mort, d'échapper en tout cas aux cris et soubresauts d'un corps tout à coup désobéissant après des années et des années de soumission absolue. »

Elle qui, à l'avenir, se servira du suicide comme d'un chantage, d'un appel au secours, le regarde, là, comme elle aimerait l'envisager. Froidement. Elle n'aura jamais le courage d'André Jolyet, même lorsque son corps la trahira.

Son onzième roman, qui paraît chez Flammarion en mars 1977, est assez bien accueilli par la critique. Bernard Pivot invite Françoise à *Apostrophes*, sur Antenne 2, en même temps que Roland Barthes et... Anne Golon, la créatrice, avec son mari Serge, de la pulpeuse et aventureuse *Angélique, marquise des Anges*. Le regard avide de Sagan suit avec délectation les propos échangés jusqu'au moment où son livre arrive sur la sellette. Comme à l'accoutumée, elle essaie d'être claire mais s'empêtre, bafouille, n'a qu'une seule envie : se taire. Après tout, les gens n'ont qu'à lire ses livres. Ces séances médiatiques sont toujours une épreuve, pour elle. Elle voudrait montrer ce qu'elle considère comme son vrai visage : celui d'un écrivain qui crée des histoires, avec des personnages. Elle souhaitait échapper à cette image préfabriquée qu'attendent d'elle les téléspectateurs abreuvés depuis des décennies, maintenant, de ses frasques, imaginaires ou réelles. Elle n'a pas la patience d'argumenter. Tout à trac, Anne Golon lui coupe la parole : « Mais que ferait votre Édouard si, au moment où il embrasse Béatrice, un SS entrait dans la chambre ? » Drôle de question, où semble filtrer un reproche : celui, sans doute, de cantonner ses héros hors des bouleversements du monde. Françoise reste sans voix. Mais l'idée trotte dans sa tête. Sept ans plus tard, elle écrira *De guerre lasse*.

Pour lors, une fois achevée la promotion du livre, elle part en croisière dans le nord de l'Europe avant de gagner Equemauville et son manoir du Breuil. Il y a toujours les amis qui arrivent à l'improviste. Chazot, bien sûr, attentif et drôle, Bernard Frank, parfois Régine ou quelques autres. Florence Malraux, elle, partage sa vie avec Alain Resnais. Et le réalisateur d'*Hiroshima mon amour* et de *L'Année dernière à Marienbad* est de ceux qui ont besoin de calme. Si elle vient, c'est pour quelques heures, seulement. Elles se téléphonent davantage qu'elles ne se voient.

La vie de Françoise s'est régulée. Depuis qu'elle ne boit plus, soutenue par Peggy Roche, elle a pris un rythme plus sage. La boulimique de lecture et de musique qu'elle a toujours été se trouve bien en compagnie de Brahms ou de Schubert, ou des jazzmans américains, tandis que Peggy dessine à proximité. Puis elles vont chiner à Honfleur ou à Trouville, avant une soirée au casino – à moins qu'elles ne restent à la maison à jouer au gin-rummy avec des copains.

Si les vieilles douleurs, celles de tous ses accidents, ne la laissent jamais en paix, cela ne l'empêche pas de monter à cheval et de parcourir cette plage immense de Deauville au petit trot, à la lisière des vagues, sur le sable compacté du rivage. Elle a retrouvé la douceur de vivre.

En septembre de cette année 1977, elle donne à *L'Humanité* un long récit : « Cajarc au ralenti ». On aimerait le citer tout entier tant il est riche de notations intimes sur son enfance, de son regard sur la nature, les gens : « Il y a ces Causses interminables qui passent, le soir, du rose au mauve, puis au bleu nuit. Il y a cette vallée si verte coupée d'un fleuve si gris, ces cyprès bordant les ruines, ces maisons aveugles entourées de murs de pierres empilées que personne ne respecte ; il y a la nonchalance, la tolérance de ses habitants (...). Demain sera un jour pareil à aujourd'hui. » Les professeurs des écoles, comme on dit aujourd'hui, seraient bien inspirés d'aller puiser quelques dictées dans cette prose toute simple d'un grand écrivain français contemporain, Françoise Sagan.

# 16

Françoise écrit, d'une traite, *Il fait beau jour et nuit*, une pièce aussitôt montée au Théâtre des Champs-Élysées avec Anna Karina, Brigitte Auber, Jean-Pierre Michaël et Jean-Claude Drouot. Une riche héritière, Zelda, dont les frasques sont telles (elle boit, se drogue, joue gros, aime à fréquenter les voyous, jette son argent par les fenêtres) que sa famille la fait enfermer en Suisse. Cet internement abusif lui fait vivre trois années de cauchemar. Mais sa vengeance, amenée avec habileté, est implacable. La critique est très élogieuse. Hélas, le public ne suit pas. C'est un échec.

Il faut dire que les dieux du théâtre n'étaient pas au rendez-vous, ce 13 octobre 1978, jour de la générale. Françoise évoque plaisamment cette soirée ratée : au moment où elle quitte la maison, c'est d'abord le chien qui vomit sur sa robe du soir. Déjà peu en avance, elle est obligée de se changer puis, au volant de sa voiture, traverse Paris à la vitesse d'un météore. Jusqu'à ce qu'un agent de police mette le holà : une nouvelle demi-heure de perdue. Lorsqu'elle arrive au théâtre, elle apprend que l'ascenseur s'est décroché et que les personnalités qui y avaient pris place se sont retrouvées, les unes sur les autres, une dizaine de mètres plus bas. Durant la représentation, la chaleur est telle qu'une dame s'évanouit. Quelques grands noms du Tout-Paris piquent même du nez. Une soirée catastrophique !

Au dîner que Marie-Hélène de Rothschild offre après le spectacle, rue Saint-Louis-en-l'Ile, Françoise arrivera pourtant rayonnante au bras de Massimo Gargia, en sifflotant. « (...) Pas plus que je ne saurais renoncer au casino, je ne saurais renoncer, je crois, au théâtre », conclut-elle dans *Avec mon meilleur souvenir*.

La relative sérénité de cette période est anéantie par la mort de Pierre Quoirez. À soixante dix-huit ans, il succombe à une crise cardiaque. Avec son père, c'est son complice que Françoise perd : celui qui lui a appris à conduire, qui lui a donné sa première voiture rouge ; celui qui lui a conseillé de claquer ses premiers droits d'auteur ; celui qui a donné sa liberté au brugnon. Le fantasque aussi, et le mondain.

Françoise, dévastée, accompagne son père jusqu'au caveau de famille des Laubard, dans le petit cimetière de Seuzac, au pied de Cajarc. La grande barre grise du causse ferme l'horizon, à l'est. À l'ouest, en contrebas, le Lot, d'un vert profond, coule vers la Garonne. On est le 2 novembre 1978. L'air est vif et sec, le ciel, bleu cobalt. Denis, le col de son manteau bleu marine relevé, cache sa douleur. Car il l'aimait autant que son père, ce grand-père qui l'a tellement gâté.

Françoise se souvient du petit sourire que Pierre Quoirez avait lorsqu'il a terminé la lecture de *Bonjour tristesse*, et elle pleure.

L'année suivante, du 10 au 24 mai 1979, elle préside le jury du Festival de Cannes, dont c'est la trente-deuxième édition. En ouverture de « Un certain regard », on projette *Encore un hiver*, son court-métrage. Pendant ces quatorze jours, elle prend son rôle très au sérieux, voit tous les films, s'emballe pour *Le Tambour*, de Volker Schlöndorff, adapté du roman de Günter Grass. En sondant les autres membres du jury, elle constate avec joie qu'ils s'accordent sur son choix. Or, au moment du vote, cinq voix vont à *Apocalypse Now*, de Francis Ford Coppola et cinq au *Tambour*. Françoise tente alors de faire valoir ses deux voix de présidente du jury. Robert Favre Le Bret, le président du Festival, lui annonce d'un ton sec qu'elle n'a droit qu'à une seule voix, comme tout le monde. Elle comprend que, dans le cinéma comme dans le sport, d'autres éléments que la performance prévalent. Indignée, elle claque la porte. Rattrapée in extremis, elle doit finalement s'incliner devant une Palme d'or partagée entre le film de Schlöndorff et celui de Coppola. Pour couronner le tout, lorsqu'elle quitte le Carlton, on l'accuse d'avoir laissé impayée une note de bar exorbitante. Les mauvaises langues sont mal informées : elle ne boit plus depuis sa pancréatite, voilà cinq ans.

La duplicité lui a toujours été insupportable. Puisqu'elle a constaté que le Festival de Cannes ne déroge pas à la règle des petits arrangements, elle brise la loi du silence. Elle parle aux journalistes, révèle le dessous des cartes. Ce sont des choses qui ne se font pas, dans ce milieu du cinéma. On le lui fait savoir en termes peu choisis. Mais elle reste ferme sur ses positions.

Elle se réfugie dans le calme du manoir du Breuil, où elle s'adonne à son plaisir favori, la lecture. Elle a du travail : une société de production, Fildebroc, a pris une option d'un an sur une nouvelle de Jean Hougron, « La vieille femme », extraite de son recueil *Les Humiliés*, publié chez Stock. Le réalisateur Alain Desault, avec lequel elle a travaillé pour *Le Sang doré des Borgia*, demande que le scénario soit confié à Françoise. Elle le rédige donc, et reçoit, comme à-valoir sur ses droits d'auteur, la somme de quarante mille francs. Cet argent est bienvenu car, avant le renouvellement de son contrat avec Flammarion qui doit intervenir en juin de l'année suivante, elle a demandé l'état de ses comptes : elle apprend qu'elle est largement débitrice. Pendant les treize années où elle a publié chez l'éditeur de la rue Racine, elle ne s'est préoccupée de rien. Elle a toujours ponctuellement reçu ses mensualités et, lorsqu'elle a eu besoin d'argent, Henri Flammarion lui en a toujours versé. Avec bienveillance, il n'a jamais rechigné.

Lorsqu'elle engage un expert pour une vérification approfondie, celui-ci conclut qu'elle doit quatre millions de francs. Selon certaines sources, il ne vérifie pas les sommes dues au titre des traductions et des droits annexes. Dans ce compte-là, il y aurait eu dix millions de francs. Bon prince, Henri Flammarion promet de passer la dette par pertes et profits si elle lui remet, à dates régulières, de nouveaux manuscrits. Elle s'affole. Elle n'a rien de prêt. Sauf, peut-être... Elle va retravailler le scénario qu'elle vient de tirer de la nouvelle de Hougron, en faire un roman. Certes, le cadre ne lui est pas habituel : le Nord, ses corons, son milieu ouvrier. Mais elle connaît la région. Son père était originaire de Béthune, et son amie Véronique Campion s'y est mariée. Françoise lui a rendu visite, quelquefois. Elle connaît ces atmosphères blêmes, et grises. Elle va transformer l'intrigue de Hougron pour en faire du Sagan.

Prétextant la lenteur de la mise en production du film, elle se dégage du projet. Furieuse, Michèle de Broca, qui dirige la Fildebroc, lui enjoint de fournir l'adaptation définitive ou de rembourser son à-valoir. Elle prévient Hougron que Sagan risque de s'approprier sa nouvelle. L'auteur des *Asiates*, qui n'est pas un inconnu dans le monde des lettres, est scandalisé. Et lorsque Françoise lui demande l'autorisation d'utiliser son argument de départ, il refuse tout net, la menace de l'accuser de plagiat. Elle n'en a cure. Elle écrit *Le Chien couchant* et fait précéder l'ouvrage de cet avertissement : « Je tiens à remercier ici M. Jean Hougron pour son concours involontaire. C'est en effet dans son excellent recueil de nouvelles *Les Humiliés*, paru chez Stock, que j'ai trouvé le point de départ de cette histoire : une logeuse, un humilié, des bijoux volés. Même si, par la suite, j'ai totalement transformé et ces éléments et cette histoire, je voulais au passage le remercier d'avoir provoqué chez moi par son talent cette folle du logis : l'imagination et de lui avoir fait prendre chez moi un chemin inhabituel. »

Henri Flammarion, pressentant les ennuis, assigne Françoise en référé et demande la mise sous séquestre des mensualités qu'il lui verse, alors que le roman est déjà sous presse. C'est là que les ennuis d'argent commencent vraiment pour elle. Mais surtout, les relations entre l'auteur et l'éditeur se tendent définitivement.

À l'automne 1979, son amie Nicole Wisniak, une intellectuelle raffinée, experte en art contemporain et en photographie, lui demande un texte pour sa luxueuse revue *Égoïste*. Françoise lui donne une « Lettre d'amour à Jean-Paul Sartre », dans laquelle elle rend un hommage vibrant au philosophe, à l'auteur des *Mots*, mais surtout à l'homme libre, celui qui a refusé le prix Nobel, celui qui reconnaît s'être trompé dans certains de ses engagements, celui qui se retrouve toujours aux côtés des démunis, des opprimés.

Le texte paru, Sartre demande à la rencontrer. Une première fois, elle se rend chez lui. C'est maintenant un vieux monsieur aveugle, qui marche avec difficulté. Eux que séparent tout juste trente ans – ils sont nés l'un et l'autre un 21 juin, 1905 pour lui, 1935 pour elle –, ils prennent l'habitude de se retrouver tous les dix jours pour aller dîner dans un restaurant discret du XIV^e^ arrondissement, avenue René-Coty, pour prendre le thé à la Closerie des Lilas ou ailleurs. « J'allais le chercher, il était tout prêt dans l'entrée, avec son duffle-coat, et nous partions comme des voleurs, quelle que fût la compagnie. Je dois avouer que, contrairement aux récits de ses proches, aux souvenirs qu'ils ont de ses derniers mois, je n'ai jamais été horrifiée, ni accablée par sa manière de se nourrir. Tout zigzaguait un peu, bien sûr, sur sa fourchette, mais c'était là le fait d'un aveugle, pas d'un gâteux. (...) Ils auraient dû fermer les yeux si leur vue était si délicate et l'écouter. Écouter cette voix gaie, courageuse et virile, entendre la liberté de ses propos [1]. »

Ces dîners, au cours desquels elle coupait la viande dans l'assiette du philosophe, se sont poursuivis jusqu'à la mort de Sartre, le 15 avril 1980. Une mort qui la laissera orpheline d'une amitié et d'une admiration que rien ni personne ne pourra combler. « Je ne me remettrai jamais, je le crois, vraiment, de sa mort, écrira-t-elle quatre ans plus tard. Car que faire, parfois ? Que penser ? Il n'y avait plus que cet être foudroyé pour me le dire, il n'y avait que lui que je puisse croire [2]. »

1. *Avec mon meilleur souvenir*, Gallimard, 1984.
2. *Ibid.*

Au début de 1980, elle doit se rendre à Tokyo à l'invitation du gouvernement japonais. Elle laisse l'affaire Hougron entre les mains de ses avocats et s'envole pour le Japon. Là, elle se rend compte avec stupéfaction que, pour les Japonais, elle incarne un mythe : celui de la liberté. Le traitement qui lui est réservé est à la hauteur de ce qu'elle représente : elle est logée en permanence dans une suite somptueuse surchargée de fleurs. On a mis à sa disposition une voiture blindée. Elle est accompagnée de trois gardes du corps.

Des télégrammes d'admiration, d'amour, affluent de tout le pays. Elle découvre des clubs Sagan, dans lesquels ses lecteurs se réunissent pour débattre de son œuvre. Des milliers de personnes assistent à sa conférence de presse. Elle se plie à des dizaines d'interviews. Elle rencontre même une grosse jeune fille, qu'elle trouve laide à souhait, et qui se prétend la Sagan locale. Sa popularité la laisse sans voix.

Cependant, elle est obligée de regagner Paris sans avoir eu le temps de visiter ce pays dont les habitants l'ont conquise par leur gentillesse, leur enthousiasme ; les femmes, surtout, pour qui elle représente la voie vers un nouvel affranchissement. Elle doit rentrer d'urgence car le scandale a éclaté. Hougron et les éditions Stock la traînent en justice pour plagiat, ainsi que le redoutait Flammarion. Et, le 8 avril 1981, plus d'un an après la parution du *Chien couchant*, la troisième chambre civile de Paris la condamne pour « reproduction illicite » de la nouvelle de l'auteur des *Humiliés*. Le tribunal demande le retrait immédiat de la vente du roman, la destruction des stocks et du matériel qui a servi à son impression, ainsi que le partage des droits sur les livres déjà vendus.

Les avocats de Françoise font immédiatement appel, ce qui suspend l'exécution du jugement. Trois mois plus tard, le 4 juillet 1981, la première chambre de la cour d'appel de Paris casse le précédent jugement, arguant que, si la nouvelle de Hougron a bien servi de déclencheur à l'imagination de Françoise Sagan, « la présence de ce résidu superficiel et sans originalité, dont elle n'a pas pris la peine de débarrasser son roman, n'en affecte pas l'originalité essentielle ». Les juges d'appel sont de bons critiques littéraires. Il est vrai que la nouvelle et le roman partent des mêmes prémices : chez Hougron, un comptable de vingt-sept ans, effacé, à l'existence terne, trouve une bourse emplie de bijoux. Il la cache dans la chambre minable qu'il loue chez une mégère et rêve d'une vie nouvelle avec sa compagne du moment. Lorsqu'il découvre que sa logeuse a fouillé sa chambre et qu'elle le tient pour responsable du vol de bijoux et de l'assassinat de leur propriétaire, il devient véritablement un criminel.

Le roman de Sagan reprend, en gros, les mêmes éléments. Mais si, dans la nouvelle de Hougron, le comptable est entraîné dans le crime, dans *Le Chien couchant*, le héros de Sagan est la victime consentante d'une méprise : quand Gueret comprend que sa logeuse, Maria, qui a fréquenté à Marseille de vrais gangsters, a découvert les bijoux volés, il accepte qu'elle voie en lui un assassin. Il entreprend de s'élever jusqu'à l'image qu'il se fait des durs qu'a connus cette ancienne prostituée pour la séduire. Gueret change alors de personnalité, sort de son rôle de passe-muraille, s'affirme, force le respect. Jusqu'au jour où Maria lui offre enfin son corps. Les mécanismes psychologiques, dans les deux textes, sont donc absolument différents. La suite des deux histoires aussi.

Le roman de Sagan, poignant, « tendre et féroce, drôle et désespéré », comme l'écrit Pierre Démeron dans *Marie-Claire*, est une dissertation sur la solitude tout à coup éclairée par une passion têtue, schizophrène. À la relecture, ce livre est l'un des meilleurs Sagan.

Françoise a gagné, mais il est hors de question qu'elle demeure chez Flammarion. Elle pourrait aller chez n'importe quel éditeur. C'est Jean-Jacques Pauvert qui la conquiert. Elle s'était très bien entendue avec lui lors de la publication de *Réponses*. Il aura donc son prochain ouvrage. Il n'a pas les moyens de mettre des œuvres de Sagan à son catalogue ? Elle accepte la possibilité d'une coédition. Aussi, la publication de *La Femme fardée*, qu'elle a commencé d'écrire, sera-t-elle supportée par Pauvert et par les Éditions Ramsay. Le contrat ne sera définitivement rédigé qu'à l'automne.

En attendant, il faut assumer les dépenses quotidiennes, Henri Flammarion ayant suspendu ses mensualités. Il est même allé beaucoup plus loin : il a fait pilonner tous les exemplaires, non encore distribués, de toutes les œuvres que Françoise a publiées chez lui.

Une sorte d'autodafé. Cet homme pourtant grand seigneur n'a pas supporté ce qu'il a considéré comme la trahison d'un auteur qu'il a profondément aimé.

Heureusement, Françoise est, depuis 1979, propriétaire d'un cheval dit de course, nommé Hasty Flag, une bête magnifique à la robe alezane et aux deux balzanes antérieures blanches. Longtemps, il s'est révélé une véritable rosse : gentil mais paresseux. Or, le voici qui, bien conduit, commence à remporter quelques victoires sur terrain plat et à l'obstacle. Il rapporte à Françoise jusqu'à deux cent cinquante mille francs. De quoi souffler un peu.

# 17

Pendant toutes ces tempêtes judiciaires, un événement important a eu lieu : l'élection présidentielle de 1981. Entre Giscard et Mitterrand, Françoise avait fait son choix depuis longtemps. Si elle reconnaît au jeune président de la République le courage d'avoir donné aux femmes le droit à l'avortement avec la loi Veil, elle ne lui pardonne pas d'avoir maintenu la peine de mort. Un soir qu'elle est invitée à l'Élysée avec d'autres personnalités du monde des arts et des lettres, elle se lève tout de go et demande à Giscard quand il en aura fini avec cette barbarie. Personne n'a oublié l'exécution de Ranucci, guillotiné le 28 juillet 1976. Erreur judiciaire ou pas, Françoise considère cette mise à mort comme un crime.

Pourtant, elle n'avait pas apprécié le futur

président lors de leur première rencontre. Il lui était apparu trop arrogant, trop sûr de lui. Lorsqu'en 1965 le chef de file des socialistes s'était présenté à l'élection présidentielle, c'est de Gaulle qu'elle avait soutenu. Dans un débat télévisé face à Marguerite Duras qui défendait l'homme de la Fédération de la gauche démocrate et socialiste, elle avait même pris fait et cause pour le Général, qui avait accepté l'indépendance de l'Algérie.

Quelques années plus tard, Mitterrand et elle se sont revus. Ils se sont retrouvés dans le même avion et, pendant le trajet, François Mitterrand l'a séduite par son intelligence, son érudition, ses passions littéraires. En 1980, ils sont amis et il vient souvent déjeuner rue d'Alésia. Elle qui s'est toujours tenue à l'écart de la politique politicienne se rend désormais aux meetings de soutien. Elle se comporte en vraie militante bien qu'elle n'ait pas sa carte du PS.

Le 10 mai, elle vote à Cajarc et remonte en trombe à Paris. Elle dîne chez Lipp lorsque tombent les premières estimations. La brasserie est coupée en deux : des hourras d'un côté, des sifflets de l'autre, sous l'œil affligé du maître des lieux, Roger Cazes. Françoise prend sa voiture, se dirige, comme des milliers de personnes, vers la place de la Bastille. « Les gens gambadaient sous la pluie. C'était superbe [1] », dit-elle. Une fois à l'Élysée, François Mitterrand n'oubliera plus Françoise Sagan. Elle lui sera toujours reconnaissante d'avoir aboli la peine de mort et la Cour de sûreté de l'État.

Françoise publie chez Flammarion un nouveau recueil de nouvelles, *Musiques de scène*, malgré ses déboires avec Henri. Contrat oblige. Elle dédie « à [son] ami Jean-Jacques Pauvert » ces treize textes très différents les uns des autres, enlevés, persifleurs, drôles souvent, où, comme dans *Des yeux de soie*, elle laisse cavaler son imagination.

Voici Angela di Stefano qui, en cherchant Filou, son chat, découvre son mari, un peintre en bâtiment, faisant la sieste avec la voisine. Folle de dépit, la jeune femme s'en va ruminer sa colère dans les rues de Nice épuisées de chaleur. Ses pas la conduisent jusqu'au casino. Elle y entre, change un billet de cinq cents francs qu'elle devait mettre à la banque contre cinq petits jetons qu'elle jette sur le 8 – numéro favori

1. J.-C. Lamy, *Sagan*, Mercure de France, 1988.

de Françoise. Coup sur coup, elle gagne soixante-six mille francs. Elle pourrait s'enfuir, recommencer une nouvelle vie, loin de la médiocrité décente de ce quotidien qu'elle partage avec son rustaud de mari. Elle y pense, s'y complaît un instant, puis s'affole. L'argent gagné ira à une bonne œuvre, et Angela regagne ses pénates en laissant ses rêves sur la promenade des Anglais.

Voici la Futura, une gourgandine qui s'entremet, à Naples, au XIXe siècle, entre les occupants autrichiens et les Napolitains. Elle est payée pour sauver un jeune noble, veule et lâche, de l'exécution capitale. Elle doit lui substituer un quidam du peuple, sans nom ni avenir, qui ressemble comme un frère au condamné. Mais elle préfère disparaître avec le quidam, laissant l'autre aller vers une mort sans gloire.

Et tout est à l'avenant. Un régal.

Tandis que ses personnages de papier s'en donnent à cœur joie, la vie de Françoise s'embourbe. L'affaire du plagiat, les restrictions de Flammarion ont alerté ses créanciers, qui l'accablent de lettres recommandées, d'envois d'huissiers, autant de complications judiciaires qui l'exaspèrent. Peggy Roche, avec laquelle elle vit toujours une cohabitation harmonieuse, une sérénité complice, vient de créer sa maison de couture. Elle y dessine des vêtements fluides, originaux et simples à la fois, coupés dans des jerseys, des tissus souples et de bonne tenue. Des jupes droites, des vestes élégantes, des robes qui collent au corps des femmes sans les rendre aguichantes. De bon ton, de qualité. Mais elle a aussi besoin d'être épaulée financièrement.

La seule ressource de Françoise, comme d'habitude, c'est l'écriture. Elle s'est lancée dans cet énorme roman (il fera plus de cinq cent soixante pages) qui deviendra *La Femme fardée*. Six heures par jour, elle écrit. Elle voudrait bien dicter. Mais Isabelle Held, muette d'amour et d'admiration pendant des années, s'en est allée sur une broutille. Elle n'a plus personne. Jean-Jacques Pauvert lui propose une nouvelle aide, Brigitte Lozerec'h, une jeune fille blonde, timide, perspicace qui, elle aussi, écrit. Françoise l'emmène à Equemauville. Le matin, Brigitte travaille à son premier roman, *L'Intérimaire*. L'après-midi, Françoise dicte et s'évade. « Ce livre (...) fut pour moi la preuve pas encore évidente que la littérature, enfin l'inspiration plutôt, nous arrachait à tout, nous distrayait de tout, nous mettait au-dessus des mêlées, car les mêlées, j'en avais beaucoup à cette époque [1]. »

Si épais qu'il soit, ce roman n'en est pas moins un huis clos : l'action se passe à bord d'un paquebot de luxe, le *Narcissus*, au cours d'une croisière musicale et gastronomique en Méditerranée. Françoise y campe douze personnages qui sont la quintessence d'une société dite huppée. Parmi eux s'est glissé un sympathique escroc. La femme fardée, qui donne son titre au roman, c'est Clarisse Lethuillier, dont le maquillage « épais, rutilant et grotesque » cache une nature révoltée. En apparence, Clarisse est une femme soumise à son mari. En réalité, elle ne supporte plus le carcan qu'est devenue sa vie. Elle a trouvé un premier refuge dans l'alcool. Mais la rencontre avec Julien Peyrat, le demi-sel qui s'est introduit dans le monde lissé de la croisière, permet à Clarisse d'être enfin elle-même, au mépris de sa classe sociale, qui la contraint à une comédie dont elle n'a jamais été dupe.

La critique, qui a longtemps reproché à Françoise Sagan de donner de trop courts romans,

1. *Derrière l'épaule*, Plon, 1998.

s'étonne du pavé. D'autant, dit son ami Bertrand Poirot-Delpech, que « ce premier long texte (...) n'est qu'une reprise, étirée jusqu'à la caricature, des situations, mentalités et tours de main popularisés par treize [1] romans et sept pièces de théâtre ». Le reproche n'est pas fondé : avec ses deux protagonistes, Clarisse Lethuillier et le voyou Julien Peyrat, Sagan va plus loin qu'elle ne l'a jamais fait dans le refus des normes sociales. Il ne s'agit plus de jeunes filles délurées et de cinquantenaires portant beau, mais bien d'une jeune bourgeoise et d'un gigolo de son âge, ou à peine, qui vont s'aimer contre toutes les règles de la bonne société.

Cette réhabilitation des « hors-la-loi », des hors-norme, Françoise avait besoin de la faire. Car elle les aime, ces voyous, ces petites frappes. Ils balaient les conventions de son monde policé. En témoigne, son amitié avec Manouche. Elle fraiera par la suite avec des personnages beaucoup moins recommandables. Les histoires vers lesquelles ils

1. En fait, « douze », puisque *La Femme fardée* est le treizième roman de Françoise Sagan.

l'entraîneront condamneront la fin de sa vie à une réclusion forcée.

Pour lors, il ne s'agit que de littérature et *La Femme fardée* trouve un très bon accueil auprès des lecteurs que réjouissent ces presque six cents pages menées tambour battant. Quant à son éditeur, Jean-Jacques Pauvert, il ne se donne guère de mal, selon elle, pour mieux faire connaître l'ouvrage. Le service de presse lui paraît défaillant. Elle est déçue. Il est loin, le temps de René Julliard et de ses enthousiasmes.

Quel que soit son ressentiment, pas question de s'arrêter pour si peu. Elle a besoin d'argent. Pour aider Peggy, mais aussi pour assurer le quotidien. Elle sort moins, c'est vrai, mais elle reçoit. Les fêtes ne sont plus ce qu'elles étaient, depuis qu'elle ne boit plus. Il y a toujours les amis, cependant, et les proches. Et son fils, qui va avoir vingt ans et qui ne gagne pas encore son argent de poche. Comme il est plutôt bel homme – presque aussi grand que son père, le cheveu noir, les yeux très doux, le sourire toujours aux lèvres –, il en profite. Elle lui a donné le goût de la fête, des voitures, des voyages, de la photo et du farniente. Mais il est si jeune…

Denis ne cache pas grand-chose à sa mère. Elle l'a traité très tôt comme un adulte, et c'est vers elle qu'il se tourne lorsqu'il a un chagrin de passage. Ils ont, plus que des relations mère-fils, des conversations de copains. La tendresse, il l'a davantage trouvée auprès de ses grands-parents qu'auprès de Françoise. Non qu'elle soit incapable de gestes câlins. Elle les lui a donnés lorsqu'il était tout petit. Mais, dans le milieu de la bonne bourgeoisie qui a été le sien, on renonce vite aux baisers mouillés et autres embrassades.

Pour faire face aux dépenses, Sagan écrit à tour de bras. Elle se jette dans la rédaction d'un roman dont le narrateur est un homme, Nicolas Lomont, notaire à Angoulême. Nous sommes en 1860 mais l'histoire qu'il va relater commence en 1832. La comtesse Flora de Margelasse s'installe dans son château après avoir passé deux années à Paris. Elle ne connaît pas la province française. Née en Angleterre de parents émigrés à la Révolution, elle y a été mariée. Veuve, elle a souhaité regagner la terre de ses ancêtres. Évidemment, toute cette province endormie sur ses habitudes s'entiche de la jeune femme. Et notamment Nicolas

Lomont, le narrateur, qui a cinq ans de plus qu'elle. Mais c'est vers un jeune métayer, Gildas Caussinade, que les yeux de la belle se tournent.

On pourrait croire, à l'exposé du motif, à une nouvelle version de *L'Amant de Lady Chatterley*. Ce serait ignorer l'imagination toujours surprenante de Sagan. Car le personnage principal de ce roman n'est aucun de ceux que l'on suit depuis que Lomont a pris la plume. Il arrive après la moitié du livre. C'est une camériste, une femme de chambre brune et perverse : Marthe. Marthe qui va enflammer tous les messieurs d'Angoulême et des lieux alentour. Marthe, l'instigatrice d'un drame qui laisse sans voix.

On ne retrouve plus là le style habituel de Sagan, mais un ton très XIX^e^ siècle, romantique et précis, avec ces descriptions des lenteurs provinciales, des places accablées de soleil, de ces paysages immobiles qui, en attendant l'orage, enferment les personnages derrière les fenêtres et assèchent les bouches les plus promptes à s'adonner aux ragots. Tous les ingrédients des grands romans du XIX^e^ siècle y sont : l'intrigue, le duel, les longues promenades à cheval, les chasses essoufflées et cruelles, les bals qui font tourner les têtes. Et pourtant, c'est du Sagan. La romancière s'arrête sur la solitude, le vide d'une vie occupée seulement par le travail et les dîners convenus. Et la mort, comme un point d'orgue absurde à toute tentative de faire de son existence un fagot lesté.

Pour cet *Orage immobile*, Françoise s'adresse à l'éditeur Bernard de Fallois, qui officie chez Julliard. Or, un droit de préférence la lie à Pauvert. Les deux éditeurs s'entendent pour publier l'ouvrage en coédition en 1983, mais ils la déçoivent dans l'accompagnement du livre. Ils se contentent d'une demi-page de publicité dans *Le Monde*, ce qui est insuffisant aux yeux de Françoise. La promotion est mince, pense l'auteur, qui, en 1998, dans *Derrière l'épaule*, s'en plaindra encore.

Il est vrai qu'à cette époque, elle va de nouveau mal. Le spectre de la dépression se remet à rôder. Elle ne parvient pas à se reprendre. Pour couper court aux rumeurs, elle part pour Lyon et fait un séjour dans une clinique privée. Longue parenthèse grise, floue, dont elle émerge avec un goût de cendre dans la bouche. Florence et Peggy sont auprès d'elle dès qu'elle recouvre un peu de forces. Elle semble désertée.

Malgré cela, Françoise connaît quelques belles heures, dans cette difficile vie quotidienne. Car, depuis qu'il est à l'Élysée, François Mitterrand ne l'a pas oubliée. Parfois, il fait téléphoner (ou appelle lui-même) pour s'inviter à déjeuner. Françoise voit, par la fenêtre, la voiture se garer rue d'Alésia, les gardes du corps ouvrir les portières, escorter jusqu'au seuil ce petit monsieur en costume gris, le président de la République.

Ils se retrouvent avec deux ou trois convives (Peggy, Florence Malraux, Bernard Frank, Jacques Chazot parfois) ou en tête à tête, autour d'une table simple qu'il anime d'une conversation éblouissante. Elle touche à peine au bœuf bourguignon ou au pot-au-feu qu'elle a fait préparer par sa cuisinière ou qu'elle a fait venir, tout chaud, de chez le traiteur. Une fois même, elle conduit le Président directement à la cuisine où une soupe n'en finit pas de se réchauffer, sur un feu doux. C'est alors qu'ils entament une conversation grave et feutrée. L'un et l'autre ont frôlé la mort et ils échangent leurs impressions sur cette ennemie absolue, « cette femme gantée de noir », comme dit Françoise. « Il avait cru toute une nuit être fusillé à l'aube, et moi-même, plus platement, j'avais cru toute une nuit à l'hôpital être opérée, le lendemain matin, d'un cancer inguérissable. Nous avions donc passé chacun une nuit entière avec la certitude de notre mort imminente et nous en avions gardé tous les deux le même souvenir entre les révoltes animales et horrifiées du corps, la curiosité, mêlée de surprise, de l'esprit. Comme la découverte de sa propre peau, du bleu de ses veines et du battement régulier, inaltérable et trompeur du sang à nos poignets. Nous avions eu à peu près les mêmes réactions et nous nous sentions un peu de la même famille, peu fournie, je crois, des gens qui ont vu de près la mort, leur impassible mort[1]. » Ces mots qu'il se plaît à répéter, elle pourrait elle-même les dire : « Ce n'est pas la mort en soi qui m'effraie. C'est l'idée que je ne serai plus là. » Lorsque enfin François Mitterrand montre sa faim, Françoise se précipite sur la soupe… dont il ne reste plus grand-chose. Elle y ajoute simplement, ce qui surprend le Président, de l'eau du robinet. Le brouet qu'elle sert est à peine mangeable. Ils y

1. *Ibid.*

renoncent. Le plat de résistance, heureusement, calmera l'appétit présidentiel.

Durant ces déjeuners où elle parle peu, écoute beaucoup, le visage légèrement penché sur le côté, Françoise trouve toujours de nouvelles raisons d'aimer cet homme qui a la charge de la France. Et il lui sait gré d'écouter ses longs monologues durant lesquels, peut-être, il affûte sa pensée.

Il connaît l'admiration qu'elle a portée au de Gaulle de la décolonisation, il sait qu'elle l'a considéré comme un grand chef d'État. De Gaulle, qu'il a combattu, mais qu'il aimerait égaler. Si, malgré tout, il lui est difficile de rivaliser avec l'homme de la France libre, au fil de ces échanges où ils ne parlent jamais politique, François Mitterrand a gagné le cœur et l'estime de Françoise qui dira de lui, après sa disparition : « (...) Il était vraiment un homme d'État, fort et secret, rassurant et lointain. C'était un individu remarquable et en plus, sensible au bonheur ou au malheur d'autrui [1]. »

Pour le défendre, elle n'hésitera pas à prendre sa plume, à publier des coups de gueule dans les

1. *Ibid.*

journaux, fustigeant même ces « intellectuels frileux » qui se repentent d'avoir eu des faiblesses têtues pour les dictateurs rouges, oppresseurs de leurs peuples. Elle ne comprend pas qu'ils rechignent aujourd'hui à soutenir cet homme, son ami, qui, en douceur, veut réformer la France.

Au cours de cette année 1982, Françoise est un peu perdue. Déçue par Bernard de Fallois, qui n'a pas fait plus pour *Un orage immobile* que Jean-Jacques Pauvert, elle cherche un nouvel éditeur. Celle qui se croit « paresseuse », celle qui passe des journées entières à tourner autour de son cahier, de sa machine à écrire ou des feuilles volantes sur lesquelles elle jette des notes, s'est remise au travail.

Son amie Annick Geille, journaliste et écrivain elle-même, lui parle de Françoise Verny, qui a quitté Grasset pour Gallimard. Françoise Verny est, à cette époque, la grande dame de l'édition. Elle a mis en avant les nouveaux philosophes en propulsant au firmament des stars littéraires, le jeune et beau Bernard-Henri Lévy et l'intransigeant André Glucksmann. Aux côtés de Jean-Claude Fasquelle et d'Yves

Berger, chez Grasset, elle a fait de la maison de la rue des Saints-Pères le chaudron magique duquel sortent prix littéraires et jeunes auteurs incontournables. Elle a la langue acérée, le jugement abrupt, le verbe haut. Mais elle boit déjà beaucoup et l'on dit, dans ce tout petit milieu de l'édition parisienne, qu'après dix-neuf heures elle n'est plus tout à fait lucide.

Il n'empêche. Elle reste toujours un phare. Et son entrée chez Gallimard laisse augurer de nouvelles gloires pour la maison de la rue Sébastien-Bottin, dont le jeune Antoine vient de prendre les rênes après une difficile succession familiale.

Annick Geille organise donc une rencontre entre les deux Françoise au bar du Pont Royal, et c'est le coup de foudre. Malgré tout, la Sagan n'est pas encore tout à fait décidée à entrer dans la grande maison. Jean-Claude Lattès, à qui, à l'époque, tout réussit, lui fait une cour effrénée. Il lui promet même un pont d'or. Mais elle choisit finalement l'amitié et l'assurance qu'elle aura en Françoise Verny, un véritable éditeur, attentif à ses doutes, à ses hésitations.

En 1983, elle a des bonheurs inattendus. Le prix de la Fondation Prince Pierre de Monaco lui est décerné pour l'ensemble de son œuvre. Un chèque de quarante mille francs lui est remis, à Monte-Carlo, par le prince Rainier lui-même, entouré de sa famille au grand complet. Ce prix, c'est, pour beaucoup d'écrivains, une partie du billet pour l'Académie française. Mais on sait ce qu'elle pense de l'illustre assemblée.

Cette année 1983 est aussi une année de chicanes et de contrariétés. Françoise Sagan avait avancé l'idée, au cours d'un dîner avec le directeur littéraire des Éditions de la Différence, d'une petite collection sur l'art : un auteur laisserait aller son imagination face à un tableau. Le 3 juillet, elle signe un contrat par lequel elle s'engage à fournir un texte sur *La Maison de Raquel Véga* du Colombien Fernando Botero. Ce ne sera ni un roman, ni une nouvelle, ni un récit, mais une divagation librement inspirée par le tableau. Elle recevra dix pour cent sur la vente des livres, ce qui, pour elle, est une bagatelle. Mais il y a un autre accord, secret celui-là : le directeur littéraire ajoutera à cette modique somme « un cadeau en nature ». De quoi s'agit-il ? Un peu de paradis artificiels ?

Elle met longtemps à fournir son texte. Après maintes objurgations de la maison d'édition, elle livre, un an après la signature du contrat, une vingtaine de feuillets. Quelques jours plus tard, elle reçoit les épreuves du livre. Ses vingt malheureuses pages se sont transformées, par le jeu des caractères d'imprimerie, en quatre-vingts, qualifiées de « fiction » d'après l'œuvre de Botero. Les termes du contrat, aux yeux de Françoise, sont rompus. Elle refuse de signer le bon à tirer.

Car Françoise Verny et elle ont concocté un recueil, *Avec mon meilleur souvenir*, dans lequel alternent les portraits de quelques personnages que Sagan a connus et aimés (Billie Holiday, Tennessee Williams, Orson Welles, Rudolf Noureev, Jean-Paul Sartre) et de brefs essais sur ses passions (le jeu, la vitesse, le théâtre, Saint-Tropez, ses lectures). Certains de ces textes ont déjà été publiés (dont la lettre à Sartre dans *Égoïste*), mais l'essentiel est inédit.

Non que l'on ignore ce que représentent pour Françoise le jeu, la vitesse ou la lecture. À travers ses personnages, elle l'a exprimé en partie et plus encore dans *Des bleus à l'âme* où elle s'est déjà dévoilée telle qu'elle est. Mais là, elle va plus loin et ne cache rien de ses passions profondes : le jeu comme une abolition du temps, un cache-misère, un oubli de soi ; la vitesse comme un moyen de taquiner le fascinant silence d'une mort prochaine ; le théâtre, une autre manière de se mettre en danger, à travers des comédiens qui vont dire tout haut ce qu'elle pense tout bas ; enfin, la lecture et les coups de foudre littéraires, qui ouvrent à la connaissance de soi-même et des autres, à l'évasion et à l'oubli du temps, surtout.

Même à travers ses portraits, elle nous parle d'elle par le choix des « modèles ». Tennessee Williams, dont on sait quel attachement elle lui portait ; Billie Holiday, dont le corps délabré et la voix épuisée d'alcool et de drogue l'attiraient tant ; le génial Orson Welles qui la fascinait. Mais c'est peut-être sur Noureev qu'elle porte le regard le plus sûr et le plus personnel, bien que, dit-elle, elle ne sache pas grand-chose de la danse : « Un homme à demi nu dans son collant, solitaire et beau, dressé sur la pointe de ses pieds, et contemplant dans un miroir terni, d'un regard méfiant et émerveillé, le reflet de son art. »

Il faudrait citer, dans ce recueil vivifiant où éclate partout le talent, le long texte sur Saint-Tropez dans lequel elle livre au lecteur le bonheur de la découverte de ces lieux alors peu connus du public, de ces gens ouverts et attentifs qui l'ont accueillie durant cet été 1954 où elle n'était pas encore « La Sagan ». Bien plus que *Réponses*, dix ans plus tôt, ce recueil touche le public et la critique, qui la salue enfin sans restriction.

Chez Gallimard, on se réjouit. C'est la grande Sagan qui fait son entrée dans la célèbre maison d'édition en 1984. Encore faut-il que celle-ci règle le différend avec les Éditions de la Différence. Verny est furieuse de l'incident. Elle se considérerait presque comme trahie et romprait volontiers avec son nouvel auteur s'il n'y avait, accolée au nom de Sagan, l'assurance du succès.

Comme elle ne sait plus très bien à quel saint se vouer, Françoise Sagan fait appel à l'un de ses amis, qui a l'habitude des coups tordus. Il s'appelle Marc Francelet. Ce bel homme traîne derrière lui une réputation sulfureuse – il aurait même connu la prison –, pour l'heure, il fait des affaires tous azimuts. Il s'est pris d'une affection passionnée pour Sagan. Toujours attirée par les gens qui se sont colletés avec la loi, Françoise est enchantée de le compter parmi ses amis proches et lui voue une confiance aveugle. Avec lui, elle se rend au domicile du directeur littéraire de la Différence. Employant la manière forte, c'est-à-dire ses poings, Francelet oblige l'éditeur à renoncer à la publication de *La Maison de Raquel Véga*. Le nez cassé, l'autre signe sous la contrainte, mais il fait constater ses blessures dès le lendemain matin. Procès, bagarres d'avocats. Le livre paraîtra en 1985, mais il ne sera jamais distribué.

C'est une chance pour Françoise, que la grande Verny couve comme une poule son poussin. Ensemble, elles parlent du sujet du prochain roman. L'histoire se passerait en 1942. Deux résistants entraîneraient un ami, jusqu'alors bien tranquille en zone libre, dans un réseau d'évasion de Juifs...

Pendant ce temps, Pauvert ne décolère pas. Sagan l'a à peine prévenu qu'elle le quittait pour Gallimard. Or, dans le contrat qu'elle a signé avec lui, elle s'engageait pour cinq livres. Elle ne lui en a fourni que deux ! Depuis qu'elle a quitté Flammarion, elle a le sentiment que tout le monde la floue. Si elle n'est jamais certaine de la qualité de son œuvre, elle sait que ses livres se vendent bien et rapportent plus à l'éditeur qu'à elle-même. Elle a conscience de ce qu'elle vaut. Et elle voudrait qu'on la traite avec les égards dus à son rang d'auteur de best-sellers. Car si ses tirages atteignent encore des chiffres que beaucoup de ses confrères lui envient, les éditeurs qui ont la chance de l'avoir dans leur catalogue devraient au moins lui rendre cette justice. S'ils ne le font pas, elle se sent libre de les quitter sans tenir compte des engagements qu'elle a pris. C'est ce qui s'est passé avec Pauvert. Elle n'a pas imaginé une seconde que, lui-même criblé de dettes, il pensait rétablir les finances de sa maison d'édition grâce à elle. Elle le quitte. Il le lui fait payer en portant l'affaire devant les tribunaux. Il évalue son manque à gagner à huit millions neuf cent mille francs. Au regard du tirage d'*Avec mon meilleur souvenir* (cent dix mille exemplaires dans la collection « Blanche » de Gallimard, puis cent mille en « Folio », la collection de poche, sans compter les traductions), on peut comprendre le chiffre avancé par Jean-Jacques Pauvert. La décision du tribunal tombera en... février 1987, et condamnera

Françoise à payer huit millions de francs à l'éditeur délaissé pour rupture abusive de contrat.

Sagan poursuit sa collaboration avec Françoise Verny. Elle lui donne au fur et à mesure ses chapitres et Verny, en bonne éditrice, lui fait ses remarques. « Françoise accepte les critiques et les suggestions. Elle n'a aucune vanité de femme de lettres[1] », a confié Françoise Verny à Jean-Claude Lamy.

Sagan dédie *De guerre lasse* à son fils Denis, trop jeune pour avoir connu la guerre. Elle raconte l'antisémitisme, l'occupation nazie, les épreuves terribles affrontées par les populations qui se sont parfois engagées contre les nazis dès 1933. Bien qu'ambitieux, ce quinzième roman est moins abouti, moins maîtrisé que *La Femme fardée*. La parenthèse lumineuse et insouciante que vivent les amants Charles et Alice en ce sombre été 1942 crée peut-être un décalage inconvenant ? Mais, le public, une fois encore moins sévère que les critiques, la suit.

---

1. J.-C. Lamy, *op. cit.*

Françoise a exprimé dans *De guerre lasse* ses propres convictions. Pendant la guerre, ses parents ont protégé des Juifs, comme on le sait. Elle abomine les antisémites. Une fois, lors d'un dîner chez Coco Chanel, la maîtresse de maison s'était laissée aller à des propos venimeux contre ceux qu'elle appelait les « youpins ». Françoise avait quitté la table et n'avait plus voulu revoir la grande couturière.

À l'automne 1985, tandis que *De guerre lasse* poursuit sa carrière auprès des lecteurs, François Mitterrand demande à Françoise de faire partie de sa suite lors de son voyage officiel en Colombie. Elle qui adore découvrir de nouveaux pays ne se fait pas prier. Elle n'a pas pris garde que Bogota, la capitale colombienne, au pied de la cordillère des Andes, est à 2 600 mètres d'altitude. Pour une fumeuse comme elle, à la santé fragile de surcroît, c'est un risque. Dans la suite de l'hôtel qu'elle occupe, à Tequan, une femme de chambre la découvre, inanimée. Ce sont les médecins militaires colombiens, assisté du docteur Claude Gubler, le médecin personnel du président de la République, qui lui donnent les premiers soins : elle aurait un œdème pulmonaire et le mal des montagnes. Personne ne parle d'abus de médicaments. François Mitterrand affrète un Mystère 20 médicalisé pour la ramener en France. Erik Orsenna, le conseiller littéraire du Président, est à ses côtés dans l'avion qui la rapatrie, inconsciente. Lorsqu'elle se réveille, cinq jours plus tard, dans une chambre de l'hôpital du Val-de-Grâce, le premier visage qu'elle voit auprès de son lit est celui du président de la République. Il est là, inquiet pour son amie qu'il pense avoir entraînée dans cette fâcheuse aventure.

Françoise se remet, lentement. Elle ne paresse pas pour autant. Elle rédige une présentation pour la nouvelle collection de haute couture que Peggy Roche montre en cet automne 1985. Pour la « Bibliothèque des voix », aux Éditions des Femmes, elle enregistre *Avec mon meilleur souvenir*, qui paraîtra en 1986. Son ami Frédéric Botton compose la musique et son autre amie Madeleine Chapsal écrit un long prologue. Cette lecture, avec la diction difficile qu'on lui connaît, lui prend un temps fou. Elle dit elle-même qu'elle a parfois passé plus de six heures sur un seul portrait. Mais elle va au bout.

Puis elle se plonge avec délectation dans la correspondance de George Sand et Alfred de Musset, pour laquelle les Éditions Hermann lui ont demandé une préface. Sand-Musset, c'est presque du Sagan, en plus méchant. Elle est à son aise. Voici une femme, Aurore Dupin, baronne Dudevant, qui publie sous un nom d'homme, George Sand, un premier roman, *Indiana*. Le roman émeut un poète plus jeune qu'elle de six ans, beau comme une fille, fragile, mais coureur, désinvolte et lunatique. Il la conquiert. Elle se met à l'aimer. Les voici en voyage à Venise, où Musset, insupportable, s'en va courir le guilledou. George souffre, se fâche, couche avec le médecin qui vient soigner Musset, atteint d'un mal de poitrine contracté en parcourant les rues froides de la cité des Doges. Il la quitte, regagne Paris et se heurte à la pire des misères : l'ennui. Alors, il écrit à George encore déchirée une grande lettre de passion qui la fait fléchir. À peine l'a-t-il reconquise qu'il la délaisse à nouveau, lui préférant quelque jeunesse. C'est elle qui rompt pour ne plus souffrir.

Et Sagan s'enflamme pour cette George Sand qui dit à Musset : « Allons-nous vivre sur du papier toute notre vie ? Toi, oui, Alfred, tu es fait pour ça, moi pas, je suis une femme. » « Et là, brusquement, écrit Françoise Sagan, le mot “femme” redevient ce qu’il aurait dû être, qu’il devrait toujours être, le nom d’une chose ronde qui ressemble à la Terre et qui s’appelle la Terre, qui s’appelait *Gé* pour les Grecques : et qui est ronde, et qui roule, et qui roule, et qui rit, et qui est prête à tout ramasser, à tout prendre, à tout porter. Mais aussi à tout basculer, dans le silence et le néant de l’oubli. Car Sand oubliera Musset. Sand aimera Chopin. Et Musset, lui, qui aimera-t-il après elle, quelle femme, quel ami, qui ? »

Qu’on ne se méprenne pas, une fois encore, en voyant dans cette préface la preuve d’un quelconque militantisme de Sagan pour la cause des femmes. Françoise prend bien soin de dissiper tout malentendu à ce propos : « Non qu’il s’agisse ici de souligner chez George Sand, dit-elle, une de ces femmes féministes qu’elle ne fut, au demeurant, jamais, et que, pour ma part, je n’ai jamais, non plus, beaucoup tenté d’approcher. »

# 18

Elle, la paresseuse, qui adore ne rien faire, sinon regarder le bleu du ciel ou les nuages fuyant vers des contrées incertaines, voilà qu'elle s'astreint de nouveau à jeter des notes sur ses petits cahiers d'écolière, à les reprendre, à les organiser, à les dicter enfin, souvent à une dactylo de passage ou amie collboratrice. Car Brigitte Lozerec'h, qui a en grande partie saisi le texte de *La Femme fardée*, a publié son premier roman, *L'Intérimaire*. Françoise a payé à l'heure cette femme effacée qui, elle aussi, portait son œuvre. Elle l'a reconnue pour ce qu'elle était en lisant ce premier ouvrage. « Vous êtes un écrivain », lui a-t-elle dit.

Marie-Thérèse Bartoli, qui est entrée à son service en février 1978, tape certaines parties des textes, mais elle suit sa dictée avec difficulté.

Dès le départ, cette dame un peu compassée dont le mari est croupier (on est en terrain de connaissance) a demandé à Madame Sagan de l'appeler « Madame Bartoli » : elle a horreur de son prénom « d'archiduchesse », dit-elle, pince-sans-rire. Elle a pour son employeuse non seulement de l'admiration, mais aussi de l'amitié et de la tendresse. Elle se charge de tout : des tracasseries administratives, des factures, du train de la maison. Elle la protège contre les huissiers, les créanciers trop insistants, les journalistes toujours avides de rencontres, bientôt même contre la police. Elle est davantage gouvernante que secrétaire et Françoise lui sait gré de la préserver ainsi. Lorsqu'elle écrit, Françoise ressent le besoin d'avoir l'esprit à peu près dégagé des contingences matérielles. On se demande comment elle y parvient, dans son désordre quotidien.

Pourtant, elle poursuit son œuvre. Le deuxième conflit mondial, qu'elle a abordé dans *De guerre lasse*, est l'occasion pour elle d'explorer, dans une trilogie, le comportement de son petit monde plongé au cœur même de la barbarie. Elle y revient donc dans son seizième roman, dont elle propose le sujet à Françoise

Verny : un grand réalisateur d'Hollywood se met au service de l'Allemagne nazie. Alors seulement, il prend la mesure des monstruosités perpétrées : les brutalités policières, le sort fait aux Juifs, la torture.

Quand *De guerre lasse* hésitait maladroitement entre le drame historique et la bluette, *Un sang d'aquarelle* caracole entre horreur et drôlerie. Pourtant, nous sommes en plein cœur du système nazi occupant la France. Et Sagan n'escamote rien de la noirceur des faits ni des gens. Mais son héros, le metteur en scène Constantin von Meck, est tellement hors du commun, hors du temps, et d'une humanité si ambiguë qu'il en devient attachant. Il ressemble physiquement à Orson Welles, avec sa stature de colosse, son rire tonitruant, ses excès verbaux, son génie. Les circonstances de la vie lui ont fait regagner en 1939 son pays d'origine, l'Allemagne, sans qu'il prenne vraiment conscience, au début, de la folie meurtrière qui y règne. Ce n'est qu'en 1942, à Paris, dans le Paris dont nous avons vu l'atmosphère glacée avec Charles et Alice (les héros de *De guerre lasse*), que von Meck ouvre les yeux sur les horreurs que son propre peuple est en train de commettre à travers l'Europe. Avec lui, on voit l'Occupation du côté de la collaboration, les personnages évoluent dans ces salons où se mêlent les suppôts du régime nazi et leurs alliés français. On pénètre dans les couloirs de la Kommandantur, auprès de généraux charognards chez qui les échos de la bataille de Stalingrad exaspèrent le goût du sang et du meurtre.

Si, au début du roman, il arrive au lecteur de rire devant la niaiserie de telle actrice ou les crises d'hilarité du metteur en scène et de ses assistants, les situations dans lesquelles Sagan met très vite ses personnages nous les rendent attachants, précieux parce que tout en demi-teinte. C'est, depuis *Un orage immobile*, son meilleur roman. Elle le dédie à Françoise Verny, avec son admiration, sa gratitude et son affection.

Il est publié en février 1987. Françoise en est assez contente et elle offre même, dans l'appartement de la rue du Cherche-Midi, qu'elle occupe depuis qu'elle a quitté la rue d'Alésia, une petite réception afin de remercier Verny qui l'accompagne si bien. Le livre, chaleureusement accueilli par la critique, rencontre aussitôt ses lecteurs. Lorsqu'elle se prête à une signature, au Salon du livre de cette année-là, au Grand Palais, la file d'attente qui longe le stand Gallimard laisse les confrères de l'éditeur sans voix. Avec gentillesse et application, elle signe, pendant deux heures, les exemplaires qu'on lui présente.

Mais son goût pour les substances artificielles l'empêche de travailler en paix. La drogue, à laquelle elle s'adonne depuis si longtemps, la projette en haut de l'affiche. Au cours du démantèlement d'un réseau de trafiquants, à Lyon, l'Ocrtis (Office central pour la répression du trafic illicite de stupéfiants) a mis au jour une antenne parisienne qui fournit une partie de l'intelligentsia. L'un des interpellés possède un chèque de dix-sept mille francs signé de Françoise Quoirez, dite Sagan. Elle le lui a remis à titre de caution, en attendant une rentrée d'argent, pour l'achat de trois cents grammes d'héroïne et de la même quantité de cocaïne. L'instruction permet par ailleurs de découvrir qu'elle se fait livrer chaque semaine deux grammes et demi de l'une et de l'autre drogue.

Le 20 janvier 1986, déjà, raconte Marie-Thérèse Bartoli, alors que Françoise et elle se rendaient à la gare de Lyon pour gagner Megève où l'auteur devait recevoir le prix Mont-Blanc, une descente de police les a immobilisées rue du Cherche-Midi. Perquisition au domicile de l'écrivain, puis embarquement dans un panier à salade pour le Quai des Orfèvres. « Afin que la fouille ne dure pas toute la nuit – elle a senti que les policiers ne repartiraient pas sans rien –, elle leur a remis deux petits paquets. "Usage personnel", a-t-elle ajouté [1]. »

En 1988, c'est plus grave pour elle, parce que son interrogatoire à Lyon a été dévoilé par la presse. « Violation du secret de l'instruction », clame son avocat Me Zylberstein, spécialiste du droit d'auteur, lui-même éditeur et ami de Françoise. Elle ajoute, quant à elle, qu'elle est « ennuyée » : ces histoires de drogue sortent dans les journaux pendant la campagne électorale. Comme par hasard. On lui ferait payer son engagement politique aux côtés de François Mitterrand. Les juges sont sourds à ce genre d'argument. Elle sera condamnée en 1990 à un mois de prison avec sursis et à dix mille francs d'amende pour détention et usage de

1. Marie-Thérèse Bartoli, *Chère Madame Sagan*, Éditions Jean-Jacques Pauvert, 2002.

stupéfiants. Cela ne l'arrête pas. « J'ai le droit de me tuer comme je veux », clame-t-elle à la ronde.

Heureusement, du travail attend Françoise, ce qui va la distraire de tous ces tracas. Marie-Josèphe Guers, qui dirige la collection « Elle était une fois » chez Robert Laffont, lui demande une biographie de femme célèbre. Sagan ne s'est jamais attachée au genre, mais elle a envie de rendre un hommage particulier à Sarah Bernhardt. Elle n'ignore évidemment pas que l'actrice est venue au manoir du Breuil. La grande Sarah a dormi dans la chambre que s'est attribuée Françoise, au deuxième étage de la maison. Jacques Chazot lui a raconté cette histoire, et bien d'autres encore. Pourquoi ne pas aller plus loin ? Françoise accepte donc. Et parce qu'elle est consciencieuse, qu'elle pressent en elle une affinité particulière avec la grande comédienne, elle lit tout ce qui a été écrit par et sur Sarah Bernhardt. Elle se régale notamment de ses *Mémoires*, propres à égarer n'importe quel lecteur peu attentif.

La méthode d'écriture s'impose bientôt, évidente : ce sera une correspondance fictive entre Sarah Bernhardt et Françoise Sagan. Par ce jeu de miroirs, Françoise sait qu'elle approchera la part la plus intime de cette femme qui lui ressemble… C'est un régal de drôlerie, de méchancetés, d'humour, de justesse. Surtout lorsque les deux femmes parlent de ce qu'elles aiment. À propos des livres, par exemple, dont on sait que Sagan est une amoureuse obstinée : « J'ai toujours eu une réputation de futilité, fait-elle dire à Sarah Bernhardt, mais qui ne m'a pas empêchée de lire, et bien plus que bien des personnes supposées lettrées. J'aime un livre, j'aime le tenir dans ma main ; j'aime rêver à ce que je pourrais en faire, j'aime rêver comment je voudrais qu'il finisse… (…) En réalité, je peux très bien oublier qui je suis quand je lis. » Qui parle ici ? l'actrice ou l'écrivain ? De même, lorsque Sarah Bernhardt évoque l'argent qu'elle a gagné et outrancièrement dépensé. Elle parle volontiers de son train de vie, ses folies vestimentaires, sa générosité envers sa « tribu », sa passion des maisons et sa manie des déménagements. C'est Sarah, et c'est aussi Françoise, cette femme accablée de créanciers, d'huissiers, de loups affamés qui l'ont parfois fait fuir par la fenêtre. À plusieurs reprises, dans sa vie flamboyante, la comédienne a pu dire : « Bref, je n'avais plus un sou. J'étais réduite à quia et mes créanciers devenaient insistants. Et quand je dis "insistants", je suis polie. Vous aussi connaissez cette espèce, j'imagine ! »

Mais il y a aussi tous les amants, toutes les passions, tous les abandons d'amour que l'une et l'autre ont connus, avec tous les égarements qui les accompagnent. Et, plus intime encore, il y a ce fils dont Sarah ne parle jamais, ou presque. Maurice, dont elle a dit qu'il était peut-être l'héritage accidentel du prince de Ligne, un de ses multiples amants. « Il était pour moi quelque chose de si naturel, de si conséquent, à la fois de si léger et de si indispensable », fait dire Françoise à Sarah. Et l'on a bien le sentiment que la biographe évoque ici son propre fils, Denis. « C'est peut-être la seule fois, la seule circonstance de mon existence, poursuit Sarah, où je me suis conduite comme la norme des femmes. J'ai été mère tout à fait naturellement, comme j'ai été rousse, comme j'ai été tragédienne. (...) Je l'ai aimé comme personne et (...) – il m'a aimée comme personne. Tout le reste est potins, ragots et histoires inutiles. »

Le plus surprenant, ce sont les ratés de la vie, ou ce que l'une et l'autre considèrent comme tels.

Par exemple, Sarah Bernhardt se piqua un temps de devenir sculpteur. Elle qui a connu toutes les gloires de la scène, à travers le monde entier puisqu'elle a enflammé les foules aussi bien aux États-Unis qu'en Russie, en Amérique latine et dans toute l'Europe ; elle qui a été célébrée comme l'une des plus grandes comédiennes de tous les temps, a voulu être reconnue pour un autre talent. Et Françoise, en réponse, de confier à Sarah, dans un aparté touchant : « J'ai été, je suis toujours horriblement susceptible quand on me parle de mes chansons. J'ai écrit les paroles de quelques chansonnettes qui n'ont pas marché fort bien, qui ne sont pas devenues des "tubes", comme on dit grossièrement aujourd'hui, et cela m'a rendue plaintive à ce sujet. J'en sens bien le ridicule, mais je n'y peux rien. »

Bref, cette conversation entre deux monstres sacrés, que Sagan a voulu illustrer du portrait de Sarah par Clairin – dont la comédienne disait qu'il était le seul à lui rendre un petit peu justice –, est un modèle de biographie : enlevée, jamais ennuyeuse, elle éclaire comme par reflet la biographe et son modèle.

Quels qu'aient été les aléas de la vie de Françoise, lors de l'écriture de ce texte, on les devine à peine. On sait en la lisant qu'elle a passé dix jours à Belle-Ile, durant cet été 1987. Pas tant pour marcher dans les traces de Sarah Bernhardt qui s'y réfugia pour les vacances, trente années de suite, que pour se ménager un peu de calme ; et, surtout, pour permettre à Peggy Roche de se reposer enfin. Drôle de repos… Françoise Verny est là, qui traite Sagan comme une petite fille dissipée. Le ton d'ogresse de sa directrice littéraire rapetisse Françoise, qui rentre la tête dans les épaules et bredouille, d'une voix perdue, des réponses inutiles. Elle qui a voulu fuir le manoir du Breuil où, comme chez Sarah à Belle-Ile, les « connaissances » arrivent à l'improviste, envahissant sans cesse la maison comme s'il s'agissait d'un hôtel. C'est réussi !

Reste-t-elle pour autant loin de ses cahiers ? Jamais. Comme si l'écriture était la seule échappatoire à une vie dont les tracas, les fracas, les souffrances, les chagrins volent les heures. Elle écrit comme on se met entre parenthèses, pour imaginer d'autres vies – même si toujours, au détour d'une phrase, dans les creux d'une intrigue, sa propre existence resurgit, enfonçant un coin et rompant le rythme, insufflant au texte une humanité trouble.

# 19

Françoise revient au théâtre en septembre 1987 avec un vaudeville, *L'Excès contraire*. Une jeune comédienne hilarante, Dominique Lavanant, va en tenir le rôle principal : celui d'une amazone autrichienne, Hanaé. Nous sommes en 1900. La dame chasse les loups avant de s'aventurer, avec concupiscence, dans la chasse aux hommes. Mise en scène par Michel Blanc au théâtre des Bouffes-Parisiens, la pièce est massacrée par la critique, qui la prend pour une caleçonnade, mais plébiscitée par le public. Lavanant y est irrésistible de drôlerie. « Foutraque » (selon l'expression de Sagan) comme on la connaît, la comédienne s'en donne à cœur joie avec ce texte, du vif-argent. Pour le plus grand bonheur des spectateurs.

Les commandes affluant, Françoise ne cesse

de travailler. Parfois, heureusement, on ne lui demande que l'autorisation de publier ou de rassembler des textes déjà existants. C'est ainsi qu'elle en donne vingt pour un ouvrage auquel participent Guy Dupré et François Nourissier, *Au marbre*, publié par les Éditions Quai Voltaire en 1988.

Sans cesse, de nouvelles histoires naissent dans son esprit, dont elle oublie un moment les prémices pour s'attaquer à autre chose. Mais il arrive que l'une d'elles se fasse insistante, que les personnages prennent corps. Voici *La Laisse*. Sagan revient là à ses attaches habituelles : ce milieu dit futile, où l'argent n'est pas un souci et où seuls comptent les emballements et les ratés du cœur. Vincent, jeune musicien sorti du Conservatoire et promis à un brillant avenir de concertiste, est littéralement enlevé par la fille d'un richissime banquier, Laurence. Elle l'épouse, le cajole, le nourrit, l'habille, l'aime et s'en croit aimée. Elle le tient en laisse par le confort qu'elle donne à sa paresse et à son goût de la vie facile. Bien qu'ils aient le même âge, Vincent a des attitudes de gigolo avec son épouse, qui non seulement s'en contente, mais l'incite à se comporter ainsi.

Malheureusement pour le couple, le jeune homme écrit une musique de film qui devient un succès international. Laurence ne le supporte pas. Certes, elle a désiré, pour son mari, une carrière de concertiste ou de compositeur de musique classique, mais sans jamais envisager qu'il puisse ne plus avoir besoin d'elle. En gagnant, avec ce tube, son propre argent, il risque de lui échapper. Elle imagine tous les stratagèmes pour lui soustraire ce pactole. Et cet acharnement à le tenir à sa main désengage Vincent. Il comprend tout à coup qu'il n'est, pour Laurence, qu'un rempart contre la solitude et l'ennui, une poupée autour de laquelle elle a refermé le monde. Comme dans *Bonjour tristesse*, mais cette fois sans ambiguïté, cela se termine mal.

Ce roman, que Sagan dédie à son amie Nicole Wisniak, est publié chez Julliard en 1989. Françoise Verny a quitté Gallimard pour Flammarion, chez qui Sagan ne peut remettre les pieds. La voici donc revenue dans sa maison d'origine, celle dans laquelle René Julliard l'a accueillie quand elle n'avait pas dix-neuf ans… Elle en a aujourd'hui cinquante-quatre. Christian Bourgois lui déroule le tapis rouge.

La chance revient – un peu. Un tirage de quatre-vingt-quinze mille exemplaires est épuisé en deux semaines. Malgré la présence des *Versets sataniques* de Salman Rushdie, qui ont valu une fatwa à son auteur et donc une énorme couverture médiatique et un très grand succès, *La Laisse* caracole en tête des ventes pendant tout l'été : on peut bel et bien parler de triomphe pour ce « livre nerveux, fait de réflexes et de réflexions très souvent atroces et très souvent amusantes ». Ce livre qui, ajoute-t-elle, « est idéal pour prendre le train – formule que l'on trouve généralement insultante pour un auteur si on ne considère pas, comme moi, que le train, les banquettes, la solitude rythmée des roues sur les rails sont autant d'atouts pour découvrir un livre et s'y abandonner [1] ».

Mais si le succès est de nouveau au rendez-vous, on n'en est plus aux deux cent mille exemplaires de la décennie 1970. Quant au million d'ouvrages de *Bonjour tristesse*, il se perd dans le souvenir. Son public a changé. Elle a vieilli. Elle a perdu le goût des corps à corps, celui des nuits agitées où l'on danse serrés l'un

1. *Derrière l'épaule*, Plon, 1998.

contre l'autre. Elle ne fréquente plus beaucoup les boîtes de nuit, où le disco et la techno règnent en tyrans depuis plusieurs années déjà : ces déhanchements en solitaire ne sont pas pour elle, elle y briserait ses os fragilisés par la drogue, et elle a besoin du corps de l'autre pour danser.

Elle n'a plus ces bolides qui ont tant contribué à sa légende ; la dernière Gordini a été vendue à un collectionneur. Si elle n'a rien perdu de sa maestria au volant, elle la réserve désormais à une écurie plus modeste : après deux Austin Morris, elle a maintenant une petite Honda, une vieille Buick rafistolée qu'elle a gardée pour ses trajets jusqu'à Equemauville, sans oublier – son seul vrai luxe – une Mercedes brinquebalante, à bout de souffle, dont elle a fait recouvrir l'intérieur de cuir fauve.

À l'alcool, dont elle ne boit plus une goutte, a succédé la drogue, en doses de plus en plus fortes. Parfois, en pleine nuit, lorsqu'elle est en manque, des amis se compromettent pour la dépanner.

Enfin, si elle est toujours aussi dispendieuse, il lui vient parfois des réflexes de grippe-sou qui rappellent les grandes bourgeoises de province.

Plus jeune, elle avait déjà cette tendance. On s'en est aperçu avec les honoraires du Pr Juvenel, après son accident de voiture, en 1957. Mais comment ne pas sourire en la voyant laisser traîner des piécettes sur les meubles pour mettre à l'épreuve l'honnêteté de ses domestiques ? Elle qui ne s'est pas préoccupée, pendant des années, des femmes de chambre qui faisaient danser l'anse du panier, ou des nounous négligentes à l'égard de son fils. Elle qui traumatise le ficus du salon en l'abreuvant d'un reste de Coca-Cola, elle qui marche sur ses disques ou sur les photographies qu'elle vient de faire tirer en nombre, pour des sommes astronomiques ! Elle ne supporte plus le désordre. C'est ainsi : elle s'exaspère de petits riens auxquels, jusqu'alors, elle n'avait pas prêté attention.

Pourtant, dès qu'elle a un peu d'argent, elle continue de gâter ses amis ou ses proches. Ils ne peuvent manifester devant elle leur intérêt pour un objet sans le recevoir chez eux le lendemain, sous prétexte d'une fête ou d'un anniversaire. Et si elle doit remercier quelqu'un, c'est toujours par un cadeau somptueux.

Ce caractère ambivalent, ces sautes d'humeur, le coup de pompe qui fait suite à l'euphorie, c'est la drogue qui en est responsable. Elle détruit tout doucement son corps et son esprit. Elle ne veut pas s'en rendre compte et poursuit, en se moquant des préventions, son chemin chaotique.

Malgré le succès de *La Laisse*, c'est donc sans grand entrain qu'elle aborde l'année 1989. On célèbre en grande pompe le bicentenaire de la Révolution française. Et Bernard Tapie, sympathique hâbleur, fait les beaux jours de la République. Mais le monde change. Vite. Les syndicats perdent leur base ouvrière. Les progrès technologiques remplacent les bleus de travail par les cols blancs. La vieille garde s'en va, remplacée par des hommes qui doivent se battre davantage pour rassembler les foules. André Bergeron, à la tête de Force ouvrière, prend sa retraite. Henri Krasucki de la CGT, le suit de près. La CFDT a elle aussi perdu son chef charismatique, Edmond Maire.

Pour Françoise, les vrais ennuis de santé commencent. Elle s'est cassé le col du fémur – l'ostéoporose, déjà, à cinquante-quatre ans. Ce n'est là que le début d'un long martyre qui va la conduire plusieurs fois sous le scalpel du chirurgien. Après une première opération de la hanche, elle se rend à Cannes, où le Festival va débuter. Plutôt que de se montrer ainsi handicapée – elle marche avec une canne –, elle s'enferme dans les nouvelles salles de jeu du Carlton. Elle joue, la tête ailleurs. Les personnages de son prochain roman sont déjà là, qui effacent sous ses yeux la bille qui court sur les chiffres, sautille du rouge au noir.

Juin 1940. Une grosse Chenard et Walker, rutilante de chromes et sentant bon le cuir, avance péniblement au milieu du chaos de l'exode, sous les rafales meurtrières des stukas. Quatre personnages y ont pris place : Bruno Delors, un jeune gigolo, snob et désargenté ; la riche Luce Ader, sa maîtresse, que son mari attend à Lisbonne pour la conduire en Amérique ; Loïc Lhermitte, un diplomate en déroute, et enfin Diane Lessing, une richissime à qui l'opulence confère l'autorité. S'ajoute bien sûr le chauffeur, qui conduit ce beau monde comme s'il partait en villégiature. Malheureusement, l'aviation fait son travail. Le chauffeur est tué, la voiture rendue inutilisable, et nos quatre personnages atterrissent chez des paysans... Des paysans de 1940 : le grand-père, qui a perdu ses dents, finit son existence auprès de la cheminée en glapissant des « béju » (bonjour) qui glacent le sang ; la mère (un Memling triste) fait tourner la maison dans laquelle les poules déambulent avec des airs de grandes duchesses. Le seul personnage « normal » est le fils, Maurice – mais il a reçu une balle dans la cheville, en même temps que le chauffeur de la Chenard et Walker.

Entre ces quatre snobs de la haute et les gens de la terre, le décalage est tel qu'on rit à chaque réplique, à chaque situation. Et Sagan ne se prive pas d'en rajouter. À propos de Loïc, par exemple : « il était plus prêt à subir un malheur qu'un désagrément » ; ou du chauffeur dont le cadavre gît dans une carriole : « Quelle horrible sottise, que la mort absurde sur une route, avec et à cause de gens pour qui il était un meuble, et un meuble non signé ! » Tout est à l'avenant : c'est le portrait au vitriol d'une société dans laquelle Françoise n'a jamais cessé de naviguer. Dans l'état physique où elle se trouve, on se demande où elle va puiser une telle jubilation d'écriture. Mais s'il est vrai qu'on rit beaucoup, l'ouvrage a parfois des vulgarités de pantalonnades qui agacent.

Elle n'a pas terminé ces *Faux-fuyants*, le troisième volet de sa trilogie sur la guerre, que son frère Jacques fait une rupture d'anévrisme. Affolée, elle se rend à l'hôpital, s'assied auprès de ce corps qui lui semble effacé, sous le drap. Elle regarde ce visage qui était fait pour le rire. Il est aujourd'hui émacié, le nez pincé. Des tuyaux partent de sa bouche, des capteurs sont posés à même sa poitrine. Elle étouffe de chagrin, revient le voir dès qu'elle le peut, reste dans le couloir, n'ose plus pénétrer dans la chambre. L'idée de sa mort la révulse.

Jacques reste quinze jours dans le coma. Et c'est sans avoir repris connaissance qu'il meurt, le 21 septembre 1989. Il n'avait que soixante-quatre ans.

Avec lui disparaît non seulement le mentor de ses très jeunes années, le ludion facétieux, mais aussi le complice, le double, l'ange noir. Le compagnon le plus proche. Pendant des jours, elle va pleurer ce frère tant aimé sans que personne ne puisse la consoler. Même Peggy ne peut rien faire, sinon la soutenir un peu, l'aider de sa présence chaleureuse.

Et Marie Quoirez, la mère de Françoise, qui a survécu onze ans à la mort de son mari, suit son fils un mois plus tard, le 23 octobre. Elle était malade depuis plusieurs années, certes.

Atteinte de la maladie d'Alzheimer, elle ne reconnaissait plus personne depuis longtemps. Lorsqu'elle lui rendait visite, boulevard Malesherbes, Françoise se faisait toujours accompagner. De Florence Malraux, le plus souvent, qui tentait de faire la conversation à la vieille dame tandis que sa fille, muette, attendait dans le couloir. Elle a toujours refusé de regarder la déchéance et la mort en face. Mais sa mère, après son frère… Elles sont en première ligne, maintenant, Suzanne et elle…

Entre ces deux disparitions, fin septembre, Bob Westhoff s'est éteint, lui aussi, emporté par un cancer généralisé qui lui a lentement ravi sa beauté. F. G. l'a soigné jusqu'au bout. Et il accepte que son compagnon repose dans le caveau que Sagan a fait construire pour elle, à Seuzac, face à celui de ses parents et de son frère. Le chagrin de Denis s'ajoute à celui de Françoise, si lourd déjà. Par trois fois, en un mois, elle est descendue enterrer ses morts dans le petit cimetière au pied du Cajarc. La lumière oblique de ce début d'automne 1989 lui arrache l'âme. Les caveaux se sont refermés sur sa jeunesse, sur le bonheur, sur ce goût si tendre de la vie.

Elle remonte à Paris, le cœur en vrille. Mais il faut relever la tête, continuer d'écrire, se noyer dans les aventures cocasses des personnages des *Faux-fuyants* pour échapper au temps, à la douleur, à l'envie impérieuse de tout arrêter là. À la menace toujours présente du coup de sonnette d'un huissier ou d'un créancier impatient. Elle se remet donc au troisième volet de « sa » guerre.

Le livre n'est pas paru qu'une nouvelle attaque l'atteint : sa marionnette déjantée apparaît dans *Les Arènes de l'info*, sur Canal Plus. À vingt heures, en clair, les téléspectateurs peuvent assister aux « Mardis de Françoise Sagan ». Son personnage en latex est peu flatteur, et d'une saleté repoussante. Il « présente un visage affublé d'une énorme coulée de morve sur la lèvre supérieure et ne s'exprime que par une succession de borborygmes nécessitant un sous-titrage permanent », écrit son avocat, M^e^ Jean-Claude Zylberstein, dans l'assignation qu'il dépose à la demande de Françoise pour faire cesser cette ignoble caricature. Rien n'y fait. La chaîne argue que Sagan est un personnage public et qu'une émission satirique peut donc l'utiliser comme elle l'entend.

Un procès aura lieu, cependant. En janvier 1991, le jugement dédouane Canal Plus. Seule maigre consolation : on reconnaît que « l'image et la personnalité » de l'écrivain peuvent avoir été atteintes. Résultat : quatre-vingt-dix mille francs de dommages et intérêts. Une bagatelle, face au million cinq cent mille francs qu'elle réclamait. Françoise est furieuse.

Mais il y a beaucoup plus grave. Une nuit de février 1991, Peggy se plaint de violentes douleurs à l'estomac. Françoise appelle SOS Médecins. Le praticien qui examine Peggy la fait conduire à l'hôpital. C'est un cancer du pancréas qui se généralise. L'amie-amante souffre le martyre, et la Faculté la condamne à brève échéance. Insupportable. Mais il faut faire face, ne pas laisser soupçonner à la malade la gravité de son état. Françoise prend sur elle, entoure Peggy des soins les plus attentifs, les plus tendres. Elle trouve la force de dissimuler qu'elle est elle-même au fond du gouffre.

La parution des *Faux-fuyants*, fin avril 1991, n'aide pas à son bonheur. La critique est, comme à son habitude, partagée. Et le public n'a plus les enthousiasmes d'antan. Pour les jeunes gens et les jeunes filles, Sagan est un personnage établi qui défraye régulièrement la chronique, qui est à tu et à toi avec le Président sans que l'on sache trop si elle en est, comme tant d'autres, la maîtresse ou simplement l'amie. Après, et seulement après, Sagan est un auteur qui compte, comme beaucoup d'autres... Si, en octobre, le livre figure parmi les meilleures ventes, il est très vite supplanté par les best-sellers de l'heure : *L'Amant de la Chine du Nord*, de Marguerite Duras, ou *Histoire du Juif errant*, de Jean d'Ormesson.

Mais tout cela n'est rien à côté du drame de sa vie : Peggy est morte en septembre 1991, après un calvaire qui a conduit Françoise, la sceptique, à faire appel à un guérisseur. Elle s'est éteinte toute seule, la nuit, à l'hôpital Broussais. Son amie attendait chez elle, rue du Cherche-Midi, espérant envers et contre tout qu'on lui apporte de bonnes nouvelles. C'est Marie-Thérèse Bartoli que le médecin a appelée, lorsque tout a été terminé. Et c'est avec lui que la fidèle secrétaire regagne le domicile de l'écrivain, vers une heure du matin. « Le docteur la prend par le bras et l'emmène doucement dans le jardin. (...) Quand Françoise réapparaît, elle tombe dans mes bras et je la serre très fort contre moi. Dans mon oreille, elle gémit d'une toute petite voix, comme une enfant. Elle a l'air de se demander : "Qui va dormir avec moi, maintenant ? Qui va dormir avec moi [1] ?" »

Une fois encore, elle prend le chemin du cimetière de Seuzac. Une nouvelle fois, elle met en terre, dans la tombe qui sera aussi la sienne, au pied de la falaise de craie, un des pans de sa vie. Les amis les plus proches sont descendus. Elle s'appuie sur Jacques Chazot, si pâle, si affaibli, mais dont elle refuse de voir qu'il s'en va, lui aussi.

Lorsqu'elle regagne Paris, elle n'a plus de goût à rien. Elle veut encore déménager, fuir. Mme Bartoli parvient à la calmer. Un moment. Quelques jours plus tard, Françoise fait une tentative de suicide en avalant des médicaments. Elle vient frapper à la porte de la chambre d'un ami qu'elle héberge, le prévient qu'elle a fait une « bêtise ».

---

1. M.-T. Bartoli, *Chère Madame Sagan*, Éditions Jean-Jacques Pauvert, 2002.

On la rattrape. Elle est le fantôme d'elle-même. Et elle qui ne croit en rien, voici qu'elle fréquente des spirites qui pourraient la remettre en contact avec Peggy, des voyants qui lui parlent d'elle, de son cheminement dans le grand silence.

## 20

La seule échappatoire de Françoise, son rempart contre les attaques de la vie, contre la mort, c'est encore et toujours l'écriture. Mais elle n'a pas le courage de se laisser prendre par de nouveaux personnages. Alors, elle donne, aux Éditions Quai Voltaire, un nouveau recueil d'interviews, *Répliques*, dans lequel elle ment allégrement sur la mort, le temps, la vieillesse. Mais à y regarder de près, même dans ces arrangements avec la vérité, elle se dévoile encore :

« N'êtes-vous jamais angoissée ?

– Je l'ai été durant quelque temps, durant deux ou trois ans, mais ce ne fut qu'une angoisse passagère. Bien sûr, il m'arrive de l'être encore par moments. Quelquefois, on se réveille avec le cœur qui bat : "Qu'est-ce que je vais devenir ? Que vais-je faire de ma vie ?" Tout le monde, un jour ou l'autre, a l'idée de sa propre mort. On dit : "Je ne serai plus, je ne verrai plus les arbres." Ce n'est pas l'idée de mourir, c'est l'idée de ne plus être là. Ça, c'est affreux.

– Le temps vous fait-il peur ?

– Non, pas en tant qu'élément corrosif. Il me fait peur par son influence sur les sentiments, sur les gens. C'est vrai que certaines personnes, et peut-être moi-même, je ne sais pas, ont été complètement déviées de leur trajectoire avec le temps.

– Avez-vous peur de vieillir ?

– Non, je n'y pense pas encore. J'ai tort, n'est-ce pas ? Mais la vieillesse commence – je ne dis pas cela pour me réconforter – à l'instant où l'on n'est plus désirée, où il n'y a plus de rencontres possibles. Ce n'est pas un rapport d'âge. Mais on a beau être une tête folle, persister "à faire des bêtises", certains matins, on claque des dents. D'autres matins, on s'explique tout, on ne doute pas que la Terre soit ronde et que l'univers entier vous appartienne[1]... »

1. *Répliques*, Quai Voltaire, 1992.

Ses réponses, à mi-voix, sont presque toutes bouleversantes.

Petit bonheur : son ex-mari, Guy Schoeller, décide de publier la plus grande partie de son œuvre romanesque dans la collection « Bouquins », chez Robert Laffont. En 1993, il met à la disposition du public quatorze romans et une pièce de théâtre, *Château en Suède*. Presque mille cinq cents pages où le talent de Sagan éclate, évident, incontournable. Une œuvre s'est faite, durant ces trente-neuf années d'écriture, sans qu'on y prenne garde. Une œuvre dont elle devrait être fière, enfin.

Mais il n'est pas encore temps, pour elle, de la regarder. Comme autrefois chez Gallimard, c'est un recueil de textes, en majorité inédits, qu'elle donne aux éditions Julliard. Après *Avec mon meilleur souvenir*, voici *... et toute ma sympathie* publié en juin 1993. Le titre est un clin d'œil à son premier triomphe à New York, en 1955. Il reprend la dédicace qu'elle y griffonnait sur les exemplaires de *Bonjour tristesse* : « *With all my sympathies* ». Sans se douter alors, avec son anglais déficient, que cette formule de politesse – elle devait l'apprendre dans un fou rire – signifiait : « Avec toutes mes condoléances »...

L'ouvrage commence d'ailleurs par un éloge funèbre d'Ava Gardner, qui vient de mourir. « Sa beauté ne l'emprisonnait pas comme Bardot, écrit-elle, ne la blessait pas comme Marilyn Monroe, ne l'affolait pas comme Garbo. Sa beauté était là avec elle, tranquille. » Elle l'a rencontrée au moment où la star tournait *Mayerling*, à Paris, en 1967. Mais l'a-t-elle vraiment connue ? Elle se contente d'une allusion discrète à des « après-midi oisives, des nuits blanches et des petits scandales, des points de vue et des fous rires » qu'elles ont alors partagés. Telle qu'est Sagan, ces quelques indications ne doivent pas être tout à fait gratuites. Elle n'a pas oublié qu'on a prêté à Ava Gardner une aventure avec Guy Schoeller. Quoi qu'il en soit, il n'est pas innocent que ce livre s'ouvre sur le portrait de cette femme éblouissante dont la vie semble n'avoir été qu'une succession d'amours sulfureuses et malheureuses. Car, selon Sagan, Ava Gardner, c'était d'abord une solitude abyssale, qui se balançait au bord du vide. Comme elle, depuis la disparition de Peggy.

Après quoi, au fil des pages, on retrouve Cajarc, Paris l'été, les chevaux qu'elle a tant aimés... D'autres portraits aussi : Catherine Deneuve, la « fêlure blonde », Mikhaïl Gorbatchev, Fellini à qui elle adresse une déclaration d'amour... Si tous ont en partage l'admiration que Françoise éprouve pour eux, ils sont aussi de délicieux amis. Et elle fait un tabac. Pendant plusieurs semaines, *... et toute ma sympathie* est en tête des ventes, dans le domaine de la non-fiction.

Françoise a dédié ce livre à Marc Francelet, le fameux ami qui a joué les gros bras contre le directeur littéraire des Éditions de la Différence. Cet homme charmant, élégant, cet agréable comparse, dont on sait qu'il a eu, autrefois, des démêlés avec la justice, continue de fréquenter des personnages interlopes, des entre-deux qui fricotent dans des affaires où l'argent coule à flots. Comme, par exemple, André Guelfi. Naguère riche industriel à la tête d'une belle flottille de bateaux, ruiné par le naufrage d'un de ses chalutiers empli à ras bord de sardines congelées, André Guelfi en a gardé un surnom comique : Dédé la Sardine.

En 1992, devenu intermédiaire pour Elf,

André Guelfi a pour mission de faire aboutir un contrat de prospection en Ouzbékistan. La compagnie pétrolière et le gouvernement de Tachkent souhaiteraient un aval de Paris. Le Premier ministre ouzbek est du reste dans la capitale française depuis quinze jours sans parvenir à être reçu. Le seul qui puisse débloquer la situation est le président de la République lui-même. Comment l'approcher ? Selon Francelet, Guelfi pense alors à Françoise. Elle le rencontre. Il lui promet une commission mirobolante si elle parvient à lui obtenir une audience. Elle qui n'est pas capable de gérer ses comptes, elle que le fisc étrangle, a-t-elle vraiment pensé s'en sortir par le biais de telles influences ? Imagine-t-elle, en travaillant avec ces personnages sulfureux, qu'elle connaîtra de plus près les dangereuses aventures qui l'ont toujours fascinée ? Elle accepte de jouer les intermédiaires : elle écrit à François Mitterrand des petits mots pressants qu'elle qualifie de « missives à la Mata Hari » Après moult péripéties, Elf accède aux champs pétrolifères ouzbeks. Mais ceux-ci se révéleront bien moins intéressants que ne le laissaient supposer les géologues.

C'est lorsque éclate l'affaire Elf que le rôle de Françoise dans l'histoire ouzbek apparaît. Guelfi affirme avoir rémunéré Sagan pour son intervention auprès de François Mitterrand : trois millions et demi par chèque, un million et demi en espèces, qu'il aurait lui-même remis à Francelet devant témoin. Il dit avoir, de surcroît, pris en charge tous les travaux du manoir d'Equemauville.

Françoise nie tout en bloc. Elle prétend ne pas avoir vu un centime des sommes annoncées par Dédé la Sardine. Quant au manoir, il a brûlé alors que les travaux étaient à peine entamés. Comme par hasard ! Et c'est l'assurance qui a financé la majeure partie des réparations que Guelfi était censé prendre en charge. Le montant des travaux s'élèverait à plus de cinq millions de francs. Pour dissimulation au fisc, Sagan encourt cinquante mille euros d'amende et quelques mois de prison avec sursis. C'est une histoire sordide, à propos de laquelle il sera bien difficile de jamais savoir la vérité.

Mais Françoise n'en a jamais fini avec la justice. Sa consommation de drogue, que plus personne n'ignore, lui vaut une mise à l'épreuve très contraignante : chaque semaine, depuis

1988, elle doit faire analyser ses urines. Tous les stratagèmes sont bons pour y échapper. Parfois, c'est Marie-Thérèse Bartoli qui la remplace dans l'exercice, lorsque le préposé au contrôle vient à son domicile. D'autres fois, elle est absente lorsqu'il se présente... Elle doit alors se rendre, avec lesdites urines, quai de la Rapée, près de la morgue, au laboratoire central de répression des fraudes. Elle y fait parvenir, toujours par sa fidèle secrétaire, des échantillons qui ne sont pas les siens. De guerre lasse, le médecin lui demande un cheveu à fin d'analyse. Elle s'en sort par une pirouette : « Rien. Vous n'aurez pas un cheveu. Mon coiffeur est jaloux[1]. » Des amis la supplient de se mettre à la méthadone : en vain. Elle continue de consommer des substances illicites, tentant d'euphoriser ainsi une vie devenue très difficile. Non seulement elle est acculée à verser des sommes de plus en plus importantes par la justice, mais encore elle souffre. Ses os se brisent au moindre choc, comme de la craie. Elle passe son temps entre l'hôpital, son nouvel appartement rue de l'Université, à trois cents mètres de

1. Sophie Delassein, *Aimez-vous Sagan...*, Fayard, 2002.

chez Florence Malraux, et le manoir du Breuil en chantier.

Françoise décide de reprendre un manuscrit qu'elle avait entamé après sa pancréatite aiguë. En entrant en salle d'opération, elle avait bien pensé ne pas en sortir vivante. Et cette proximité de la mort annoncée l'avait terrifiée. C'est cet effroi qu'elle décrit avec minutie dans *Un chagrin de passage*, qu'elle dédie à un couple d'amis qui vient d'entrer dans sa vie par l'intermédiaire de Massimo Gargia : les M. Lui est un vieux monsieur richissime, qui a fait sa fortune dans les ventes d'armes. Elle est une très jolie femme d'une quarantaine d'années, blonde, vive, drôle, qui affectionne la boisson et les paradis artificiels. Béate d'admiration devant Françoise, elle la fait rire et la distrait. Récompense : ce livre poignant.

Imaginez un homme de moins de quarante ans qui, après un simple contrôle de routine de ses poumons, se voit diagnostiquer un cancer qui lui laisse six mois de vie. « Que voulait dire six mois ? Un éclair de temps ou une éternité ? L'idée que ce sang, ce corps fidèle, si résistant, si chargé de désirs, de vigueur, allait se dérober, lui manquer et devenir, sans avertissement, sans signe de trahison, son ennemi – ou plutôt le repaire de son ennemi –, cette idée lui paraissait encore plus déprimante que tout le reste. (...) Et lui Matthieu, qui aurait accepté dix fois de mourir en voiture, (...) lui Matthieu n'avait rien à redire à cela ; sauf que ce dernier "cela"-là, précisément, lui était insupportable. »

Cet affolement de l'esprit qui bute sur le mur opaque de la mort prochaine, sur cette échéance prescrite par des sorciers implacables – les médecins –, comment peut-on s'en accommoder ? « Je veux bien mourir, dit Matthieu. Mais sans y penser. »

Elle, l'athée qui n'a pas de Dieu à qui demander grâce, elle retourne sous sa plume cette interrogation furieuse : comment ? Comment accepter ce corps déserté qui s'en va inexorablement vers la poussière ?

Lorsque le livre paraît en 1994, dans une coédition Plon-Julliard, il touche quantité de lecteurs confrontés à l'échéance fatale. Françoise reçoit des lettres déchirantes de personnes qui la remercient d'avoir mis des mots sur leur désarroi, leur désespoir. « J'aurais préféré, dit-elle dans *Derrière l'épaule*, qu'ils ne me félicitent pas de ma précision : j'avais l'impression de m'être servie de leur maladie comme matière à écrire. »

Comme d'habitude, la critique est partagée. Impossible de le nier : le roman souffre d'une rupture de rythme due au long laps de temps qui s'est écoulé entre le début de l'écriture et son achèvement, vingt et un ans plus tard. Mais les lecteurs sont là, avant tout sensibles à ce que Sagan fait passer de sa révolte, de sa tendresse. Car ce livre sur la mort est un hymne à la vie, à ses petits plaisirs, à ce regard ému par la lumière douce de l'automne, à l'écoute silencieuse du cheminement vif du sang dans son corps vivant. À peine a-t-elle livré son manuscrit qu'elle en entame un autre. Comme si, elle aussi, était pressée par le temps.

Mais le chagrin, encore, frappe Françoise. Jacques Chazot est mort, lui aussi. Le primesautier, le cultivé, l'ami si drôle avec qui elle a si souvent dansé joue contre joue, l'a abandonnée. La voilà veuve, une fois de plus. Vers qui se tourner ? Son fils ? Il a plus de trente ans, maintenant. Entre deux amours, deux boulots, deux dérives, il vient parfois se réfugier dans les deux cent soixante-dix mètres carrés qu'elle occupe au 121 de la rue de l'Université...

Ils sont à la fois complices et ennemis. Ils s'aiment et s'exaspèrent.

Les amis d'autrefois sont toujours là, pourtant. Mais à distance, car ils s'en sont allés dans des vies séparées. Florence Malraux, Bernard Frank, Charlotte Aillaud, Nicole Wisniak... Et sa sœur qui, divorcée de Jacques Defforey, vit avec un richissime homme d'affaires à Bruxelles. Si loin... De temps en temps, Françoise s'en va rôder du côté du boulevard Malesherbes, à la recherche de sa propre silhouette, peut-être, qu'elle voit disparaître de dos vers le métro.

Depuis qu'elle leur a dédié *Un chagrin de passage*, les M. entrent de plus en plus dans sa vie. Subjuguée par la légende de Sagan, Astrid espère accéder à travers elle à une certaine élite intellectuelle, en même temps qu'elle rêve de pénétrer dans l'intimité de cette romancière mythique. Un peu après le soixantième anniversaire de Françoise, en 1995, les M. l'emmènent respirer dans leur villa de Formentera, aux Baléares. Elle y retrouve les bienfaits de cette Méditerranée qu'elle adore et le confort d'une vie où tout redevient facile. Elle en oublie les tracas du quotidien, retrouve la brûlure du soleil sur sa peau maintenant fanée, la légèreté de l'eau, les tendresses de la sieste, dans la pénombre complice. « La vieillesse », n'est-ce pas, « commence à l'instant où l'on n'est plus désiré… » La fidèle Marie-Thérèse Bartoli, l'irremplaçable, qui l'accompagne avec son mari, se réjouit de la voir ainsi, insouciante, oubliant les souffrances de ce corps auquel l'ostéoporose ne laisse pourtant jamais de répit.

Tout en redécouvrant les joies du farniente, Françoise écrit. Du Sagan – mais pas nécessairement le meilleur. L'histoire de deux jeunes gens qui, pour faire jouer la pièce d'un auteur tchèque qu'ils viennent de traduire, rencontrent une directrice de théâtre, un de ces personnages vénéneux comme Françoise les aime, qui bouleverse leur vie… Ce sera *Le Miroir égaré*, publié par Plon en 1996.

Il est vrai qu'elle n'a pas le choix, tant ses problèmes financiers la dévorent. Elle est à tel point harcelée par le fisc qu'elle ne peut plus rien acheter. Ses à-valoir, ses droits d'auteur, tout passe dans le paiement de ses arriérés d'impôts et de ses condamnations. Elle n'a même plus le recours d'hypothéquer le manoir du Breuil : il a tellement servi à cet effet qu'elle ne peut plus rien en tirer. Et les amis qui auraient pu l'aider, qui l'ont fait en leur temps, ne sont plus là. Marie-Hélène de Rothschild, elle aussi, a disparu. Quant à ceux qui restent, comme Pierre Bergé ou Charlotte Aillaud, même s'ils lui ont proposé toutes les solutions financières possibles, il n'est pas question qu'elle accepte.

Le pire est encore à venir. François Mitterrand, qui l'a tellement protégée, s'en est allé, début 1996, la laissant inconsolable. Pourtant, elle l'a bien mal traité lors de ses derniers mois. Il avait déjà quitté l'Élysée. Affaibli par la maladie, il marchait de son pas lent, appuyé au bras de son médecin ou d'un ami de passage. Ce jour-là, ils devaient prendre l'apéritif ensemble, rue de l'Université. Mais Françoise ne se sent pas le courage de se lever, tant elle est mal elle-même. Il vient, frappe à la porte, insiste. Elle a intimé à tout le monde, dans la maison, de se tenir coi. Seul Fouillis, le black-and-white noir, n'obéit pas et aboie furieusement contre la porte close. Incrédule, François Mitterrand finit par renoncer. Ils ne se verront plus. Le lendemain, épuisée de chagrin, elle lui adresse une missive dans laquelle elle se confond en excuses et l'invite à Equemauville. Il n'y viendra pas. Il est beaucoup trop tard pour lui.

En janvier 1996, lorsqu'il disparaît, elle fait tout de même l'effort de se déplacer, soutenue par Mme Bartoli, jusqu'à l'avenue Frédéric-Leplay, où repose la dépouille de cet homme qu'elle a tellement aimé. Mais les jambes lui manquent, et elle ne peut trouver le courage d'affronter ce visage figé d'empereur romain. Laminée par la douleur, elle rebrousse chemin.

Elle est ce bloc de vide auquel seul le tumulte du monde pourrait rendre un semblant de vie. Elle voudrait fuir, s'oublier dans la découverte de nouveaux paysages, de nouveaux visages… Ailleurs, dans l'inconnu. C'est peut-être à cette époque-là, dans ces moments de chagrin trop fort, de douleur trop grande, qu'elle prend en catimini un avion pour Tbilissi. Là, dans une vieille maison, un homme a reconstitué un palais des temps anciens, où elle a une chambre. On n'en aurait peut-être jamais rien su si un photographe, faisant un jour un reportage sur ce lieu extraordinaire, n'avait découvert sur la table de chevet du vieil homme un portrait de Françoise dans un cadre d'argent.

– Vous la connaissez ? demande le

photographe, stupéfait de découvrir la présence de Sagan dans cette contrée improbable, la Géorgie.

– Très bien, répond le vieil homme. Elle a même laissé ici plusieurs manuscrits inachevés…

Mystères… La vie de Françoise en est encore plus remplie qu'on ne l'imagine. Le vieil homme est mort et ne pourra plus rien dire sur ces visites secrètes. Insaisissable, surprenante Sagan.

# 21

Depuis que Françoise a des difficultés à marcher, que ses comptes sont bloqués en banque – elle ne peut même plus utiliser sa carte bancaire, donnée en souvenir à Florence Malraux –, elle passe des heures devant sa télévision à se mesurer aux candidats de « Questions pour un champion » ou à ceux des « Chiffres et des Lettres ». Elle convainc les amis de passage ou Mme Bartoli de s'asseoir auprès d'elle, s'énerve s'ils répondent avant elle, discute pour leur faire admettre qu'elle est la meilleure. Comme une enfant. Elle n'en reste pas moins fidèle à ses cahiers d'écolier.

Une fois de plus, mais en accord avec Julliard, elle a changé d'éditeur et passe chez Plon. Olivier Orban, qui l'accueille, lui suggère de jeter un regard rétrospectif sur l'ensemble de son œuvre. Une œuvre qu'elle n'a jamais relue et qu'elle considère comme « pas déshonorante, si elle n'est pas géniale ». Elle examine les rayonnages de sa bibliothèque pourtant fournie : elle n'y trouve aucun de ses livres... Au fil de ses vingt-cinq déménagements, elle a égaré une partie de sa vie. On la sait peu attachée aux objets, mais ses livres ! La voici obligée de tout racheter. Elle s'attelle à cette tâche toujours difficile, pour un écrivain : juger enfin la trace qu'elle aura laissée dans cette moitié de siècle.

« Je n'ai jamais voulu écrire l'histoire de ma vie, dit-elle en avertissement. D'abord parce qu'elle concerne, heureusement, beaucoup de gens vivants, et ensuite parce que ma mémoire est devenue complètement défaillante : il me manque cinq ans par-ci, cinq ans par-là, qui feraient croire à des secrets ou à des cachotteries également inexistantes. À y penser, la seule chronologie serait les dates de mes romans, les seules bornes vérifiables, ponctuelles, et enfin presque sensibles de ma vie [1]. »

Elle vient de subir une nouvelle opération. Elle s'est cassé la jambe, cette fois. Après trois

1. *Derrière l'épaule*, Plon, 1998.

mois passés dans les hôpitaux à tenter de rafistoler ce corps qui ne la soutient plus, elle retourne à Cajarc, « dans ce village du Lot où il fait froid et beau, où un feu crépitait toute la nuit au pied de [son] lit. (…) Là-bas, tout me plaisait et tout me réchauffait l'âme. Je redécouvrais tout. Il n'y a pas d'âge pour réapprendre à vivre. On dirait même qu'on ne fait que ça toute sa vie. Repartir, recommencer, respirer : comme si l'on n'apprenait jamais rien sur l'existence, sauf, parfois, une caractéristique de soi-même inconnue de nous et de nos amis : une endurance, une vaillance, une légèreté, quelque chose qui revient au jour dans les pires moments et sur quoi on ne comptait pas… Quand ce n'est pas, bien sûr, hélas, une impuissance, une lâcheté, un abandon de tout. »

Et elle plonge dans la relecture critique de ses œuvres, depuis *Bonjour tristesse* jusqu'à *Un chagrin de passage*. *Le Miroir égaré*, en cours de correction, n'y figure pas.

Sa lucidité ne lui permet aucune échappatoire. Chacun de ses livres est jugé à l'aune de sa très grande culture : elle peut dire si un roman vaut quelque chose ou pas, sans forfanterie et sans fard. Et la voici happée par sa propre musique, s'en allant sur les sentiers rouverts de sa mémoire... Une phrase appelle un souvenir, une situation, une circonstance de la vie. Elle s'égare, remonte sa propre trace, se regarde avec l'attention aiguë d'un entomologiste – tantôt heureusement surprise, tantôt agacée. Ce ton de liberté qu'elle avait dans ses précédents recueils de textes (*Avec mon meilleur souvenir*, *... et toute ma sympathie*, sans oublier *Réponses* et *Répliques*), elle le retrouve ici, dans *Derrière l'épaule*. Pour le plus grand bonheur de ses lecteurs qui apprennent à mieux cerner, derrière la légende, une certaine Françoise Quoirez, dite Françoise Sagan.

J'ai eu la chance de la revoir à ce moment-là. C'était à la fin de l'année 1998. Son livre *Derrière l'épaule* venait de paraître. Je me souviens de cette longue interview où elle était restée assise, d'une fesse, sur un divan dont on sentait qu'il était fait pour que le chien Fouillis s'y allongeât tout entier. Après que nous nous fûmes réciproquement allumé nos cigarettes, je lui dis tout de go :

– Vous avez tout de même vécu une vie de patachon, non ?

– C'est vrai, me répondit-elle. Une vie de patachon. Mais de patachon travailleur... Oui, un patachon travailleur. Eh bien, c'est moi...

Je me la rappelle ce jour-là, drôle et nette, pimpante, avec ses cheveux qui lui mangeaient le visage, ce maquillage appliqué cachant sa pâleur diaphane. Elle portait, comme à son habitude, un collier de perles dans l'échancrure d'un chemisier de soie. Elle était maigre et massive à la fois, fragile, attendrissante, pleine d'humour, de dérision. Avec, dans l'œil, cette lueur fauve qui effaçait tous les abîmes. Tout ce qu'on racontait d'elle n'avait plus d'importance. J'avais en face de moi un être humain à qui j'accordai, sans qu'elle n'en sache rien, mon indéfectible amitié.

Un mois auparavant, chez le même éditeur, Plon, est paru un roman à clés, *Un ami d'autrefois*, signé d'un pseudonyme : Jeanne Dautun. L'auteur y narre, avec d'intimes précisions, sa liaison douloureuse, entre l'automne 1966 et le printemps 1967, avec un homme dont le portrait rappelle fort François Mitterrand. Le Tout-Paris s'émeut, cherche, avance des noms. Michèle Cotta ? Madeleine Chapsal ? Sagan ? Françoise a beaucoup ri, lorsqu'on a prononcé son nom. Elle n'a jamais été la maîtresse de François Mitterrand, a-t-elle toujours affirmé. Leur amitié n'était pas dans ce registre-là. En plus, il n'y a qu'à lire l'ouvrage : quel rapport avec le style Sagan ? Les phrases sont plus dures. Les sentiments davantage intellectualisés. Et il est des descriptions d'émois physiques que Sagan n'aurait jamais faites aussi crûment.

Toujours est-il que grâce à cette amusante méprise, grâce, surtout, à la sortie de *Derrière l'épaule*, l'automne 1998 aura été, au bout du compte, assez réjouissant.

Pour le reste, les circonstances de sa vie se sont encore compliquées. Le fisc a vendu à l'encan la maison d'Equemauville. Un million cinq cent mille francs. Dans un champ, à la chandelle, a raconté le garagiste du coin. Heureusement pour elle, Astrid, dont le mari vient de décéder, l'a racheté et l'a remis à sa disposition. La gouvernante, Mme Le Breton, a apposé son propre nom sur la sonnette de l'entrée, au bout de la grande allée, afin qu'on oublie qui vit là.

Toutes les rentrées d'argent de Françoise Sagan sont saisies, à l'exception du minimum vital. À peine de quoi acheter trois semaines de paradis artificiels, auxquels il lui est impossible de renoncer, maintenant. Le Dr Abastado, qui est devenu son médecin traitant, l'a pourtant mise à la méthadone. Elle a tenu quelques jours seulement, tout en faisant croire qu'elle poursuivait le traitement. La chambre voisine de la sienne, dans la clinique où elle se fait soigner, est occupée par la femme de son dealer. En secret, elle l'approvisionne.

Françoise a dû quitter la rue de l'Université pour un appartement plus petit. D'abord quai d'Orsay, puis rue de Lille. Vient le moment où elle ne peut même plus payer de loyer. Elle est obligée de se replier encore. C'est alors qu'Astrid la recueille chez elle, dans son immense appartement de l'avenue Foch.

Toutes proportions gardées, Astrid a fait sienne la légende de Sagan : elle aime la fête, les boissons, les paradis artificiels, les embarquements vers l'ailleurs. Aussi et surtout, elle aime infiniment Françoise à qui elle offre tout le confort qu'elle peut désirer. Toutefois, peu à peu, elle fait le vide autour d'elle, la maintient dans une dépendance que Sagan en pleine santé n'aurait pu supporter. Mais elle est malade, elle fait de fréquents séjours à l'hôpital, ne tient qu'à peine debout. Son corps la trahit.

Françoise semble devenir Vincent, le personnage qu'elle a décrit dans *La Laisse* – avec Astrid dans le rôle de Laurence. Françoise est comme un coq en pâte. Mais elle n'est plus libre. Elle doit se séparer de toutes les personnes qui ont été à son service, la gouvernante, la femme de chambre et surtout la précieuse Mme Bartoli. Selon cette dernière, cette éviction s'est faite dans une grande violence. Astrid l'a d'abord privée de tous ses instruments de travail (la machine à écrire, le fax, le Minitel). Puis elle lui a intimé l'ordre de s'en aller.

« Une fois mes affaires empaquetées, écrit Marie-Thérèse Bartoli, je vais saluer Françoise dans sa chambre. Allongée sur son lit, elle me regarde entrer. "On se fait mettre à la porte, Lila (la femme de chambre) et moi. Je viens vous dire au revoir", lui dis-je simplement. Elle continue de me regarder d'un œil vague, comme si elle ne me voyait pas. J'attends, mais elle ne prononce aucune parole. Il ne me reste plus qu'à sortir, elle ne me retiendra pas [1]. »

D'aucuns disent qu'Astrid a isolé Françoise,

1. M.-T. Bartoli, *Chère Madame Sagan*, Éditions Jean-Jacques Pauvert, 2002.

l'a coupée de ses amis, même si ses plus proches intimes, Florence Malraux, Charlotte Aillaud, Jean-Paul Scarpitta (l'écrivain et le metteur en scène d'opéra qui, dans la vie de Françoise, a remplacé l'amour et la complicité de Jacques Chazot), Massimo Gargia ou Bernard Frank ont encore accès à elle. Il n'en demeure pas moins vrai qu'elle lui permet de vivre dans ce cocon qui la protège du souci du lendemain. Elle l'a obligée à renoncer à l'héroïne. La cocaïne lui paraît moins dangereuse. Mais la drogue attaque les cloisons nasales, accentue les pertes de mémoire, fragilise ce corps déjà si dégradé. C'est Astrid qui la conduit à l'hôpital, et elle est toujours là lorsque plus rien ne va. Peut-être est-elle tout simplement trop attachée à Françoise ? Et elle à Astrid, sa dernière passion.

Encore faut-il tenir la Sagan... La laisse, elle peut la rompre. Un jour, soutenue par Jean-Paul Scarpitta, elle fuit. Elle se réfugie au Lutétia, apprend à utiliser la méthadone, refait un peu surface. Mais Astrid ne la laisse pas ainsi s'échapper. Elle l'aime. Des jours et des jours, elle frappe à sa porte, promet de s'assagir, de ne plus être aussi exigeante. Françoise revient... La relation qui lie les deux femmes ressemble à celle des protagonistes de *Qui a peur de Virginia Woolf ?*, insupportable et obsessionnelle. Elles ne peuvent plus se déprendre l'une de l'autre.

L'état de Françoise empire encore. Elle a recommencé à boire. Oh ! Pas beaucoup. Un demi-whisky, de temps à autre. Par exemple, lorsqu'elle reçoit un journaliste à qui elle se plaint de la manière ignominieuse dont l'État la traite, lui laissant si peu d'argent pour vivre qu'elle est obligée de recourir à la charité de ses amis... Car il n'y a pas qu'Astrid. Ses proches se cotisent, se mobilisent, protestant qu'un monument national comme elle ne devrait pas subir toutes ces humiliations. Certes, les écrivains sont mal traités, dans ce pays. Mais elle, plus que tout autre... Ils lui proposent même de la prendre en charge lorsque, sa lucidité un peu revenue, elle comprend qu'elle est chez Astrid dans une prison dorée... En vain. Elle est trop faible, maintenant, et trop malade pour se passer de la main secourable d'Astrid, de son abnégation, de sa tendresse, lorsque son corps tout entier l'abandonne.

Malgré son désarroi, elle commence tout de

même un roman, puis un autre. Ira-t-elle au bout ? De toute façon, à quoi bon, puisque le fisc lui prendra tout ? Peu à peu, elle se laisse aller, souffre de plus en plus. Un diabète s'est déclaré. Une infirmière vient tous les jours lui donner son insuline. Françoise a obtenu d'y ajouter de la morphine pour apaiser ses douleurs incessantes. Et comme elle mange à peine, qu'elle se déséquilibre de plus en plus, elle fait un coma diabétique. Elle ne voit pas passer son soixante-huitième anniversaire : pendant de longs jours, en ce mois de juin 2003, elle demeure entre le peu de vie qui lui reste et la mort, à l'hôpital Georges-Pompidou.

Lorsqu'elle revient enfin à elle, elle balbutie, entamée, à la dérive. Elle n'a plus que quelques heures de lucidité par jour. Elle se fait conduire à Equemauville. Là, dans la chambre qu'on lui a installée au rez-de-chaussée, elle est chez elle. Mme Le Breton la soigne avec le dévouement d'une sœur. Et Astrid est là, qui veille à tout. Les amis font le voyage depuis Paris pour lui rendre visite, la distraire de cette immobilité qui la cloue dans un fauteuil roulant. Mais du perron du manoir, elle peut encore jouir de la beauté de ce parc bordé au loin par la forêt. Entendre les oiseaux s'agiter avant la nuit, les rumeurs de la ferme voisine annoncer la fin du jour... Si le grand tulipier a disparu, d'autres arbres ont grandi, modifiant un peu le paysage. Elle se laisse partir, filant sans plus résister vers cette mort face à laquelle elle a baissé les bras. Astrid la ramène à Paris lorsqu'elle est un peu mieux. Puis elle regagne le manoir. C'est là, face à cette nature qu'elle aime tant, qu'elle se sent apaisée.

Un an plus tard, le 5 septembre 2004, elle entre à l'hôpital de Honfleur. Elle souffre tellement que la pompe à morphine ne lui laisse que de brefs éclairs de conscience. Le Dr Abastado, alerté, a fait le voyage de Paris pour éclairer ses confrères hospitaliers. Il est auprès d'elle, attentif, amical, malheureux. Il se désespère de cette agonie effacée, polie. Lorsque ses amis viennent la voir, elle a dans l'œil, parfois, un éclat qui leur signifie qu'elle les reconnaît, qu'elle les remercie. Elle ne pèse plus qu'une trentaine de kilos. Bardot téléphone, pour prendre de ses nouvelles. Françoise l'a-t-elle su ? Jean-Paul Scarpitta vient lui tenir la main, embrasser ce visage émacié dont les méplats sont devenus des creux.

Le 24 septembre, Denis, son fils, s'assied au

pied du lit, la regarde, ne peut supporter de la voir ainsi. Il s'isole au fond de la chambre, tandis que Marie-Thérèse Le Breton prend contre elle Françoise qui n'arrive plus à respirer. Le médecin arrive. Il n'y a plus rien à faire. Le cœur a cessé de battre. Il est 19 heures 45. La nuit n'est pas encore tombée. Françoise ne souffrira plus.

C'est sur une civière, dans une ambulance grise, anonyme, que son corps est revenu au manoir. Denis a laissé faire Mme Le Breton. Elle a préparé un chemisier de soie blanche rayé de beige rosé et un pantalon noir. Pour la dernière fois, elle habille cette petite femme à qui elle était tellement attachée. Astrid est absente. Sa mère est morte quelques heures avant Françoise.

Dehors, il fait un temps magnifique. L'été indien enflamme cette Normandie que Sagan a tant aimée.

# Épilogue

Mardi 29 septembre 2004. Il faut des heures, depuis Toulouse, par les petites routes, pour rejoindre le cimetière de Seuzac. Il fait beau et le causse est éblouissant, avec ses villages ramassés autour d'un château fort. Les chênes truffiers dessinent leurs silhouettes immobiles sur la craie.

À un carrefour, des gendarmes nous indiquent le chemin à suivre. Des anonymes attendent en silence, formant un groupe compact de quelque deux cents personnes. Un peu en retrait, la voiture qui transporte le corps est entourée des proches. Nous attendons le ministre de la Culture, Renaud Donnedieu de Vabres, dont l'avion a atterri à 13 heures 30 sur le petit aéroport de Cahors-L'Albenque. Il arrive enfin, accompagné de Nicole Ameline, ministre de la Parité et de l'égalité professionnels, vice-présidente du Conseil régional de Basse-Normandie, et maire de Honfleur. La petite foule s'écarte, tandis que les caméras de télévision et les photographes se mettent en place, sans se bousculer.

Le corbillard est arrivé devant la porte du cimetière, dans lequel les proches sont déjà entrés : Florence Malraux, Bernard Frank et son ex-femme Claudine, Astrid, Jean-Paul Scarpitta, Pierre Bergé, aussi, qui a affrété un petit avion pour conduire Juliette Gréco et sa sœur, Charlotte Aillaud. Denis et sa compagne, Suzanne, la sœur de Françoise, son compagnon, et ses enfants ainsi que ceux de Jacques Quoirez. Ils savaient tous sa mort imminente, tous sont étouffés de douleur.

Les voici réunis devant la tombe ouverte qui a déjà accueilli Peggy et Bob, en face du caveau des Laubard où les parents sont enterrés. À côté, une pierre encore anonyme : la tombe où reposera Suzanne. Partout, des fleurs avec de larges banderoles – « Éditions Julliard », « Éditions Gallimard », « Éditions Plon ». L'une d'elles porte cette inscription : « À ma jumelle ». Je regarde Florence Malraux, qui ressemble tellement à la Françoise d'il y a dix ans... Est-ce elle qui a signé ainsi sa gerbe ? Non. C'est Brigitte Bardot.

Le cercueil arrive enfin, si petit qu'on dirait celui d'un enfant. Un prêtre dit une rapide bénédiction, très simple, pour elle qui ne croyait en rien. L'émotion est si intense que les deux ministres, qui avaient pourtant préparé des discours, se taisent. Les anonymes regardent, de tous leurs yeux, le lent ballet des saluts silencieux, des bénédictions à peine esquissées.

En face, au-dessus de la barrière de craie, on distingue à peine Cajarc. À gauche, on aperçoit les toits du hameau de Seuzac. Le ciel est d'un bleu si pur que les larmes montent aux yeux.

Après que les proches ont quitté le cimetière, les anonymes, venus de Toulouse, de Bordeaux ou des villages voisins, se dirigent, en rangs serrés, vers la tombe flanquée d'un cyprès presque noir. Je m'approche de Denis Westhoff qui s'éloigne et, désignant la pierre tombale, je lui demande :

« Qu'allez-vous y inscrire ?

– Françoise Quoirez, dite Sagan », me répond-il avec une ébauche de sourire.

Dans le champ d'à côté, Jean-Paul Scarpitta pleure, tout seul.

Pendant le trajet de retour vers Toulouse, nous restons silencieux. Je n'ai plus de voix, pas envie de dire le chagrin qui m'habite.

C'est seulement le soir, dans l'avion qui me ramène vers Paris, que j'essaie de dresser d'elle un portrait en pied. Comme c'est difficile...

Quand s'est faite la fêlure, en elle ? Lorsque, après la guerre, elle a vu aux actualités, en noir et blanc, ces fantômes qui ont survécu aux camps de la mort ? Elle n'avait que dix ans. Mais ces images insupportables ne l'ont-elles pas, déjà, désespérée ?

Lorsqu'elle a vu sur l'écran s'élever les champignons vénéneux d'Hiroshima et de Nagasaki ? La possibilité offerte à l'homme de faire sauter la planète a donné à toute cette génération d'après-guerre une peur panique de l'avenir : il fallait vivre le présent dans toute son intensité...

Lorsque, vers quatorze ans, elle a perdu la foi et que, tout à coup, s'est ouverte devant elle une vie sans comptes à rendre à aucune divinité sourcilleuse ?

Lorsque son frère lui a fait découvrir, à

quinze ans à peine, les délices de ces nuits où l'on danse, où l'on rit, où l'on boit, où l'on flirte sans souci du lendemain ?

Lorsque, pour la première fois et sans remords, elle a pris du plaisir dans les bras d'un garçon ?

Lorsque, après la publication de *Bonjour tristesse*, elle a soudain connu la gloire – immense, brûlante, inimaginable –, qui a éclaboussé la terre entière et lui a donné de quoi satisfaire tous ses désirs ? Cette gloire qui l'a hissée au rang des icônes de l'époque, au même titre que Marilyn Monroe, Brigitte Bardot ou James Dean...

Ou lorsque, aimant pour la première fois, elle s'est vu trahie par l'aimé, Guy Schoeller ? Quelle cassure s'est alors opérée en elle ? A-t-elle compris que, malgré son charme, elle n'était pas capable de retenir le seul homme qui aurait pu l'empêcher de rouler, à tombeau ouvert, vers la mort ?

Elle avait pourtant, à cette époque-là, une œuvre en gestation et une notoriété étincelante.

Son minois aigu, surmonté de cheveux en bataille, s'est gravé dans toutes les mémoires, au point que nulle part dans le monde elle ne pouvait passer incognito. Il y a quelques années, raconte Pierre Bénichou, elle se trouvait à Tachkent, en Ouzbékistan, avec Francelet. Dans le prolongement des tractations pour Elf, probablement. Ils croisent un couple qui attire leurs regards. Ils connaissent ces gens, mais ne parviennent pas à les identifier. Il leur faut quelques minutes pour se rendre compte qu'il s'agit des Sakharov, le prix Nobel de la paix et sa femme, Elena Bonner. Comme ils logent dans le même hôtel, ils décident de leur rendre visite. C'est Mme Sakharov qui ouvre la porte. La grande silhouette d'Andreï vient s'inscrire derrière elle. Ses yeux se fixent sur Françoise : « Oh ! Bonjourrr, Trrristesse ! » s'exclame-t-il en français… L'histoire est peut-être inventée. Mais elle est vraisemblable. Nul n'ignore Françoise Sagan.

Et cela dure depuis qu'elle a dix-neuf ans. Sa notoriété lui a ouvert toutes les portes, lui a permis de rencontrer qui elle voulait, de frayer avec tous les grands de ce monde, qu'il s'agisse des écrivains, des artistes, de ces personnalités qui font la une de la presse « people », ou de celles qui dirigent la planète. Elle a connu les ors des palais présidentiels, mais aussi les fastueuses demeures des riches, entourées de hauts murs et donnant sur des plages privées. Elle a vécu les huis clos luxueux des yachts de haute mer. Elle avait accès à tout.

Son esprit de répartie, son intelligence, sa culture, lui ont valu des admirations indéfectibles, des amitiés définitives.

Quant à sa liberté, elle lui a permis de goûter à tous les bonheurs du corps.

Son éducation a pourtant laissé en elle des traces indélébiles. Son langage dérapait peu vers la grossièreté. Son juron favori n'était-il pas « la barbe » ? Si, en privé, elle se fichait de l'ordre comme d'une guigne, dès qu'elle sortait, elle soignait son allure, ses vêtements, son apparence. Elle a même subi, alors qu'elle avait à peine cinquante ans, quelques opérations de chirurgie esthétique pour résorber des poches sous les yeux, effacer quelques rides. Pour continuer à plaire ? Plutôt pour donner à voir un personnage qu'elle voulait présentable, avec l'exquise politesse qui était la sienne. Elle portait toujours, par exemple, du rouge à lèvres : « C'est une coquetterie que les femmes doivent aux hommes », disait-elle.

Mais cette frénésie qui la prenait dès la nuit tombée, d'où venait-elle ? Elle aimait le jazz, les récitals tendres de ses amis dans les boîtes à la mode, l'atmosphère enfumée des bars où, avec les copains, on se laisse lentement glisser dans l'euphorie de l'alcool. Il lui fallait être inconsciente, ou presque, pour accepter le sommeil. Et, longtemps, il lui a fallu un corps chaud contre le sien, au réveil. Peur de la solitude ? Sûrement. Pourtant, il est des moments, dans sa vie, où elle a souhaité le silence.

D'aucuns prétendent qu'elle a empêché Bernard Frank de construire son œuvre. Bernard, l'ami de toujours, qui a presque toujours vécu chez elle ou à côté, et qu'elle entraînait dans ces nuits sans sommeil où ils devisaient devant une bouteille d'alcool qui se vidait… Il aura été son plus proche garde du cœur, son compagnon d'oubli, tout en donnant à ses lecteurs, de temps à autre, des livres d'une haute tenue.

Sa passion de la vitesse n'a pas seulement été une lubie de jeunesse. Rouler à tombeau ouvert, faire la course avec la mort, la frôler, la provoquer, comme le torero devant la bête furieuse, la narguer dans un grand éclat de rire, jamais Françoise Sagan ne s'en est lassée, durant toutes les années où elle a pu conduire…

Rien, pourtant, semble-t-il, n'est jamais parvenu à la combler. Pas même la maternité. Elle a aimé cet enfant, qu'elle a regardé grandir. Mais arrive toujours le moment où, parce qu'il devient lui-même, un fils vous échappe. Et la solitude devient plus grande encore.

Les paradis artificiels eux-mêmes n'ont pu venir à bout de sa difficulté d'être. Tout juste l'ont-ils conduite à l'oubli passager de ce trou noir qu'elle refusait de toutes ses forces : la mort.

Une de ses secrétaires m'a confié qu'en face d'elle, elle avait peur, tant elle percevait les abîmes qui l'habitaient. Elle s'adressait aussi de manière ambigue à ceux qui la servaient. Jamais, par exemple, Françoise ne donnait d'ordre direct. Elle lançait à la cantonade : « Tiens, il ne reste plus de glace. » Ou encore : « Lorsque Unetelle rentrera des courses, dans une heure, vous voudrez bien lui demander de m'apporter un Coca-Cola ? Il y en a dans le réfrigérateur. » Dès qu'un conflit apparaissait, elle fuyait. D'où sa difficulté à rompre avec ses amants, qu'elle évoque dans *Réponses* – et les subterfuges auxquels elle recourait, choisissant, par exemple chez Lipp, une table près de la porte afin de pouvoir s'éclipser sans crier gare…

Elle a été fascinée par les demi-sel, ceux qui avaient enfreint les règles d'une société ordonnée. Elle leur enviait cette odeur de soufre qu'ils traînaient avec eux. Plus courageux qu'elle, ils s'exposaient à une fin possible, violente, brutale. Elle qui se tuait à petit feu, dans la soie…

Elle était parfois capricieuse, têtue, de mauvaise foi. Elle prétextait n'importe quoi pour qu'on ne la laissât pas seule. Mais elle avait cette faculté de se faire pardonner par un mot gentil, une attention. Si bien que la plupart de ses proches amis ne lui en tenaient pas rigueur. Florence Malraux, qui a tout connu d'elle, y compris ses grandes descentes aux enfers, répète, avec tendresse, qu'elle n'aura, au bout du compte, fait de mal qu'à elle-même.

Sa seule manière de s'oublier était de créer des personnages, de les laisser combler, en elle, les béances du vide, les lenteurs du temps. Elle a ainsi construit une œuvre qui, à la relecture, se révèle incontournable dans la littérature de la seconde moitié du XXe siècle. Elle a posé une voix, sa voix, sur des histoires qui, pour la plupart, se déroulent dans ces milieux où l'argent permet tout. Mais les sentiments qu'elle met au jour, eux, sont universels. On a beaucoup moqué sa vision du paysage minier du Nord, dans *Le Chien couchant*, où elle confond les corons et les terrils. Mais son héros, Gueret, petit employé sans envergure, compte parmi les beaux personnages tragiques de notre littérature. Et l'on pourrait ainsi égrener les noms de ceux qui vont rester dans nos mémoires…

Elle n'était pas son cher Proust, sans doute. On disait qu'elle bâclait, qu'elle écrivait trop vite, conduite au grand galop par l'histoire que son imagination précipitait sur ses cahiers à carreaux. C'est vrai. Mais lorsque la pâte prenait, elle avait des bonheurs d'écriture qu'on souhaite à bien des écrivains.

À travers son œuvre, c'est un portrait d'elle qui se dessine en pied, d'une infinie subtilité. Celui d'un être humain dressé, avec toutes ses contradictions, dans cette vie insupportable parce qu'elle est bornée par la mort. Un être humain fragile et tendre, désespéré. Et, malgré les contraintes de la fin de sa vie, sans Dieu ni maître.

Madame Sagan.

# L'œuvre de Françoise Sagan

ROMANS ET NOUVELLES

*Bonjour tristesse*, Julliard, 1954.
*Un certain sourire*, Julliard, 1956.
*Dans un mois, dans un an*, Julliard, 1957.
*Aimez-vous Brahms...*, Julliard, 1959.
*Les Merveilleux Nuages*, Julliard, 1961.
*La Chamade*, Julliard, 1965.
*Le Garde du cœur*, Julliard, 1968.
*Un peu de soleil dans l'eau froide*, Flammarion, 1969.
*Des bleus à l'âme*, Flammarion, 1972.
*Un profil perdu*, Flammarion, 1974.
*Des yeux de soie*, Flammarion, 1975.
*Le Lit défait*, Flammarion, 1977.
*Le Chien couchant*, Flammarion, 1980.
*La Femme fardée*, Jean-Jacques Pauvert/Ramsay, 1981.

*Musiques de scène*, Flammarion,1981.
*Un orage immobile*, Julliard/Jean-Jacques Pauvert, 1983.
*De guerre lasse*, Gallimard, 1985.
*La Maison de Raquel Véga*, La Différence, 1985.
*Un sang d'aquarelle*, Gallimard, 1987.
*La Laisse*, Julliard, 1989.
*Les Faux-fuyants*, Julliard, 1991
*Œuvres*, « Bouquins », Robert Laffont, 1993.
*Un chagrin de passage*, Plon/Julliard, 1994.
*Le Miroir égaré*, Plon, 1996.

RÉCITS ET ENTRETIENS

*Toxiques*, illustré par Bernard Buffet, Julliard, 1964.
*Réponses 1954-1974*, Jean-Jacques Pauvert, 1974.
*Avec mon meilleur souvenir*, Gallimard, 1984.
*Répliques*, Quai Voltaire, 1992.
*... et toute ma sympathie*, Julliard, 1993.
*Derrière l'épaule*, Plon, 1998.

BEAUX LIVRES

*New York*, Tel, 1956.

*Brigitte Bardot*, avec le photographe Ghislain Dussart, Flammarion, 1975.

RECUEILS

*Il est des parfums*, en collaboration avec Guillaume Hanoteau, Jean Dullis, 1973.

*Sand et Musset, lettres d'amour*, présentées par Françoise Sagan, Hermann, 1985.

*Au marbre : chroniques retrouvées, 1952-1962*, avec Guy Dupré et François Nourissier, Quai Voltaire, 1988.

BIOGRAPHIE

*Sarah Bernhardt ou le Rire incassable*, Robert Laffont, 1987.

THÉÂTRE

*Château en Suède*, Julliard, 1960.

*Les Violons parfois*, Julliard, 1962.

*La Robe mauve de Valentine*, Julliard, 1963.

*Bonheur, impair et passe*, Julliard, 1964.

*Le Cheval évanoui*, suivi de *L'Écharde*, Julliard, 1966.

*Madame Sagan*

*Un piano dans l'herbe*, Flammarion, 1970.
*Il fait beau jour et nuit*, Flammarion, 1978.

CINÉMA

*Landru*, film réalisé par Claude Chabrol, scénario et dialogues de Claude Chabrol et Françoise Sagan, 1963 (Julliard, 1963).

*La Chamade*, film réalisé par Alain Cavalier, adapté de *La Chamade* par Alain Cavalier et Françoise Sagan, 1968.

*Encore un hiver*, court-métrage écrit et réalisé par Françoise Sagan, 1974.

*Les Fougères bleues*, écrit et réalisé par Françoise Sagan, 1977.

FEUILLETON TÉLÉVISÉ

*Le Sang doré des Borgia*, dialogues de Françoise Sagan, scénario de Françoise Sagan et Jacques Quoirez d'après un récit d'Étienne de Montpezat, diffusé sur Antenne 2 en 1977 (Flammarion, 1978).

# Remerciements

Ma reconnaissance va d'abord à Florence Malraux, qui m'a toujours accueillie avec chaleur et générosité. Son amitié, indéfectible, pour Françoise Sagan, a toujours été sans jugement moral. Par petites touches, elle m'a permis de mieux la comprendre et j'ai le sentiment, lorsque je me trouve en face d'elle, que demeurent, très vivants, l'humour et le sens de la répartie de son amie.

Merci également à Charlotte Aillaud. La très grande dame qu'elle est ne se cache ni derrière les mots, ni derrière les faux-semblants. Elle aussi s'est révélée être une véritable amie de Françoise.

Merci au tendre et émouvant Jean-Paul Scarpitta, qui assume son talent avec cette humanité profonde qui l'a fait se tenir, comme un garde du cœur, jusqu'aux dernières limites, aux côtés de Françoise.

Merci à Marie-Thérèse Le Breton, qui ne mâche ni ses mots, ni ses sentiments.

Merci à mes amies Claude Dalla Torre et Monique Mayaud, dont la fréquentation de Françoise Sagan dans les premières années de sa gloire m'ont permis de rétablir certaines erreurs.

Merci à Constance Krebs, que j'ai torturée mais qui me l'a bien rendu. Elle m'a obligée à aller toujours plus loin dans mon travail.

De la même manière, Laurence Decreau ne m'a pas laissé de répit. Merci.

Enfin, chez Ramsay, merci pour leur patience à Nathalie Cretin-Maitenaz, ainsi qu'à Halima Millet et à Alain Chappat, mes sauveurs informaticiens et iconographiques. À Florence et à toutes les petites mains qui, dans les moments de panique, ont été là pour m'aider, me réconforter et m'encourager.

Merci à Zéline Guéna, qui a su lire mon texte avec amitié, et dont j'apprécie la gentillesse, l'humour et le professionnalisme critique.

Merci à Françoise Samson, qui m'a toujours fait confiance, même dans les moments où je perdais pied. Depuis qu'elle dirige cette maison d'édition, les auteurs, dont je suis, ont le sentiment d'être dans un cocon bien douillet.

Merci enfin à Chantal Terroir pour l'indulgence avec laquelle elle me lit et pour l'amitié, très précieuse, qu'elle me donne. À travers elle, que soit également remercié ce service de presse Ramsay qui ne dort jamais.

Une entreprise comme cette biographie, entamée depuis longtemps déjà mais précipitée par la disparition de Françoise Sagan, n'aurait pu voir le jour sans le secours de toute cette amitié autour de moi.

Composition : Facompo, Lisieux

Achevé d'imprimer en janvier 2005
sur les presses du

***Groupe Horizon***

Parc d'activités de la plaine de Jouques
200, avenue de Coulin
F-13420 Gémenos

pour le compte des Éditions Ramsay

*Imprimé en France*
Dépôt légal : janvier 2005
Numéro d'impression : 0410-194
ISBN : 2-84114-566-2